Matthew Arnold

Culture and Anarchy
An Essay in Political and
Social Criticism

"文化:中国与世界"编委会
(1986)

主 编
甘 阳

副主编
苏国勋　刘小枫

编 委
于 晓　王庆节　王 炜　王 焱　方 鸣
刘 东　孙依依　纪 宏　杜小真　李银河
何光沪　余 量　陈平原　陈 来　陈维纲
陈嘉映　林 岗　周国平　赵一凡　赵越胜
钱理群　徐友渔　郭宏安　黄子平　曹天予
　　　　阎步克　梁治平

丁 耘　先 刚　李 猛　吴 飞　吴增定
赵晓力　唐文明　渠敬东　韩 潮　舒 炜

(按姓氏笔画排序)

现代西方学术文库

文化与无政府状态

政治与社会批评

修订译本

〔英〕马修·阿诺德 著

韩敏中 译

生活·讀書·新知 三联书店

Simplified Chinese Copyright © 2025 by SDX Joint Publishing Company.
All Rights Reserved.
本作品简体中文版权由生活·读书·新知三联书店所有。
未经许可，不得翻印。

图书在版编目（CIP）数据

文化与无政府状态：政治与社会批评：修订译本／（英）马修·阿诺德著；韩敏中译. -- 北京：生活·读书·新知三联书店，2025.1. -- （现代西方学术文库）.
ISBN 978-7-108-07960-2

Ⅰ．D756.169

中国国家版本馆 CIP 数据核字第 20247E3C28 号

文字编辑	蔡雪晴
责任编辑	王晨晨
装帧设计	薛　宇
责任校对	张　睿
责任印制	李思佳
出版发行	生活·讀書·新知 三联书店
	（北京市东城区美术馆东街22号 100010）
网　　址	www.sdxjpc.com
经　　销	新华书店
印　　刷	河北鹏润印刷有限公司
版　　次	2025年1月北京第1版
	2025年1月北京第1次印刷
开　　本	880毫米×1230毫米　1/32　印张8
字　　数	193千字
印　　数	0,001-5,000册
定　　价	69.00元

（印装查询：01064002715；邮购查询：01084010542）

目　录

译本序 · i

　　附：关键词 · xix

引言 · · · · · 3

第一章　美好与光明 · · · · · 6

第二章　随心所欲，各行其是 · · · · · 37

第三章　野蛮人、非利士人和群氓 · · · · · 67

第四章　希伯来精神和希腊精神 · · · · · 99

第五章　但是不可少的只有一件 · · · · · 116

第六章　自由党的实干家 · · · · · 136

结论 · · · · · 174

序言（1869）· · · · · 184

修订译本后记 · 221

译本序

中国读者可能听说过大名鼎鼎的英国批评家马修·阿诺德（1822—1888），也听说过其代表作，在英语世界广为人知的《文化与无政府状态》（1869），但是有兴趣翻开这部译著的读者可能会感到迷惑。首先，作品的副标题为"政治与社会批评"，可是它不像当今的社会科学著作那样具有"科学性"和"系统性"，没有对"理论体系"的界定和阐述，甚至一再声明自己不讲体系；与此相关的是，行文的语言风格和现在我们通常读到的社会学、政治学或史学的著作也很不一样，几乎从头到尾用一种讥嘲、挖苦的口吻，时而也带着自嘲，况且将"文化""意识"等当作人那样对待的修辞手段（如"文化说"，"文化要求我们"，"我们深入意识，意识就会告诉我们"，等等），也不大合乎现在人们对政治批评的期待。另一个可能的阅读障碍是，这部著作似乎沉浸在19世纪60年代英国社会具体问题的争执之中，它大量地应答报纸杂志的报道和评论，其中将近一半的篇幅同当时的宗教纷争有关；这些具体问题似乎与我们没有多大关系，更不用说当时的许多具体争端和具体看法早就过时（就像任何涉及时下热门话题的内容、见解都会过时一样）。对此，阿诺德自己早就有言在先。关于他所经常引用的18世纪英国神学家威尔逊主教的语录，他说："我们应该像于贝尔所建议的，用读尼科尔的方法那样来读这些格言，即学以致用。由于时世变迁及因此必然引起的观念变化,其中有些内容已不再适用,读者可以将这些搁置一边。"[1]

阿诺德去世时,已被公认为维多利亚英国的文化主将;《文化与无政府状态》成为传世之作,是因为阿诺德在介入具体论争时所表现的广阔的视野和深厚的思想文化底蕴,因为他在英国向现代社会转型的时期所提出的问题至今仍是无法绕过去的重大问题,也因为他发明的不少标语式词语早已进入核心英语,成为英语世界受教育者的常识性认识。例如,在英语中,阿诺德对英国中产阶级多少带有贬义的指称"非利士人",大约就像中文里鲁迅笔下的"阿Q"或"阿Q精神"一样,已成为一个丰富的语义场。

有意思的是,从阿诺德写作的时代至今,一百多年来,他的巨大影响往往通过同他的争论体现出来,[2] 例如,《文化与无政府状态》就对后来有关文化与政治的关系的论辩产生了持久的影响。[3] 说到文化与政治的关系,我们中国人当然不会感到陌生。我们的许多政治运动,包括现在称为"十年浩劫"的"文化大革命",就是从一部京剧《海瑞罢官》开始的;大到文学巨著《红楼梦》,小到普通电影《武训传》或《苦斗》,都可引发政治运动或成为运动的焦点;整个20世纪,我们感受政治风云、路线斗争、风云突变的神经已修炼得无比发达。但是,阿诺德所说的"文化"及其同政治的关系,

---

[1] 见序言,第186—187页,并参见序言注〔9〕。

[2] "与卡莱尔、罗斯金或纽曼不同的是,阿诺德并未吸引多少热情的信徒,而极少数确实追随阿诺德的人多在世纪末才出现,而且是在美国。" Carl Dawson and John Pfordresher, eds., *Matthew Arnold: The Critical Heritage*, vol. 1, *Prose Writings* (London: Routledge, 1995 [1979]), 1.(《马修·阿诺德:批评遗产》,第1卷《散文作品》。)

[3] Stefan Collini, ed., *Matthew Arnold: Culture and Anarchy and Other Writings* (Cambridge: Cambridge UP, 1993), 1.(剑桥大学政治思想史经典丛书,科里尼编:《马修·阿诺德:〈文化与无政府状态〉及其他作品》。)

完全不同于上述情况。"文化"应是包括文学、艺术在内的人类一切最优秀的思想、文化之积淀，这种宽阔的、深厚的思想文化根基应成为变革时代、凝聚人心的力量；它在承认变革的同时讲究权威性和秩序，"文化"应体现出超越阶级、宗派、个人小利益的力量，其化身应是能够传承人类优秀思想遗产、整合社会的文化价值体系之"权威"或"中心"。阿诺德的"文化"所提倡的，是一种"学习"文明（而非颐指气使的"教导"文明），它讲究慢功夫，讲究沉下心来学习、思考，而且强调全社会、全民性的启蒙益智教育。阿诺德所说的文化的"敌人"，恰恰是埋头苦干，只管低头拉车、不管抬头问路，只讲实践出真知的实干家。可以说，在相当长的时间内，阿诺德一直被视为英美知识思想传统，或曰其"主流文化"中的一位重要人物。他有"保守"的一面，但他所坚持的理想具有文化守成的积极意义。还可以想一想，我们总是如此黑白分明地定义和区分"保守"与"进步"，乃至"保守"总带着贬义，成为抱残守缺、进步的绊脚石的同义词，这其中的一个原因或许就是我们一向较多地引进、吸收启蒙运动以来具有革命性能量的思想和著作，而对阿诺德这样的思想家却知之甚少。即使不谈我国的近现代史与吸收外来文化时的偏颇之间微妙的互动关系，就以我们处在日益向西方和全世界开放、经济实力飞速增长的时代而言，全面、深入地了解西方的文化价值理想，耐心地听一听我们所不习惯的话，或许会对西方资本主义的发展和社会稳定性有更深入的了解。

为了让不太熟悉阿诺德的读者更好地理解这部重要著作，下面将简单介绍阿诺德其人及其各类著述，当时的杂志文化以及《文化与无政府状态》的写作、出版过程，对译文所用的版本也做一交代。这部作品中阿诺德创造并反复使用了许多标语口号式的用语，我将挑出一些"关键词"，列出英文原文，并简要地探讨中文处理问题。

1822年，马修·阿诺德出生在伦敦以西、泰晤士河流域的拉里翰村。他的父亲托马斯·阿诺德是著名的教育家、罗马史学者，1828—1841年任拉格比公学校长，[4] 1841年成为牛津大学现代历史钦定讲座教授，任期因他于次年去世而中断；他还是英国教会中被称为"广教会"或"宽和教会"一派的领袖人物，在神学中引入自由思想，主张宽容，因而在宗教争端中是纽曼的对立面。阿诺德博士在中学教育中进行了改革，开设数学、现代史和各门现代语言课程，设立体育、道德、宗教等科目，不仅开启心智，而且对学生进行严格的体格、品格训育，使学生认真严肃地探索道德和社会问题，培养一种将传统的自由人文教育与现代生活紧密联系起来的意识。可以说，马修·阿诺德在许多方面都深受父亲的影响，他给家人的信件中常流露出继承父亲遗志的愿望和生恐辜负了父亲期许的惶遽。不过，求学时期的阿诺德却表现得像个纨绔子弟：喝酒、钓鱼、裸泳、恶作剧，不上教堂，也不用功读书，1844年从牛津大学毕业时只是个二等荣誉生，1845年却得到牛津奥里尔学院的住院士资格（他父亲在30年前曾被选为该学院院士），开始读经典、德国哲学、文学。阿诺德似乎并不感恩戴德，直到1847年成为兰兹唐勋爵的私人秘书之前，他表面上一如既往，逍遥自在；[5] 但这未始不

---

[4] 沃里克郡的拉格比公学（Rugby School）历史悠久，创建于16世纪中期；19世纪中期，拉格比公学成为英国最负盛名的公学（public school，英国的一种私立寄宿学校）之一。该校还是英式橄榄球的发源地，橄榄球就以学校的名字命名（Rugby）。

[5] 奥里尔学院有根据实际能力而非成绩选拔住院士的传统，纽曼本人就是最好的例子。Ian Hamilton, ed., *A Gift Imprisoned: The Poetic Life of Matthew Arnold* (New York: Basic Books, 1999), 73.（汉密尔顿：《封存的天赋》。）（转下页）

是一种姿态,在掩饰内心的矛盾和惶恐。1849年他发表第一部诗集《迷路的狂欢者》,令熟悉他的亲友对他刮目相看,原来他是那么的"认真"!但是那种直面人生、表露怀疑情绪的内容,也引发了不少尖锐的批评。

进入50年代后,阿诺德似乎安定下来了。由兰兹唐勋爵举荐,他获得教育调查委员会巡视员的职位,虽说对巡视小学并无真正的兴趣和热情,但他那时想结婚成家,迫切需要一份稳定的工作和俸禄,这一干就是35年。巡视员的工作十分辛苦,成年跑学校,检查排水、通风、设备、教师的表现、学生的成绩,还要同官僚制度打交道,写无数的报告。就以1855年的访问量来说,他巡查了290所学校,同368位实习教师、97位有证书的教师和两万名学生谈话。[6] 但这个工作也给了他去国外考察的机会,他曾先后三次在欧洲访问,最长的一次达8个月,比较深入地了解了法国、荷兰、德国、意大利、奥地利、瑞士等国的教育制度。做巡视员的经历使他对维多利亚社会的实际情况有了第一手的深入了解,对国外的考察更加强了比较的眼光,这些无疑是他从事社会、政治批评的厚实的实践根基,也使他承担这份差事获得了新的意义:那不只是为经济的需要,还标志着他从"主观性"转向"客观性"的一种"哲学姿态";如果说在诗歌中他探索了个人心理的话,他后来将更广泛地着眼于不断变化的社会,探讨形成心智之特质的诸多因素。[7]

和同时代的许多名人一样,阿诺德有着公务生涯和写作生涯的

(接上页)阿诺德本人似乎不在意他已报了大学毕业时的一剑之仇,浪漫主义大诗人华兹华斯当年在剑桥也是二等生,他以为纽曼只是三等生。见Lionel Trilling, *Matthew Arnold*(New York: Harcourt, 1977[1939]), 21(特里林:《马修·阿诺德》);汉密尔顿,第67页。

[6] 《英国人名词典》(*DNB*),第57卷,第12页。
[7] 特里林,第160页。

双重人生。[8]其文坛的成就分诗歌和散文两个方面，散文著作涉及文学、社会、政治、宗教、教育等几个相互关联的领域，但他在不同的时期有不同的关注点：大致可以说，19世纪50年代是其诗歌时代，此后是散文时代——60年代是文学批评和社会、政治批评时代，70年代是宗教批评和教育批评时代，80年代又回到文学批评。[9]其实，所有的批评都可以落实到广义的教育和转变人的内心这个问题上。

阿诺德的文名首先来自于他的诗歌，[10]数量虽然不多，但成就得到公认。他1857年被遴选为牛津大学诗歌讲座教授，又连任一届，直至1867年，也就是开始写作《文化与无政府状态》之时才卸任。阿诺德另一项公认的成就是文学批评。他为1853年诗集作的一篇长序，表现出文学批评的才华；1865年发表了以文学批评为主的作品集《批评一集》，被誉为统领英国批评界那片荒芜之地的最出色的批评家，后人也认为阿诺德是英国文学学术批评的奠基人（收入该集的文学批评以评论19世纪法国作家为主，也涉及海涅和古典作家）。评论界对阿诺德如久旱逢雨似的大加赞誉，一个重要原因

---

[8] 随便举几个例子，著有40多部小说的特洛罗普（Anthony Trollope，1815—1882）担任邮政机构的公务33年；保守党领袖，三度任财政大臣、两度任首相的迪斯累里（Benjamin Disraeli，1804—1881）也著有十几部小说；功利主义学派代表人物，在政治思想、政治经济、逻辑学等方面都有成就的穆勒（John Stuart Mill，1806—1873）在伦敦的东印度公司任职35年。

[9] 诺顿版《英国文学选集》，第5版，第2卷，第1361页。

[10] 阿诺德在1849年、1852年两次以"A"为名出版诗集后，1853年第一次署名出诗集（其中有收入前两集中的诗歌及一些新诗），1854年和1867年分别出版《诗歌二集》和《新诗集》（后者包括脍炙人口的《多佛滩》），1858年发表悲剧诗《梅罗珀》。和他的散文作品一样，不少诗歌也是先在《弗雷泽》等杂志上发表，后收入集子的。阿诺德因公务太忙，无法专心致志地搞创作，又说认为自己的作品有无法排遣的病态郁结，不能像从前的诗歌一样激活人们，给苦恼的人生带来愉快，不符合心目中的好诗，所以19世纪50年代以后很少写诗。

是"他没有对手":原先的文艺批评大家现在都在干别的事情,卡莱尔已年迈,早就不从事想象文字方面的批评;搞美术、建筑批评的罗斯金到19世纪60年代也转向社会和政治经济方面的批评。[11]但是,阿诺德很快也"转向"了,将"批评"的触角伸进维多利亚社会的方方面面,坚持了一二十年。反对者的一条重要理由,就是阿诺德不应该越出自己最在行的诗歌创作或文学批评,浪费了自己的才华。以今天的话来说,文学应是他的"专业",社会、政治、经济、宗教方面他不是行家,只是"业余者",讲话难免幼稚可笑。正如英国马克思主义批评家、现任牛津大学教授的伊格尔顿所说,在阿诺德的时代,传统的、胸怀宽广的文人(men of letters)正日益被做专门学问的学人和市场导向下的商业写作替代。他认为阿诺德代表"维多利亚社会最后一代文化伟人——既非学人,亦非以文谋利者,而是穿越于诗歌、批评、期刊和社会评论之间,可以说是一种发自公众领域内部的声音。……与柯尔律治、卡莱尔和罗斯金等人一样,阿诺德表现出知识分子的两大古典标志,而与学术知识分子形成对照:他拒绝被绑缚在单一的话语领域内,他寻求使思想对整个社会生活产生影响"。[12]

其实阿诺德在诗歌和文学批评中已明显流露出后来着重阐发的思想。和同时代的大诗人丁尼生、勃朗宁相比,阿诺德在观念和气质上更具现代性,他很早就深感社会和人心的涣散、缺乏凝聚力,诗歌的色调也更沉郁。《作于查尔特勒修道院的诗行》中有两行经

---

[11]《马修·阿诺德:批评遗产》,第1卷《散文作品》,第10页。
[12] Terry Eagleton, "Sweetness and Light for All: Matthew Arnold and the Search for a Common Moral Ground to Replace Religion," Giants Refreshed, *Times Literary Supplement* 21 Jan. 2000, 15.(伊格尔顿:《为所有人的美好与光明》,《泰晤士报文学增刊》巨人新读系列评论之三。)(伊格尔顿教授已经离开牛津,现于曼彻斯特大学任教。——2008年修订本注)

常被引用的诗句:(诗人)"徘徊于两个世界之间,一个死了/另一个尚无力诞生",道出了自己和同时代人的怀疑、骇惧和疲惫厌倦的心态,但也暗示出他日后为新世界的诞生将做不懈的努力。显著地预示阿诺德这一转向的是当时作为《批评一集》开篇的《当今批评的功用》一文。这篇文章本来是1864年10月在牛津大学的演讲,实际上阿诺德的不少名篇都源自在牛津大学的演讲(如《论荷马史诗的译本》《论凯尔特文学研究》等)以及教育巡视考察报告,这应该说与他的"职业"密切相关。[13]《当今批评的功用》将"批评"的范畴从人们共识中的"文学批评"扩展到了广义的人生批评,指出在英国社会政治生活中已占主导地位的"非利士人"(中产阶级)的思想和行为缺陷。可以看出,与同样激烈批评英国重利实用社会的卡莱尔、罗斯金有所不同的是,阿诺德更主张适当地脱离当时朝野所热衷的政治实践和具体行动,倡导不要直接卷入争论,而要调整到一种虚怀若谷的心态,能进行不以党派和宗派利害为转移的、客观公允的思考(disinterestedness),学习和传播"世界上最优秀的知识和思想",提高思想、文化境界,了解人类发展中更加恒常的根本性的东西,以开放的、自由活跃的思想检查人们当前的所作所为及其思想根子,这或许会使国家少走弯路,发展得更合乎理想。其实这里已经提出了"文化"的原则。而当时的英国呢,人们充满改革热情,觉得问题太多,要只争朝夕地去解决;看到阿诺德不是雪

---

[13] 牛津大学的诗歌讲座教授是一种半职工作,规定的任务是每年用拉丁文做三次讲演,报酬是每年130英镑,而且没有升迁之忧,很合阿诺德的心意。也许前任中不大有人真正完成规定的任务,阿诺德本人在最后一年也是因公务、文债搞得狼狈不堪,一再推迟原定的讲座,少讲了两次。阿诺德的演讲才能看来不能恭维,与纽曼无法比,在牛津及后来在美国演讲都是如此;但是从他上任之初,就申请用英文做演讲,并得到批准,这也是他对该讲座进行的一大改革。见汉密尔顿,第187—189页。

中送炭，而似乎要搞阳春白雪，不免来气。另一方面，英国人总是有一股狭隘的岛气，因工业化和改革的成就感到十分自满自傲，成天给自己唱赞歌，觉得自己在世界上最强，尤其对法国，无论从宗教还是政治道路来说都保持警惕；可阿诺德偏要数落伟大的改革力量的不是，说英国的不是，说外国人的好话（其实是法国、德国等欧陆国家），这也是当时一般人难以接受的。虽说社会对《批评一集》总的反应不错，但阿诺德本人对负面批评也有充分的准备。他在给亲人的信中说："如果不是时不时地来点小爆发，让人们坐立不安，我就不可能做成自己想做的事。"又说："如果想引入一点新的思想方法的话，就可能而且必定会有点得罪人……但我越来越努力想得到的，不是我本人的成功，而是希望思想能高扬，这越来越成为我最深刻的信仰和我的本性的一部分。"[14]

阿诺德主观上不想采取你来我回的论争姿态，只想以自己的特有方式（包括讽刺、挖苦、嘲弄等刺激人们认识现状之不足与荒诞的方式），不厌其烦地说理；但客观上他还是卷入了有关国家政治、政策、社会各阶层动向、宗教、国民性等政治和社会问题的论辩。《文化与无政府状态》实际上是在对论敌的回应中成书的，阿诺德也是借此机会对自己所坚持的思想又一次做了全面、系统的阐发。尽管这部重要著作已一版再版，但当初在报章杂志上论争的痕迹仍清晰可见。要理解这部书，也需要对当时特殊的报纸杂志文化有所了解。

---

[14] 1864年12月20日致母亲，12月24日（？）致姐姐福斯特夫人；见 Cecil Y. Lang, ed., *The Letters of Matthew Arnold*, vol.2（Charlottesville, VA: UP of Virginia, 1997），358，360；6 vols.（塞西尔·兰编：6卷本《马修·阿诺德书信集》，第2卷。）

1855年英国取消印花税后，印刷发行费用降低，加上识字的人大大增加，报业开始大发展，有了大发行量的报纸（日报、下午报、晚报，后两种售量更大）；伦敦的"舰队街"集中了发行全国性报刊的报馆，报上的重头文章代表编者的意见，品评国内外重要事件。英国一向有言论自由的传统，所以各家报纸也形成了自己的传统，有不同的政治、阶级倾向，各对应不同的读者层。阿诺德经常留意的大型日报有《泰晤士报》（1785年创刊，为英国现存历史最长的日报）、《每日电讯报》、《晨星报》、《不从国教者报》、《卫报》等，他本人常为《蓓尔美尔报》撰稿，如《友谊的花环》中假托的"通信"就刊发在该报上。[15] 各家报纸当然也有对阿诺德文章的反应，但总的来说，他质量更好些的文章还是登在评论杂志上。严肃的杂志以政治时事评论和文学评论为主，也涉及宗教、哲学、科学等各类题目。阿诺德参与的或经常提到的有季刊《季度评论》（又译《评论季刊》）、《爱丁堡评论》、《威斯敏斯特评论》，月刊《考恩希尔杂志》、《麦克米伦杂志》、《双周评论》（1865年创刊，第二年就改为月刊，开创署名评论风气）、《当代评论》，以及期刊界最活跃的周刊《星期六评论》《雅典评论》《旁观者》等。

　　阿诺德在某个杂志上发表文章，引起报纸和其他杂志的关注和评论，他根据反应再写文章，报纸和其他杂志再评论，如此往复的过程最生动地反映了维多利亚时代思想界的实际情况。在一定意义上可以说，阿诺德的论敌们都参与了《文化与无政府状态》（以下

---

[15] 阿诺德的大部分散文作品都发表在《蓓尔美尔报》和《考恩希尔杂志》上，两者都由乔治·史密斯（George Smith, 1824—1901）创办，他后来成了阿诺德家的好朋友。史密斯还出资赞助编撰《英国人名词典》。见塞西尔·兰编：《马修·阿诺德书信集》，第2卷，第191—192页注释1。关于《友谊的花环》，参见本书第二章注〔6〕。

简称《文化》)的写作,他们的批驳帮助他将思想整理得更加完整,阐述得更加充分,而且如他所愿地帮助扩散了他的思想,使其为触动大众而选用的词语("美好与光明""完美""希腊精神和希伯来精神""野蛮人""非利士人"等)不胫而走。阿诺德虽然严厉批评了英国的自由至上主义,但是他能写出并发表这样的文章,本身也得益于英国论坛比较自由的、严肃的批评空气。杂志上对新书、文章的赞扬、好评当然是有的,但一般来说不大有恶俗的吹捧,相反对自己尊重的人也常有批评、评论(如阿诺德对卡莱尔等),看法可以很尖锐、不留情面,却是对事不对人。阿诺德的论敌尽管不接受他的见解,可仍尊敬他的人品、文才,有时二者还不打不相识,彼此生出一些好感,如他在《文化》中的主要批评对象弗雷德里克·哈里森,就对他赞赏有加。[16]

《文化》的正文部分写作历经13个月,实际上从酝酿到最后出书的时间还更长。[17]《当今批评的功用》于1864年11月在《国民评论》(*National Review*)上发表后,《星期六评论》有长文《马修·阿诺德先生与国人》评论该文,虽是匿名发表,但大家都知道作者是一直同阿诺德打"堑壕战"、信奉功利主义的菲茨詹姆斯·斯蒂芬。[18]阿诺德静观事态,收集反应,心里已准备回敬;因

---

[16] 见《马修·阿诺德:批评遗产》,第432—440页。在这篇1896年的文章中,哈里森赞扬阿诺德的文学批评无与伦比,认为他是思想家,但始终是坚定的孔德实证主义信徒的哈里森仍无法同意阿诺德的政治、神学、哲学见解。哈里森致力于推进劳工阶级的事业,其最大的成就是使工会合法化。

[17] 下面关于写作过程的描述,参见 R. H. Super, ed., *The Complete Prose Works of Matthew Arnold*, vol.5 (Ann Arbor, MI: U of Michigan P), 408—417; 11 vols. (苏泊尔编:11卷本《马修·阿诺德散文全集》,第5卷。)实际上后来《文化》一书的分章与杂志文章的起止点仍有一些不同,见第5卷,496—497页,尤其是《考恩希尔杂志》的篇目与苏泊尔版本的页码比对。

[18] 见塞西尔·兰编:《马修·阿诺德书信集》,第2卷,第283页注释3,355页注释1。菲·斯蒂芬的弟弟是维多利亚哲学家、评论家和传记家(转下页)

1865年大半年在欧洲大陆考察，无暇顾及，他1866年2月方在《考恩希尔杂志》发表《我们英国人》（My Countrymen），正式转向政治批评。是年5月在牛津完成了《凯尔特文学》的最后一讲，因忙于写欧陆考察报告等，无法完成原定的诗歌讲座，一直到一年后，于1867年6月7日凌晨方完成在牛津告别演讲的讲稿，下午演讲，题为《文化与其敌人》，不久后按讲稿形式在《考恩希尔杂志》发表，这就是《文化》成书后的第一章"美好与光明"。此后阿诺德听从《考恩希尔杂志》主编史密斯的意见，仍静观事态发展，不忙于回应，待报纸和杂志的反应集中起来再写。到12月初，阿诺德已写好《无政府状态与权威》（Anarchy and Authority），但意犹未尽，不断要求"再加一篇"，一直到1868年7月共写就5篇，这便是成书后的第二至第六章以及结论。在写《无政府状态与权威》第5篇时，他已考虑将牛津讲座和这些文章，加上《我们英国人》等结集出版。

在出书前，阿诺德尚需为书作一序言，一方面对社会反应做进一步的回应，同时也为下面要写的《圣保罗与新教》做一过渡。1868年是阿诺德的伤心年，他的幼子巴西尔不到两岁就夭折，长子汤姆一直身体虚弱，就在阿诺德开始为《文化》写序言的时候病故，年仅17岁。但阿诺德仍完成了序言，并确定书名，1869年1月《文化与无政府状态》正式出版，不过章节号和各章标题是1875年出第二版时才加上去的，这些标题本身大都已成为名言。出第二版时还删去了一些指名道姓、过于涉及个人的文字。阿诺德生前还出过第三版（1882），1883年由纽约的麦克米伦公司出版美国版的《文化》与《友谊的花环》合订本。20世纪上半叶的版本中，比较著名

（接上页）莱斯利·斯蒂芬（1832—1904），后者的女儿弗吉尼亚·吴尔夫是著名的小说家。莱斯利和哥哥的信仰并不一致，但对阿诺德的宗教批评进行了激烈的批评。

的是多弗·威尔逊教授编的1932年剑桥版。

维多利亚时期的杂志文化为思想的阐发和交锋提供了舞台,促成了思想的活跃;阿诺德在陆续发文时引起了很多关注,或许因为人们已熟悉了他的意见和文风,所以《文化》首次作为书籍出版并没引起什么反应,反而是后来的《文学与教义》(1873)等宗教方面的著作[19]曾成为最热销的作品。但《文化》却始终能引起兴趣,随着时间的推移越来越显示出其高瞻远瞩的预见性和生命力,成为阿诺德著作中最为人熟知的作品,其中的思想也被看作阿诺德思想的核心。

虽说《当今批评的功用》中"批评"的概念和《文化》中提出的"文化"有许多相通之处,但在短短的几年中,英国国内外的形势又发生了比较大的变化。美国内战结束,面临新的发展,英国原先支持南方的中上层也都倒戈;普鲁士在俾斯麦任首相期间实力大大上升,大有统一德意志的势头;法国在第二帝国期间调整了各方面政策,经济实力也大为加强,就以海上商船规模来说,总吨位直逼英国。英国虽然暂时还是强国,但国人的自满是其最大的盲点。从国内来看,辉格–自由党领袖帕默斯通去世(1865)打破了原先的平衡,引起新的政治动荡。1865—1868年党派斗争异常激烈,政府换了好几届,格莱斯顿实际上掌握了自由党,与布莱特联手,发动进一步扩大选举权的辩论(劳工阶级和中产阶级的下层都还未获得选举权,所以在第二选举法修正案的问题上,两个阶级是联手

---

[19] 经常被提到的阿诺德宗教批评著作还有《圣保罗与新教》(1870)、《神与〈圣经〉》(1875)等;社会和政治批评著作还有《民主》(原是《法国的国民教育》的长序,后单独发表)和《平等》;教育方面的著作参见各章注释,1883年在美国的演讲《文学与科学》也应是人文教育的经典之作。

的）；议会吵得不亦乐乎，不大时兴大型政治集会的英国出现了示威游行，伦敦街头发生了骚动。虽说1832年的选举改革以来，"中产阶级"已成为英国的"中坚力量"，其上层对国家事务也有相当的发言权，可是在社会心理上，等级壁垒仍十分森严，阶级、阶层的区别不只是占有金钱和资源的不同，也体现在从事什么行业、上什么学校、去什么教堂、操什么样的口音、在什么店里买衣服（定制衣服）、如何待人接物等许多方面。或许可以说，在英国社会还没有充分的思想和心理准备的情况下，劳工阶级就作为新的政治力量崛起了，打着各种旗帜的人在争做其代言人，"民主"（在当时应指代表中下层大众的政治思想和政府形式）已提上日程。此外，爱尔兰问题也始终是隐患，"内部自治"和撤销爱尔兰圣公会国教地位的提案又引起新的分裂。这个阶段，阿诺德越来越感到英国处于转折的关口，他在以前讨论法国问题时，现在在《文化》中，以后还会在《平等》等文章中，反复提出借鉴法国和德国，树立"国家"（the State）这个权威，由"国家"代表在历史上曾经由贵族提出的高尚理想及理念，凝聚国民的健全理智，扭转已在上升的无政府倾向。

这个时期，对于他人批评的回应和对狭义教育的反思等都已被阿诺德纳入对英国在现代世界上的地位的考虑，1865年阿诺德在从巴黎给家人的信中提到英国正在辩论的扩大选举权提案，明确说出了他最大的思虑。他希望上苍别让英国变成法国，但他接着又说："然而愿上苍也别让英国停留在现在的状态。假如它停滞不前，就会在自己那一线上被美国打败，而在欧洲一线上被大陆的国家打败。对此我就像看见眼前的纸一样看得一清二楚；但是看到了，又能做什么有益的事情,却是另一回事,尚需假以时日。"[20]此后所写的《我们英国人》《友谊的花环》中的通信、《文化与其敌人》、《无政府状态与权威》各篇,都充满了这样的思虑。阿诺德绝对是主张变革的,他反复说要认清潮流、顺应大潮,用我们今天的话说就是"与时俱进";但他所希望看到的变革和进步却绝对不能脱离"过去",脱离历史和文化的根基,绝不能轻言甩掉英国的历史、文化、情感、心理的包袱,这使他的作品有厚实的、特别沉甸甸的感觉。为了在秩序中实现变革,使英国当然也是使人类平稳地走向更高的理想境界,就必须依靠广义的"文化"的力量。"文化"不是行动的敌人,而是盲目、短效行为的敌人;文化是前瞻性的,它致力于人自身的、内在的转变。

阿诺德严肃检讨英国的国民性、习惯、心理定式,找出英国最缺乏的东西,提出人类全面、和谐、整体地走向"完美"的目标和标准,提倡以"文化",或曰广义的教育作为走向完美的途径和手段,学习、研究自古以来人类最优秀的思想、文化、价值资源,从中补充、汲取自己所缺乏的养分。这些都不是当时务实的、性急的英国社会所熟悉和能够会心接受的东西,因此他被指责为不懂实际、超验主义、不着边际、高头讲章、玩弄精英主义、不关心不同情人民疾苦、长外国人的志气、灭英国人的威风,被人讥讽为"文化先知",他的"权威"和"国家"论更是被说成专制主义。阿诺德清楚地知道他面对着什么样的力量,他想撼动的是什么样的痼习,因此从不存毕其功于一役的幻想。然而,正是他那大量的、长篇的演讲和著述,将英国有识之士的思考推向空前的新高度和深

---

[20] 1865年5月14日致妹妹弗朗西丝,见塞西尔·兰编:《马修·阿诺德书信集》,第2卷,第416页。上文提到的"国家"观参见《民主》《平等》,科里尼编:《马修·阿诺德:〈文化与无政府状态〉及其他作品》。

度。人们的具体关注总是时时变化的，但在针对一时一事的具体意见被历史洗淘后，阿诺德讨论问题时所表现出的宽阔深厚的关怀，以及切入问题时的视角，则更清楚地显现出来。在论争中，在后来的历史进程中，他的思想不断发酵，他的名字已成为英语国家文化思想史上里程碑式的标志，代表了对现行的一切和对习惯势力进行批评性审视，同时进行深刻内省的文化立场和文化姿态；而他的一些论敌，当时或许名声很响，但现在只是因为他的缘故还会被提到。[21] 他的思想的生命力还在于其"灵活性"：那种坚决反对机械、孤立地看问题，要看到事物的方方面面和看到事物之间潜在联系的思想方法，正是自由人文教育之根本。阿诺德的广阔视野和他的思想的开放性，使《文化》及他的其他著作具有了后来巴赫金所说的"多声部"和"对话"的性质，产生了"长效"；后人也确实始终在与他对话。[22] 可以说，"阿诺德已经成为我们思想的一部分，我们的观念形态的一部分。……在力图达到全面综合的视域方面，在试探性地提出文明的希望和出路方面，他几乎是独一无二的"。[23] 反过来说，不懂得阿诺德，那么我们对当前世界上主要文明的了解就会显出莫大的欠缺。

对于译者来说，最幸运的莫过于能得到原著的上好版本。迄今

---

[21] 此处借用阿诺德对胡克和特拉弗斯的提法，见本书的序言部分，第205页。
[22] 美国学者唐纳德·斯通的《沟通未来：对话中的马修·阿诺德》(Donald D.Stone, *Communications with the Future: Matthew Arnold in Dialogue* [Ann Arbor, MI: U of Michigan P, 1997])就专门讨论阿诺德思想的对话性质和在后世的生命力，其中涉及的都是阿诺德之后在西方思想文化史上产生浓重影响的人物，如美国的亨利·詹姆斯、杜威，还有德国的尼采、伽达默尔和法国的福柯等。
[23]《马修·阿诺德：批评遗产》，第1卷《散文作品》，第57页。

最为权威的阿诺德散文作品的版本，自然要数明尼苏达大学苏泊尔教授主编的《马修·阿诺德散文全集》。读者面前的这部《文化与无政府状态》就是依据该全集第5卷中的文字（第87—256页）译出的。全集中的《文化》本身依据的是1883年美国版的《文化》与《友谊的花环》合订本，基本按年代顺序编排，所以与早年版本的一个明显的不同是将序言放在了最后（同样，全集第3卷的《批评一集》中，《当今批评的功用》也挪到了后面，最后写的序言放在卷末）。全集是一种集注本，光是各版本文本更动的比较说明就占了42页（第496—537页），其中包括几处大幅删节。对我的翻译来说，更宝贵的是详尽的、长达36页的注释（第417—452页），以及注释中的互见指引，以便从散文全集的其他卷中找到必要的文本参考和注释。这些对于理解阿诺德发言时的语境是极其重要的。除了参考全集中的注释，我也参考了科里尼为剑桥大学政治思想史经典丛书编的《文化》及有关注释（1993年出版）；此外，在涉及具体的人和事件、《圣经》文本方面还尽量做了一些补充。在翻译过程中，我多次请教中国社会科学院外国文学研究所的陆建德先生，他的意见对我把握文本极其重要；文中涉及大量宗教问题，对外经济贸易大学的吴芬教授也为我提供了宝贵的帮助，在此一并感谢。

　　如本文一开始所说，阿诺德有意识地用反讽的口吻说话；他本人是诗人，好用文学家常用的比喻、借喻等修辞手段以及寓言，对古典文化和《圣经》经文的熟悉和引用已到达化境；又因为本书原是杂志文章，用的是"谈话"的语气，有许多口语体的痕迹，却又带着当时文章写长句子的习惯，他有意识的、兜圈子似的重复更是让我感到筋疲力尽，常暗下决心对他的啰唆造一点小反，终于还是不敢，只省掉了不多的几个"我们说"。孜孜矻矻，如履薄冰，只徒然地希望着不要让译文之拙笨掩盖了原文的博大精深与作者的旨趣。

译文力求找到对应的语气，不着重于行文的华美与修饰，而求尽量通顺文气和内在的逻辑。阿诺德自创了不少词语，被人讽刺、挖苦、嘲笑，却仍感到十分得意，因为那说明人们注意他说的话了，他的思想产生了"效应"。那些标签式的词语对于理解《文化》亦至关重要，因此我做了一份"关键词"单子（包括并非他所创造的一些名词），附在本文后面，列出英文原文和译文，并做少量的说明，详尽的说明则在"注释"中。《圣经》的经文、人名等依据通行的《圣经》中译本，并参考了中英文资料中对《旧约》和《新约》的阐释。

韩敏中
2001年9月，蓝旗营

附：关键词

（按英语字母顺序排列，*表示产生很大影响的用语）

Barbarians　野蛮人

阿诺德为英国三大阶级中的贵族阶级所取的名字，详见第三章注〔8〕。亦参看 Philistines，Populace。

the best self / ordinary self　最优秀自我 / 普通自我

最优秀自我是超越阶级、宗派、低下趣味的更高的理想境界，与 right reason 同义，必须树立优秀自我的权威性（authority），才可能走向完美。阿诺德并不简单地否认新教各派在道德、良心等方面的努力，但他认为这样做并没有超出普通自我的范畴，因为他们仍扼杀了同样存在于人性中的对思想、智性和美的渴求。亦参看 instincts，natural taste/bent for bathos，provinciality。

*the best that has been thought and known/said in the world　世界上最优秀的思想和知识 / 言论

原文用被动态动词，为简洁起见译成名词。《当今批评的功用》中已明确提出这一思想（《马修·阿诺德散文全集》，第3卷，第268页）；参看 culture，authority，perfection 等。

the British Constitution　英国政体

英语中 constitution 一般译为"宪法"；我国和美国等国有固定的书面形式的宪法，而英国的情况则有所不同，故用意义更宽一点的"政体"；政体本身也是变化的，但不会大起大落。参看第二章注〔7〕。

*culture 文化

 指"通过阅读、观察、思考等手段,得到当前世界上所能了解的最优秀的知识和思想,使我们能做到尽最大的可能接近事物之坚实的可知的规律,从而……达到比现在更全面的完美境界"(第五章)。参看perfection(追求全面、和谐、普遍的完美),sweetness and light, the best that has been thought and said, right reason, seeing things as they are, best self, authority, the State。

*disinterested(ness) 客观,公允,不带偏见,超越利害考虑,公正无私

 阿诺德的重要思想,与学习人类优秀文化遗产相关,要求超越阶级、党派、宗派的纠葛和利益去考虑问题。

epoch of concentration, epoch of expansion 内敛的时代,(外扩/扩张)开放的时代

 《当今批评的功用》中提到的概念(《马修·阿诺德散文全集》,第3卷,第266—267、269页)。内敛的时代指法国大革命使用暴力政治手段,致使思想无法发挥作用、不能产生智性成果的时代,本来就与自由思想比较隔膜的英国在那时更是收敛,阻绝了思想;但19世纪时,法国的威胁似乎过去了,人们渐渐地放松了绷紧的神经,在长期的和平年代中,欧洲的思想也于不知不觉中进入英国,与本土的观念逐渐结合起来,这就是开放的时代。

fetish 盲信,拜物教

 参看machinery。

float 使……松动

 原意是"浮起",用于已经"石化"的僵硬、陈腐的观念(stock notions)。

*Hellenism　希腊精神

*Hebraism　希伯来精神

详见第四章注〔2〕、〔32〕。这两个词后来一直被用来指称西方文化的两大源头,一是古典的,二是基督教的,包括各自倾向不同的思想体系、价值取向、文化风气等,其动词形式(如 to Hebraise)表示提倡并身体力行某种风气、价值、精神。《文化》中阿诺德认为英国人过分地希伯来化了,故强调了英国人所缺乏的希腊精神,即思想的活跃与自由,对美的热爱等,但总的来说他提倡两者的平衡、全面的发展。序言的最后已预示要"回到"希伯来精神。《文化》之后的几篇宗教论文曾被人认为是阿诺德向"希伯来精神"的转变。

instincts　本能

本能是人不假思索的反应;阿诺德这里其实是指西方人长期的文化积淀所造就的深厚动力,可用希腊精神和希伯来精神表示不同的本能倾向和本能力量。亦参看Hellenism, Hebraism, strictness of conscience, spontaneity of consciousness 等。

machinery　工具,手段

mechanical　机械的,刻板的

machinery原是机械、器具的总称,在文中指达到某种目的所用的工具、手段、途径,如工业文明等;该词首先密集出现在第一章,第二章则进一步谈手段与目的的关系。其形容词形式有刻板、教条、一成不变、模式化的意思,第五、六章中大量出现,与"行动""规则""信条"等搭配。参见第五章注〔21〕。所有的machinery应为人类完美服务,而不应将其本身当作目的。

natural taste/bent for bathos　天生的低级/低下趣味

"老天植入人心的"、未经文化的启智和教化的本能倾向,表现在文学、宗教、政治等各个方面（第三章）。亦参看ordinary self, provinciality, instincts等。

non-conformists　不从国教者

参见第一章注〔19〕、〔20〕，第二章注〔36〕、〔41〕，序言注〔27〕。这是不奉或不顺从英国国立宗教安立甘宗的所有非天主教徒的总称，中产阶级（尤其中下层）多为不从国教者。序言中详尽讨论了他们与国教产生分歧的历史渊源。

the Pagan world　希腊/古代多神教世界

参见第四章注〔27〕。

perfection　完美

阿诺德认为唯有人类各种能力全面地、和谐地臻至完美，唯有人类全体而不只是某些人臻至完美，才是我们真正的目标。当时英国人致力成就的只是machinery，即达到完美的工具、手段和途径。特别应注意两点：阿诺德并不将完美设定为一个固定的目标，而是视为不断引导人类往更高处攀登的理想境界；此理想境界的标志并不是外在的（如建了多少城市、修了多少铁路），而是内在的，是人性的各种本能趋于高度平衡、全面和谐发展的境界。"文化"就是为完美服务的。亦参看culture, the best self, sweetness and light, totality等。

***Philistines　非利士人**

阿诺德为英国三大阶级中的中产阶级所取的名字，流传极广，在英语中已有相对明确的意义。详见第一章注〔11〕，第三章注〔5〕。亦参看Barbarians, Populace; provinciality, non-conformists, ordinary self, Hebraism, Hebraising。

Populace　群氓

参看Barbarians, Philistines。阿诺德为英国三大阶级中的劳工阶级所取的名字，在英语中指广大的平民百姓，但也可带有贬义。虽说阿诺德同情社会底层的疾苦（第六章），但他当时对这股新起的、动向尚不明的政治力量确实有很多疑虑，文中反复说到游行示威和街头的打砸抢事件，因此"群氓"比"大众"或"民众"更接近他的语气。

provinciality　小家子气

参看第三章注〔19〕，序言注〔22〕。巴黎人看不起"外省人"的说法，嫌人家俗气、乡气、土气。与non-conformists, Philistines, natural taste for bathos有关联意义。

reason and God's will　天道与神的意旨

详见第一章注〔5〕。

right reason　健全理智

参看第一章注〔5〕；reason一般译为"理智"，主要指合乎法度、道理、情理的正确判断，不同于纯思辨型的"理性"。与the best self同义，"只有健全理智才能成为可靠权威的基础，而带领我们走向健全理智的正是文化"（第五章）。

*seeing things as they are　（如实）看清（认清/弄清）事物之本相（真相/本质）

密集地出现在第一、二章中，第六章扩展到认识事物、人生的"可知规律"。参见第一章注〔3〕，亦见culture, spontaneity of consciousness, sweetness and light, Hellenism。

the State　国家

阿诺德针对当时英国的混乱状况，抵制自由主义思潮，借鉴法国等欧陆国家和古代的做法提出的国家论。对国家的论述密集见于第二章（参看注〔8〕），第六章对"行动"的批评及结论中也进一步阐述了他的思想。阿诺德心目中的国家是最高权力机构，必须严格地，甚至是严厉地实行其职责；但它又是抽象的理念，它超越阶级、个人，应成为最优秀自我（best self）的代表和集合，其权力的基础是健全理智（right reason）。阿诺德对英国的政府，尤其对议会为博得掌声、席位的夸夸其谈（claptrap）有严厉的批评，但仍认为"无论由谁治理国家，国家的基础架构本身及其外部的秩序都是神圣不可侵犯的"（见结论，第175页）。

spontaneity of consciousness　意识的自发性

strictness of conscience　严正（严厉）的良知

分别指希腊精神和希伯来精神的本能力量，后者强调服从、克己、信仰；前者"就是给予我们的意识以自由活动的空间，能扩展意识的范围的禀赋"（第五章，第121页）；情感、对美的喜悦、自由的思想活动等都可包含在"意识"中，"自发性"说明不加压制、任其自然而然地产生。

stock notions　固有的（既定的/僵化的/陈腐的）观念

有时阿诺德用"石化"来形容人们头脑中顽固陈旧的观念和准则，认为必须引入鲜活的自由的思想之流，冲刷这些"石化"之物，使其"松动"。亦见float。

*sweetness and light　美好与光明

直译应为"甜美与光"或"蜜与光"，来源详见第一章注〔17〕。特里林说，该用语后来在英语中已成为十足的贬义词，指傻呵呵、假惺惺的态度，盲目乐观的伪善等；但阿诺德当时一定暗自开心，他在斯威夫特笔下的蜜蜂与蜘蛛的故事中，看到了讲究数学和工程、一味拥护现代、自我欣赏、好争论的蜘蛛与自由党人的相似之处（《马修·阿诺德》，第268页注）。如果说，在文中"光明"的意思相对明确，指掌握了理性，理智的思考，能看清事物的内在关系和走向等，并有大量经文的支撑，"甜美"的意思相对而言则不那么明晰了，然其内涵仍不脱离词表的意思，泛指对一切美好事物、行为、理想的追求，即与人性在各方面全面的、和谐的"完美"这种理想的境界有关。"美好"也道出了阿诺德的审美情趣，与古典文化中讲究合宜、得体的分寸感有关，有时根据上下文译为"美""温雅""温文尔雅""儒雅"等，其反面是庸俗、丑陋、缺乏同情和宽容、充满怨毒、狂热。亦参看第五章注〔6〕及阿诺德的论敌西奇威克的"火与力"之说，以及 Hellenism, perfection, culture 等。

totality　完整性，整体性

参看序言注〔22〕。指人性中矛盾、冲突的各种力达到平衡、和谐、和平共处的状态。人类、人性都要全面、和谐、整体地发展，走向完美；其反面是狭隘、片面。亦参见 perfection, culture, Hellenism and Hebraism。

所以你们要完全![1]

---

[1] 题词"*Estote ergo vos perfecti*!"(Be ye therefore perfect),引自拉丁文《圣经·新约·马太福音》,第5章,第48节:"所以你们要完全,像你们的天父完全一样。"(中译本中的"完全"就是"完美"、perfect 的意思。)《马太福音》第5章为"登山宝训"的头一章,记录耶稣论天国子民的性格、责任和标准的言论;论仇恨、奸淫、休妻、起誓、待人和爱人的训导即出自该章。

拉丁文《圣经》(*the Vulgate*)是公元4世纪时由圣杰罗姆(St. Jerome)根据希腊文、希伯来文等原文翻译的版本,系天主教所钦定的唯一版本。

引 言

  那位颇善辞令的赫赫有名的自由党人布莱特先生[1]在前不久的一次演说中,乘机敲打了文化的友人和文化传布者。"那些侈谈所谓'文化'的人!"他鄙夷不屑地说道,"他们无非是一知半解地摆弄希腊文、拉丁文那两门死语言而已。"接着他用我们早已在当今的演说家、作家那里听惯了的口吻数落开来,说此等文化有多么蹩脚,多么无济于时世,而得之者如获至宝的样子又多么的滑稽可笑云云。目前,一位较布莱特先生年轻些的自由党人、牛津大学的一员、笔锋甚健的作家弗雷德里克·哈里森先生[2]——早先的自由

---

[1] 布莱特(John Bright,1811—1889),英国演说家、政治家,1843—1889年间几乎不间断地担任议员,竭力促进各项改革,如反对谷物法,主张自由贸易、金融改革、选举改革和宗教自由。1887年最后一次在下院演说,反对首相、自由党领袖格莱斯顿的爱尔兰内部自治计划(Home Rule)。阿诺德引的是布莱特在1866年5月30日议会辩论选举权议案时的发言,他批评"为伦敦的周刊撰稿的局外的文学绅士们"说:"假如一个人接受的是科学的或古典文学方面的教育,而对政治一窍不通——情形通常如此,他何以见得就比社会上地位卑贱的阶级更有能力判断谁应当议员?假如他本人就是议员,他又何以更有能力判断应通过什么样的法案?"

[2] 弗雷德里克·哈里森(Frederic Harrison,1831—1923),英国作家、实证主义哲学家。牛津大学毕业,曾任沃德姆学院(Wadham)院士,1858年成为律师,从业15年。约从1856年起对孔德的实证哲学发生兴趣,成为英国实证主义运动的领袖人物。阿诺德在此引哈里森的《我们的威尼斯政体》一文(原载《双周评论》,1867年3月,第7卷,第276—277页;该文后改名《改革前的议会》,收入哈里森的《秩序与进步》,伦敦,1875)。实证主义讲究严格细琐的科学论证,故阿诺德以"系统性阐发"挖苦哈里森。孔德(转下页)

党只不过在摸索真理,而哈里森先生的那一派则肩负使命,要将真理归纳整理成为体系——以他那一派的姿态,对布莱特先生笼而统之提出的看法进行了系统的、严格的阐发。"当下最愚蠢的高谈阔论莫过于满口文化了,"弗雷德里克·哈里森先生如是说,"文化素养于新书评论家可取,于文学教授相宜,然而涉及政治,它能做的不过是找茬挑刺,沉湎于一己的慰藉,行动起来则迟疑不决。政治上数文化人顶可怜。要论掉书袋、缺心眼少理智,没人能比得过文化人。在他没有什么假定会过于脱离实际,没有什么目标会太不切实可行。然而实际从事政治所需要的是常识、同情、信任、决断和热情,这些品质却被文化人小心翼翼地连根铲除了,生怕它们会毁了他那灵敏纤细的嗅觉。或许在社会上有责任能力的人群中,唯一不能安全地委之以权力的就是他们这个阶层。"

就我而言,我并不愿看到文化人士去讨权力。实际上,我已经很坦率地说过,如果一个文化人被同胞们选进了下院,那么目前他对他们所能说的最为适切的话,莫过于苏格拉底的那一句"认识你自己"![3]心中向往执掌权力的人嘴里是说不出这句话的。正因我淡泊于直接的政治行动,《每日电讯报》便唯我是问了。说来也是命运乖张,他们将我同一位希伯来先知相提并论,称我是"文雅的耶利米",而我平素最不赏识的恰是这位先知的文风。[4]因为我说了

　　(接上页)(Auguste Comte, 1798—1857),法国数学家、实证主义哲学创始人。
[3] "认识你自己"和"不走极端"两条箴言都镌刻在德尔斐的阿波罗神庙中。撰写了许多希腊哲学家传记的第欧根尼·拉尔修(Diogenes Laërtius,公元3世纪)认为"认识你自己"出自古希腊哲学家、希腊七贤之一的泰利斯(Thales,公元前642?—前546?)。苏格拉底的讨论分别见柏拉图的《卡密德篇》,164D至167A,《普罗塔哥拉篇》,343B。
[4] 《每日电讯报》1866年9月8日第4—5页有文章引用阿诺德致休·欧文的谈论诗歌音乐赛会的信,抨击他的"心灵"说、他对国人的看法以及他对法国和德意志的钦佩之情。文章出自年轻的报人麦克唐奈(James Macdonell)(转下页)

（下面是《每日电讯报》塞到我嘴里的字眼）："切勿因无投票权而吵闹——那样做是庸俗了；切勿举行大集会鼓动改革议案、撺掇取缔谷物法——那样做是庸俗到家了。"——就为了这些话，我有时被叫作"文雅的耶利米"，有时被叫作"虚假的耶利米"，这个耶利米究竟想干什么，《每日电讯报》的笔杆子是要打个大问号的。因此，我是在虚与委蛇，不想暴露立场，以免遭受弗雷德里克·哈里森先生的重磅轰击。尽管如此，我却是常常赞誉文化，力求使自己的著述、行事均有益于文化的发达。弗雷德里克·哈里森先生和另一些人说文化"于新书评论家是有用的品质"，而我心目中文化的分量则重得多。不，还不仅如此。尽管在一定程度上，我倾向于弗雷德里克·哈里森先生的见解，即在我们这个社会的有责任能力的人群中，在眼下这个时期，文化人正是不能适当地委之以权力的阶层；然而我却不敢断定，问题出在文化人身上，我们的社会倒是没有过失的。简言之，虽然我同布莱特先生、弗雷德里克·哈里森先生、《每日电讯报》的编者以及我所敬重的众多朋友一样，也是个自由党人，不过，经验阅历，思索反省，克己制欲，凡此种种都使我这个自由党人得到修炼，尤其重要的是，我信仰文化。故我提议现在来做一番调查研究，看看文化究竟为何物，有何益处，我们对它有何特别的需要。我只用简单的不讲系统的方法来做查询，那既合我的品味，也与我的能力相称。我还要找出明确的依据，使得对文化的信仰——我自己的也是他人的信仰——能落实在稳固的根基之上。

（接上页）之手，4年后他给未婚妻的书信中提到当年曾著一"蛮文"，以"文雅的耶利米"之称回敬阿诺德对《每日电讯报》的年轻报人的挪揄（阿称他们为"幼狮"），并坚持自己说得一点没错。当然，他也承认阿诺德是"在世的英国批评家"中最为细腻精密的一位，说他的文风虽缺乏阳刚气，却十分精美。

第一章

美好与光明

诋毁文化者将文化说成是受到好奇心的驱动,有时甚至还说那纯粹是排斥他人的孤傲和虚荣。被看作炫耀半瓶子醋的希腊文和拉丁文的所谓文化,不过是产生于求知的好奇心;它之所以受到尊崇,完全是自大和无知在作祟,或者是因为它成了社会和阶级等第的标志,就像徽章或头衔一样,能将拥有者与无徽章无头衔的人群区分开来。但没有哪个严肃的人会把这个叫作"文化",或认为这样的文化有任何价值。严肃的人对文化会有完全不同的定位和评价,要找到不同定位的真实依据,就必须找出文化的成因,对此成因则可能存在含混的、模棱两可的看法。"好奇"一词便提供了这样的一个成因。

在此之前我就指出过,[1]我们英国人使用"好奇"(curiosity)这个字眼时和外国人不同,不能既用作贬义词,也用作褒义词。我们用这个词总是带着不甚赞许的意思。外国人说起好奇,可能会指思想上自由无羁的理性渴求,但到了我们这里,这个词却总是只表达某种浅陋轻浮的、并无启迪教诲意义的活动。前不久《季度评

---

[1] 指《当今批评的功用》一文(见《马修·阿诺德散文全集》,第3卷,第268页)。

论》刊发了评说法国著名评论家圣伯夫先生的文章，[2]以我之见，写得很不充分。之所以这么说，主要在于此文以我们英国人的方式想事，不顾及"好奇"一词中确实包含的双重含义，以为只消说一句圣伯夫先生受着好奇心的驱动做起批评来，便足尽贬斥之事，对圣伯夫先生本人以及他的诸多同道或会将此当作褒奖而非谪语这一点却浑然不觉，况且好奇驱动何以值得指摘而非褒扬，文中也不做任何解释。说来，在知识的问题上，既然有无用的、纯粹是病态的好奇，就一定有对于明智者是自然的、值得称道的好奇，即追求思之本属，追求如实看清事物之本相[3]而获得的愉悦。事情还不仅如此。看到事物本相的欲望自身也意味着心智的平衡和调适，不做有效的努力是不易达到这种心态的，它的反面正是我们说"好奇"时所要指责的盲目和病态的头脑发热。孟德斯鸠说："能激励我们去学习的首要动因应是使我们的天性变得更加优秀、使聪明人更加聪明的愿望。"[4]真诚的科学热情（不论表现为何种形式），以及可以简单地视为产生于科学热情的文化，其真正的基础就在于这种愿望。这是

---

[2] 圣伯夫（Charles Augustin Sainte-Beuve，1804—1869），法国文艺评论家，早年曾是浪漫主义的中坚，后成为实证主义思潮和科学主义思潮的代表人物之一，但仍具有浪漫诗人的气质。他为多家报纸杂志撰稿，文章结集为著名的《月曜日杂谈》(1851—1862，15卷，330篇)、《新月曜日杂谈》(1863—1870)等。阿诺德提到的评论载于1866年1月的《季度评论》（第119卷，第42—57页），作者马齐尔斯（F. T. Marzials）虽不像阿诺德记忆中那样着重"好奇"一词，但他确实认为圣伯夫只做了该做的一半工作："他理解了……却未加判断……"文中还说，在许多事情上，阿诺德可称为圣伯夫的门徒："确定他的思想在多大程度上来自于圣伯夫先生，将会是批评解剖过程中一件很有意思的事情。"（第54—55页）
[3] "如实看清事物之本相"（seeing things as they are）系阿诺德的重要思想，在《论荷马的翻译》和《当今批评的功用》中也反复提到。
[4] 孟德斯鸠男爵（Mentesquieu，1689—1755），法国启蒙思想家。阿诺德的引文参见拉卜莱（Edouard Laboulaye）编的孟德斯鸠全集（巴黎，1879）第7卷中的《论激励我们追求科学知识的动机》（Discours sur les motifs qui doivent nous encourager aux sciences）一文（第78页）。

高尚的动机,尽管我们仍用"好奇"一词描述之。

然而另有一种观念,以为文化并非单纯出自于科学热情,并非仅有认识事物本相之意愿,虽说这些合乎明智者的本性,也是正当的。有一种观念将明显可称为"社会性"的动机列为文化的基础,而且还是文化根基中主要的、卓著的部分,这些动机包括对邻人的爱心,行动、助人、做善事的冲动,纠错解惑、排忧解难的愿望,以及让世界变得更美好、世人更幸福的高尚努力。这时,文化便可恰切地表述为源于对完美的热爱,而非源于好奇——文化即对完美的追寻。它的动力并非只是或首先是追求纯知识的科学热情,而且也是行善的道德热情和社会热情。正如第一种文化观可将孟德斯鸠的隽语"使聪明人更加聪明!"作为座右铭一样,第二种文化观也有其再合适不过的箴言,那就是威尔逊主教所说的:"让天道和神的意旨通行天下!"[5]

---

[5] 托马斯·威尔逊(Thomas Wilson,1663—1755),曾拒绝升职,违心当了索多和曼岛的主教,在自己的教区内过了60年早期圣徒般的生活。他的《格言与堂区记事》(1791)表现出对人性的洞识,为当时的圣职人员中所罕见。阿诺德在这里和下文(见注〔8〕)中引用的是威尔逊的《圣洁的隐修生涯》(*Sacra Privata*,1786),它不仅表明了主教如何获得关于人性的知识,而且也使他成为英国祈诉文学的名家。本段所引见威尔逊:《作品集》,第2卷,第303页(伦敦,1796)。阿诺德在本书中经常引用威尔逊的《格言集》,在1869年为《文化与无政府状态》写的序言中(见本书最后一部分),更是一开始便大量提到威尔逊主教的《格言集》。

"让天道和神的意旨通行天下!"原文为 To make reason and the will of God prevail! 美籍德裔神学家、哲学家蒂利希(Paul Tillich,1886—1965)区分了"reason"的四种不同概念:第一种是普遍理性(universal reason),相当于古希腊的"逻各斯"(Logos),在基督教神学中为上帝创世的首要原理,是一切实在的秩序和构造所倚,是神性在心智和实在中的体现;第二种是批判性理性(critical reason),主要产生于18世纪启蒙运动,它以正义的名义、以澎湃的激情深信人的根本上的善,并以改造世界为己任,因而也称"革命性理性";第三种是直觉性理性(intuitive reason),其基本认识假设为人的心智具有直觉本质的能力,在现代体现于胡塞尔的现象学,根子是柏拉图和中世纪的哲学和神学,这是一种描述性而非分析性的理性;第四种是(转下页)

不过，行善的热情很容易过于急切地认定何为天道和神的意旨，因为它的特点是行动而非思索，它迫不及待地要披挂上阵；这种热情又很容易将自己的构想和计划当成行动的基础，而这些构想因是当前发展阶段的产物，故具有与此相应的一切不完善、不成熟之处。文化同行善的热情之区别，就在于文化既具有行善的热情，也具有科学的热情；它需要着实堪称天道和神的意旨的见解，而绝不会随意以自己粗糙的构想和计划来替代之。文化清醒地认识到，不基于天道和神的意旨的行动或规划不可能是有益而持久的，因此，即使在其思考中始终有纠正错误和排忧解难的伟大目标，它也不会急于采取行动、着手规划；它会牢记，如果我们不了解该做什么以及怎样做，那么行动和规划就没有多大用处。

这样的文化较之单纯基于求知的科学热情的文化更有意思，目光亦更深远。但它只在有信仰和热忱的时代、在知识视域不断开阔和伸展的时代才能繁荣。现在，我们长期生存、活动于其间的闭塞、逼仄的知识氛围不是正在松动？新的曙光不是正自由穿入，照耀在我们的上空？长期以来，光明无以穿越，我们头上无光，于是也就无从谈起使行动适应于光明了。在将陈规陋习称为天道和神的意旨的故步自封的人中，在作茧自缚、根本无力向外张望的人中，哪有希望让天道和神的意旨通行天下呢？然而现在，在社会、政治和宗教方面，恪守陈规的铁幕神奇地开启了，拒斥一切新思想新事物的铁幕神奇地开启了。现在危险的不是人们会顽固抗拒、只认惯

（接上页）技术性理性（technical reason），其纯粹的分析能力使之能从对实在的分析中建构工具，最伟大的代表人物是爱因斯坦，但在他身上也明显可以看到其他几类理性（见 Paul Tillich, *A History of Christian Thought*, Simon & Schuster, 1967, 325–330）。此处，阿诺德引威尔逊的话中所说的 reason，应为第一种，是上帝的同义语，在中文语境中可理解为"道"。

常之道为天道和神的意旨，反倒是他们会太轻易地将某些新异的做法当成天道和神的意旨，或者是低估了后者的重要性，以为只要干起来就行了，无须为了让天道和神的意旨主宰行动而操心费神。现在恰是文化起作用的时刻了。文化之信仰，是让天道和神的意旨通行天下，是完美。文化即探讨、追寻完美，既然时世已不再顽梗不化地抵挡新鲜事物，那文化所传播的思想也就不再因其新而不为人所接受了。

一旦如此领悟文化，即认识到文化不仅致力于看清事物本相，获得关于普遍秩序的知识，而这种秩序似乎就包含在世道中，是人生的目标，且顺之者昌、逆之者哀——总之是学习神之道——我说了，一旦认清文化并非只是努力地认识和学习神之道，并且还要努力付诸实践，使之通行天下，那么文化之道德的、社会的、慈善的品格就显现出来了。只是为满足自身的需要而认识和学习真理确实为之通行天下开了头、铺了路，前者始终为后者服务，因此，仅仅是指责夸张堕落的求知形式还情有可原，倘若将求知行为本身也视为耻辱，那就是十分错误的了。当然，求知受到责怪，被戴上一顶"好奇"的可疑帽子，或许是因为同上述更加广泛的努力、同高尚而明确的经世致用的努力相比，它显得自私、渺小而无所收益。

宗教是人类努力中最伟大、最重要的成果，人类通过宗教表现了完善自身的冲动。宗教是表达人类最深刻经验的声音，它批准且赞许文化的崇高目标，即让我们致力于弄清什么叫作完美，并使普天下皆完美。不仅如此，在确定人的完美一般应包含哪些内容时，宗教得出的结论与文化的结论一致。文化在寻求完美的内涵时，要参考人类经验就这个问题所发表的全部见解，不仅倾听宗教的声音，还要听艺术、科学、诗歌、哲学和历史的声音，如此才能使结论更充实，更明确。宗教说：神的国就在你们心里；[6]同样，文化认为人的完美是一种内在的状态，是指区别于我们的动物性的、严格意义上的人性得到了发扬光大。人具有思索和感情的天赋，文化认为人的完美就是这些天赋秉性得以更加有效、更加和谐地发展，如此人性才获得特有的尊严、丰富和愉悦。如我以前所说："人类精神的理想在于不断地扩充自身、扩展能力、增长智慧，使自己变得更美好。要实现这一理想，文化是不可或缺的帮手，这就是文化的真正价值。"[7]文化所构想的完美不是只拥有，只原地踏步，而是不断成长，不断转化，而这一点它也同宗教不谋而合。

人类是个整体，人性中的同情不允许一位成员对其他成员无动于衷，或者脱离他人，独享完美之乐；正因为此，必须普泛地发扬光大人性，才合乎文化所构想的完美理念。文化心目中的完美，不可能是独善其身。个人必须携带他人共同走向完美，必须坚持不懈、竭其所能，使奔向完美的队伍不断发展壮大，如若不这样做，他自身必将发育不良、疲软无力。在这一点上，文化与宗教又一次为我们规定了同样的义务，而威尔逊主教说得再妙不过："倡导神的国度即增进、促成自身的福祉。"[8]

然而，完美最终应是构成人性之美和价值的所有能力的和谐发展，这是文化以完全不带偏见的态度研究人性和人类经验后所构想的完美；某一种能力过度发展而其他能力则停滞不前的状况，不符合文化所构想的完美。在这一点上，文化超越了人们通常所认识的

---

[6] 引自《圣经·新约·路加福音》，第17章，第21节。当法利赛人问神的国几时来到时，耶稣答道："神的国来到，不是眼所能见的。人也不得说，看哪，在这里。看哪，在那里。因为神的国就在你们心里。"（第20—21节）

[7] 引自阿诺德的《法国的伊顿》，见《马修·阿诺德散文全集》，第2卷，第318页。

[8] 威尔逊：《圣洁的隐修生涯》，见《作品集》，第2卷，第176页。

宗教。

　　如若文化是探究完美，追寻和谐的完美、普遍的完美，如若完美在于不断地转化成长而非拥有什么，在于心智和精神的内在状况而非外部的环境条件，那么事情就很清楚了。虽然布莱特先生、弗雷德里克·哈里森先生以及其他诸多自由党人张口就称文化为肤浅无用之物，但情形并不像他们所说。文化为人类担负着重要的职责，在现代世界中，这种职责有其特殊的重要性。与希腊罗马文明相比，整个现代文明在很大程度上是机器文明，是外部文明，而且这种趋势还在愈演愈烈。但尤其在我们自己的国家，文化可谓任重而道远。虽说文明会将机器的特征传播四方，可在我国，机械性已到了无与伦比的地步。更确切地说，在我们这个国家里，凡是文化教我们所确立的几乎所有的完美品格，都遭遇到强劲的反对和公然的蔑视。关于完美是心智和精神的内在状况的理念与我们尊崇的机械和物质文明相抵牾，而世上没有哪个国家比我们更推崇机械和物质文明。关于完美是人类大家庭普遍的发展的理念与我们强烈的个人主义相抵牾：我们讨厌一切限制个性自由舒展的做法，"人人为自己"是我们的准则。关于完美是人性各方面之和谐发展的理念尤其与我们缺乏灵活机动的特性相抵牾：我们往往只看事情的一面而不及其余，我们一旦追逐什么，便会以全副精力投入。因此，在我们这个国家，文化的任务十分艰巨。传布文化者可能在很长一段时间内会很不好过，他们常常会被人叫作"文雅的耶利米"或"虚假的耶利米"，而不会有人把他们当成朋友和恩人。然而，倘若能坚持下去，这些挫折都挡不住他们最终发挥良好的作用。在此之前，传布文化的人必须以何种方式行动，他们必反对的是哪类的习俗，也须一一讲清，以正视听，使那些或许愿意关心过问、冷静公允地看待此事的人心中有数。

我说过，对机械工具的信仰乃是纠缠我们的一大危险。机械即便能做好事，这种信仰与机械作为工具所要达到的目的也是极不相称的。但我们总是相信工具或手段本身，好像它自然而然就有价值。自由不就是工具吗？人口不就是手段吗？煤炭不就是工具吗？铁路不就是工具吗？财富不就是手段吗？就连宗教组织不也就是工具吗？可现在英国人一提起这些事物，几乎总是异口同声，仿佛这些本身就是宝贵的目的，因而也沾上了一点抹不去的完美。此前我曾提到罗巴克先生[9]的论调，他想证明现在的英国如何了不起，如何幸福，就此将反对者的嘴巴统统堵上。既然罗巴克先生能不厌其烦地重复他的论点，我也就没有理由不一而再、再而三地提到他。"在英国，难道不是人人都可以说他想说的话吗？"——罗巴克先生总是如此发问，以为人人可以说心里想说的话就足够了，到了那时我们的抱负和志向也就实现了。但是，除非想说什么就可以说什么的人所说的，都是值得说的话，都是有价值的话、有用的话，而不是胡言乱语，否则就不能说以追寻完美为己任的文化实现了抱负和志向。国外对我们的海外同胞在衣着打扮、行为举止方面有所非难和挑剔，《泰晤士报》在回敬的文章中使用了同样的论调，竭力主张英国的理想就是人人应随心所欲，想做什么就做什么，想穿什么就穿什么。然而文化却不同，文化不以粗鄙的人之品味为法则，任其顺遂自己的喜好去装束打扮，而是坚持不懈地培养关于美观、优雅和得体的意识，使人们越来越接近这一理想，而且使粗鄙的人

---

[9] 罗巴克（John Arthur Roebuck，1801—1879），下院议员，在加拿大长大，祖父是发明家，18世纪中叶开了铁器厂，制造大炮军械。罗巴克多次在下院提出激进动议，如反对搁置加拿大宪法，调查克什米尔战争的指挥问题（从而引起阿伯丁内阁辞职）等。阿诺德在此指罗巴克于1864年8月18日在谢菲尔德的讲话，在《当今批评的功用》中也引用了这段话（见《马修·阿诺德散文全集》，第3卷，第272页）。

也乐于接受。

说到铁路和煤炭，情况也差不多。最近在谈论煤炭有可能供应不足时，一种奇怪的调子流行起来，想必大家都已有所觉察。有数千人在说，咱们的煤可是国家宏基伟业的根本，煤要是短缺了，英国的盛世也就到了头了。[10] 但什么是宏基伟业？这是文化要我们问的问题。宏基伟业应是能够引起爱慕、兴趣和景仰的精神状态，如果我们激起了爱慕、兴趣和景仰之情，那正从外部证明了我们的伟大。设想这样两个英国：一个是晚近20年的英国，另一个是伊丽莎白时期的英国——那时精神成果辉煌，而兴办工业所必须用的煤却少得可怜；假如一百年后英国被海水吞没，那么两个英国之中，最能让人倾心、最能激起人们的兴趣和仰慕之情的——从而也表明最为伟大的，是哪个英国？由此可见，我们的思想习惯有多么不健康，竟动辄将煤啊铁啊之类当成英国的国脉所系，而文化又是怎样的良师益友，因它专注于看清事物本相，故能驱散不实的幻觉，确立起真正的完美的标准。

再说财富。我们在物质进步方面做出骄人的业绩，为的就是积累财富。最烂的陈词滥调都会说，人性就将财富本身当成宝贵的目的，但人们从来没有像现在的英国人那样，如此起劲地将财富视为追求的目标。人们从来没有像我们现在那样具有坚定的信念——

---

[10] 英国经济学家杰文斯（William Stanley Jevons，1835—1882）在1865年4月间发表《煤炭问题：一项有关国家进步和煤矿枯竭可能的研究》（1866年至1879年杰文斯在曼彻斯特的欧文学院任逻辑学、政治经济学和哲学教授，1876年至1880年任伦敦大学学院政治经济学教授）。1866年4月17日，英国功利主义哲学家、经济学家穆勒（John Stuart Mill，1806—1873）在下院辩论中主张系统削减国家债务，所依据的正是杰文斯详尽论证而又无法解决的问题。两周后，5月3日，当时仍担任英国财政大臣的格莱斯顿（William Ewart Gladstone，1809—1898）提出一份削减债务计划，其中便援引杰文斯的论述，以未来国家的物质繁荣将呈颓势作为计划的根据。

十个英国人里有九个都相信,我们如此富有便是伟大和幸福的明证了。然而文化的用途恰是通过树立完美之精神标准,帮助我们认识到财富是手段,是工具;并不是只要我们嘴上这样说说而已,而是要真正看到、从心里感到财富只不过是手段。如果不是文化清扫了我们头脑中的污垢,净化了我们的心灵,那么不只是现在,就连将来的整个世界都不免成为非利士人[11]的天下了。我们叫作非利士人的,就是那些相信日子富得流油便是伟大幸福的明证的人,就是一门心思、一条道儿奔着致富的人。文化则说:"想想这些人,想想他们过的日子,他们的习惯,他们的做派,他们说话的腔调。好生注意他们,看看他们读些什么书,让他们开心的是哪些东西,听听他们说的话,想想他们脑子里转的念头。如果拥有财富的条件就是要成为他们那样的人,那么财富还值得去占有吗?"文化就是如此让我们生出了不满情绪,这种不满感在富有的工业社会中逆潮流而动,顶住了常人的思想大潮,因而具有至高的价值。尽管它在目前尚不能挽狂澜于既倒,但我们可以期盼它挽救未来,使之不至于变得庸俗不堪。

再说人口和身体。在这两点上,没有哪个国家的态度比英国更不明智,更容易产生误导,更夸大其辞。其实人口和体魄强健都

---

[11] "非利士"(Philistia)系《圣经》中位于巴勒斯坦西南海岸的非闪米特族的古国,于公元前12世纪至公元前4世纪十分繁荣。非利士人(Philistines)好战,不断骚扰古以色列国,故含有"敌人"之意(一个著名的例子就是《圣经·旧约·士师记》中惨遭非利士人暗算,而后拔倒非利士首领的宴会大厅的柱子、与之共亡的力士参孙的传说)。后来德意志学生用"非利士人"戏称并非大学生的"城镇居民",由此引出了19世纪的用法,即指对人文思想、启蒙教育、文化艺术修养等不感兴趣,情趣狭隘,只顾追求物质利益的平庸之辈。卡莱尔(Thomas Carlyle,1795—1881)早于阿诺德使用这个词,但是19世纪60年代后阿诺德反复用此指称市侩式的英国中产阶级,才使这个词义在英语中得到确认。参见第三章注[5]。

是方法、手段，但我们周围却有多少人对此津津乐道，甚至陷在里头出不来。不是吗，我刚从《泰晤士报》上看到写户籍总署关于英国结婚率和出生率统计报表的文章，那些文章谈论起庞大的英国家庭，口气十分严肃，仿佛大家庭本身就意味着美好、进步，值得称许；〔12〕仿佛英国的非利士人只要拉扯着他的12个孩子往最高审判者面前一站，自然就有权利被当作羊了。〔13〕

或许我们可以这么说，身强力壮不应同财富和人口相提并论，强身不只是手段，它有更加实在的基本价值。此言虽有理，但也只是因为同财富或人口数字相比，健壮的体魄与完美的精神状况联系更为紧密。一旦将身体与精神两者分开，不关心完美的精神状况，而像我们现在这样，只为了强身而强身，将强身当成了目的，那么对健康体魄的崇拜也就沦为工具崇拜，同我们崇拜财富或人口数字一样，也是不明智的、庸俗的。凡是对人类的完美有正确认识的人都明确地说到过，锻炼体魄、强健筋骨的活动应服从于更高的精神目的。"操练身体，益处还少；惟独敬虔，凡事都有益处。"提摩太书信的作者如是说。〔14〕那位功利主义者富兰克林也说得透彻明了："你的身体能消化多少，就吃多少喝多少，不要过量，身体是为心灵服务的。"〔15〕但是文化牢记于心的完美的标记是简明的、宽泛

---

〔12〕 例如，1866年2月3日的《泰晤士报》第9页有题为《结婚者奇多，出生率空前》的文章，评户籍总署1865年第4季度的报告。文中说，"只要婚姻多多，死亡少少，便可确定人们生活得很不错"。

〔13〕 "最高审判者"（the Great Judge）指上帝，《圣经·新约·启示录》中说世界末日亦即最后审判日，凡活着的和已死去的都要接受最后的审判（另外，Judge也作"士师"，指犹太诸王以前的统治者）。基督教称耶稣为"牧羊人"，受到他关爱的"羊群"即皈依上帝的子民，又，《启示录》中频繁用12这个数字，如第21章，第10—21节，第22章，第2节等。在此，阿诺德挖苦那些以多子多孙为功勋的人，说他们以为单凭这一点，死后就可进天堂。

〔14〕 引自《圣经·新约·提摩太前书》，第4章，第8节。

〔15〕 本杰明·富兰克林（Benjamin Franklin，1706—1790），美国的开国（转下页）

的，它不会像宗教或功利主义那样，将完美归结为一种具体的有限的特征。文化的完美观用爱比克泰德的话来表达最为贴切，他说："沉溺于同身体有关的事项，例如，过分起劲地锻炼，过分讲究饮食，过分在意散步，过分喜欢骑马等，那是 $αφυΐα$ 的标记。"这里"$άφυΐα$"指的是尚未经过精致完美修炼的性情："所有这些事情只应当顺带着去做，我们真正关心的只应是精神和性格的养成。"[16] 说得极是。确实，希腊语中的"$εὐφυΐα$"一词，指经过精致完美修炼的性情，它恰如其分地表达了有关完美的观念，即文化力促我们认识的完美：和谐的完美，将美与智两个方面集于一身的完美，将"两件最高尚之物"结合起来的完美。后一句话是斯威夫特说的。[17] 尽管斯威夫特本人也许十分缺乏其中的一件，但他在《书之战》中用

（接上页）元勋之一，政治家、外交家、发明家和作家。他写的《穷理查历书》（*Poor Richard's Almanack*）深深影响了美国民族性格的形成和美国文化的发展。引文出自他1742年的《穷理查历书》卷末的《健康长寿之规》，第1条。

[16] 爱比克泰德（Epictetus，50？—135？），在罗马和伊庇鲁斯活动的晚期希腊斯多葛派哲学家。据说他原是奴隶，获自由后在罗马教授哲学，公元90年被暴戾的罗马皇帝图密善（Domitian）逐出罗马。没留下文字著述，其哲学思想主要记载在他的学生阿里亚诺斯的《谈话录》和《指南》两部书中。阿诺德引文出自《指南》，第41条。

[17] 斯威夫特（Jonathan Swift，1667—1745），英国讽刺作家，生于都柏林，他的《格列佛游记》（1726）是一部家喻户晓的作品。斯威夫特的那部有关当时古典派和现代派之争的《书之战》写于1697年，1704年发表。作品开头，住在藏书馆角落里的一只蜘蛛和被蛛网缠住的一只蜜蜂争了起来，寓言家伊索总结说，蜘蛛就像现代派，从自己的肠子里吐出东西，结成刻板教条的知识之网，而蜜蜂则像古典派，到自然中去采蜜；伊索说："我们（指古人）用以装满蜂巢的不是污物与毒素，而是蜂蜜与蜂蜡，就这样我们为人类提供了两件最高尚之物，那就是美好与光明。"伊索的一番话引起了馆藏图书的愤怒，于是古书新书同室操戈，加入到论争中来。总的来说古典派占了上风，但问题没有结论，古今孰优孰劣之战仍在继续。

"美好与光明"的原文是 sweetness and light，即蜂蜜香甜、甘美的口感，以及用蜂蜡制成的蜡烛的照明作用。阿诺德像斯威夫特一样，也以蜜蜂比喻经过修炼的、从自然和人文主义传统中充分吸收了养分的人，而以蜘蛛比喻狭隘、以自我为中心、未经修炼的人。

极其妥切的语言做了如下命名:"两件最高尚之物,美好与光明。"希腊文中"εὐφυής"表示趋向美好与光明的人;反之,"ἀφυής"就是非利士人了。希腊精神所以至关重要,就因为希腊人受到神启,幸运地产生了关于人类完美之基本品格的核心思想。布莱特先生认为文化不过是对希腊文和拉丁文的一知半解;追究起来,这种误解却也源自希腊至理对我们教育机器的影响,因此,误会本身反倒成了表达敬意了。

文化以美好与光明为完美之品格,在这一点上,文化与诗歌气质相同,遵守同一律令。我们之中希望通过自由、人口和工业化得到拯救的人并不多,对绝大多数人而言,救赎还是要依靠宗教组织。宗教与诗歌相比,我以为宗教所体现的人性更为重要,因为它所要达到的完美更为宽泛,受宗教影响的人数也更多。诗歌主张美,主张人性在一切方面均应臻至完善,这是诗歌的主旨;宗教的主旨是克服人身上种种显而易见的动物性的缺陷,使人性达到道德的完善。尽管诗歌的主张尚不如宗教那么有成效,但它乃是真切而宝贵的思想,诗歌的主张若与宗教观念中有虔敬之心的干劲与活力结合,就注定会改造并统制宗教的主张。

希腊最优秀的艺术和诗歌是诗教合一的,关于美、关于人性全面达到完美的思想,被添加了宗教虔敬的能量,成为充满活力的动因。正因为如此,希腊的优秀诗歌艺术对我们至关重要,能给我们以重大启示。当然我们必须承认,就人类整体而言,哪怕就希腊人本身而言,这在当时是尚不成熟的努力,人类尚需在道德和宗教素质方面得到更大的锤炼、更好的培育,方能有所成功。然而,希腊人时时处处以美、和谐及人的全面完善为至高追求的思想却并没有错。突出、注重这些,怎么也不为过,只是道德品格方面也应跟上才是。我们在道德品格方面倒是底气很足,但倘若仍缺乏或者误解了美、和谐与人性全面完善的思想——显然目前我们确实缺乏或误解了这种思想,那即使绷紧了道德神经,也不能说就正确无误。我们依靠宗教组织,但宗教组织本身并没有也不可能给我们以美、和谐与人性全面完善的思想;我们如若依靠宗教组织,以为只要组织发展了,遍地开花了,也就大功告成了,那么我看就犯了过分注重手段和工具的通病。

  人最大的通病莫过于混淆两种类型的内心宁静和满足。在抑制了我们身上的种种明显的动物性坏毛病后,我们会获得内心的宁静和满足;但我称之为绝对的内心宁静与满足的境界,却只有当我们接近完全彻底的精神完美时才能企及,它不会仅仅伴随着道德完善——更确切地说,不会仅仅伴随着相对的道德完善而到来。在争取达到相对道德完善这一点上,世界上没有哪个民族比我们英国人更加竭尽全力;世界上没有哪个民族会像我们那样,如此痛切而逼真地感受到抵挡魔鬼、制服恶者[18]——按其最浅显的字面意思去理解——这一命令的力量。我们得到了报偿,遵从这一命令不仅使我们有了世俗的繁荣昌盛,而且远为重要的是,为我们带来了莫大的内心的平静和满足。就因为走向完美的努力取得了初步成果,得到了内心的平静和满足,人们便使用原本只在谈论绝对完美时才适宜的语言,来谈论他们不彻底的完美,谈论使他们达到当前完美程度的宗教组织,其实这种语言只不过是心灵所预言的完美之遥远而微弱的回声。对我而言,最悲哀之事莫过于看到人们使用这种不当的语言。毋庸说,宗教本身提供了大量壮美的词语,人们大量地使用

---

[18] "抵挡魔鬼"出自《圣经·新约·雅各书》,第4章,第7节:"故此你们要顺服神;务要抵挡魔鬼,魔鬼就必离开你们逃跑了。""制服恶者"出自《圣经·新约·约翰一书》,第2章,第13、14节:约翰说到自己给长者和青年写信的原因之一是"因为你们胜了那恶者"。

这些词语，毫无顾忌，然而这语言却是对不彻底完美的最严厉的批评，尽管迄今唯有我们通过宗教组织才达到了这种不彻底的完美。

英国民族的道德进步和自我克制的冲动在清教主义中得到最强烈的表现，而清教主义的理想又由独立派[19]表达得最为充分。现代的独立派教徒有一份报纸，名曰《不从国教者》，文字真诚，妙笔生花。他们的喉舌所高祭的法宝、准则，他们的誓言和宗旨，是"力陈异见，固守新教"。[20]想想美好与光明，想想全面和谐的理想完美境界！评判这个口号，其实也不用到文化和诗歌中去寻章摘句。本能地趋向完善的宗教就能提供判断用语，而且用我们天天诵念的话就够了。"总而言之，你们都要同心，彼此体恤。"[21]这是圣彼得说的。这里讲的道理就斥责了"力陈异见，固守新教"的清教理想，但人们相信、依赖、愿为之献身的却正是这样的宗教组织！我说了，即使我们只向完美迈出了一步、刚开了个头，即使我们只

---

[19] 独立派（Independents）是主张各教堂会众独立自主、自行管理的加尔文派教徒。17世纪中叶，独立派是反对查理一世的清教革命中的重要力量。在阿诺德的时代，独立派教徒一般被称为"公理会"教徒（Congregationalists）。

[20] 《不从国教者》由爱德华·迈耶尔主编，其题词出自18世纪英国辉格党政论家伯克（Edmund Burke, 1729—1797）的演讲《论与殖民地的和解》，原文使用诉诸听觉的头韵："The Dissidence of Dissent and the Protestantism of the Protestant religion."（如直译，为"持异见者的异议，奉新教者的教义"。）

"不从国教者"的英文 Nonconformist 原意是拒绝与通行标准、规则、习俗、传统等保持一致的（人、团体、倾向等），在英国的宗教史上指不服从斯图亚特王朝复辟后的《划一法案》（the Act of Uniformity，要求国内统一使用1662年《公祷书》的法案）的宗教派别，亦即不从英国圣公会（新教安立甘宗）的派别，在苏格兰则指包括苏格兰圣公会在内的不从苏格兰长老会的派别。17世纪中期的不从国教派有长老会、公理会、浸礼会、贵格会等，后来还有新出现的循道宗、唯一神派（一位论）和救世军等。16世纪中叶至1662年《划一法案》出台前，在没有出现 Nonconformists 这个用法时，英语中使用 Dissenters 指称清教、长老教等激烈的有分裂倾向的教派。从19世纪末起，不从国教派别联合称为自由教会。另参见第二章注〔36〕、〔41〕，序言注〔27〕。

[21] 引自《圣经·新约·彼得前书》，第3章，第8节。

克服了明显的动物性坏毛病,那也是了不起的美德,因此,帮助我们这样做的宗教组织就会显得可贵、有益,值得大力普及推广,哪怕它的额头上仍敲着不完美的印记。再说,人们已习惯于让宗教语言发挥特殊的作用,使之成为纯粹的套话,乃至根本没有听进宗教自身对宗教组织缺点和错误的谴责;他们肯定会自欺,为那些缺点辩解。只有文化的批评声音他们才听得进去,而且只有当文化像诗歌一样,用不会被误读曲解的语言,意态坚决地以全面完美之人性的理想来衡量这些宗教组织时,批评的声音方能闻达于世人。

但有人会说,文化人和诗人不是一次又一次地失败了吗?在走向和谐完美所必经的最初阶段,在克服显而易见的动物性缺陷的阶段,他们不就已经招人显眼地失败了吗?而宗教组织却因帮助我们克服缺陷而荣耀于世。此言不错,文化人是常常失败。情形通常是,他们避免了清教的缺陷,却也不具备清教的美德;他们的危险是对清教的缺点感受太甚,乃至过分忽视了清教徒的德行。但是,我并不愿意贬低清教来为他们辩护开脱。文化人在道德品行方面往往做得不好,而道德是不可或缺的。他们做得不好,已受到惩罚,正如清教徒表现得好,就得到奖赏一样。他们做错了就受到惩罚,但是他们关于美、关于美好与光明以及人性全面臻至完美的理想,仍不失为完美之真确的理想,正如清教徒虽因德行而得到丰厚的报偿,但其理想中的完美却仍然是狭隘的、有缺憾的一样。清教的前辈父老移居海外,业绩昭彰。尽管如此,让我们想象一下莎士比亚或维吉尔伴随他们远渡重洋会是怎样的情景。莎士比亚和维吉尔是美好与光明之典范,代表着人性中最富有人情的一切;倘若他们伴随着清教老前辈们航海,会发现这些旅伴是多么乏味!单是这点就足以判断清教徒和他们那完美的标准是怎么回事了。我们可以用同样的方法来评价到处可见的宗教组织。我们不应否认它们所做的善事和所获得的幸福，但我们同样不应不清楚地看到，它们有关人类完美的主张是狭隘的、有缺憾的，所谓"力陈异见，固守新教"的思想永远不可能引导人类走向真正的目标。我在谈财富问题时说过，让我们看看那些富有的人、为财富而活着的人过的日子吧。现在，关于宗教组织，我也要说同样的话。看看《不从国教者》等报纸所描绘的生活吧：对国教充满了猜忌，热衷于争论、茶话会、不从国教教堂的开张仪式、布道等等；然后再想想，这样的生活能作为人生的理想——各方面达到完美、值得以全部力量追求的美好、光明和完美的理想吗？

和《不从国教者》一样代表了国内某一宗教组织的一家报纸，不久前报道了德比日埃普索姆赛马会[22]的热闹场面，将在观赛人群中所见种种不堪的恶俗陋习一一端出，然后笔锋忽地一转，质问起赫胥黎教授[23]来，谓是不靠宗教，如何治理得了这许多丑陋恶劣的行径。坦白说，我那时倒想求教于质询者：依照你那个宗教该如何整治恶俗？你那宗教团体的人生理想如此不招人喜爱，如此缺乏吸引力，如此不完善，如此狭隘，如此远离人类完美之能为人欣然接受的标准，而你本人就是那种人生的一面镜子——试问，这样的团体的理想如何去战胜和改造恶俗？实际上，文化追求的完美境界之最强烈的申诉，宗教团体所谓的完美是多么不健全之最有力的证据——我已说过，这不健全的理想仍表达了人类迄今为止追求完美境界的最广泛的努力——可见于宗教组织控制下的社会生活现

---

〔22〕 "德比日"指德比赛马节，始自1780年，每年6月在英格兰东南部、位于伦敦西南的埃普索姆唐斯（Epsom Downs）举行（"唐斯"指英国南部用于放牧的有草丘陵地）。

〔23〕 赫胥黎（Thomas Huxley, 1825—1895），英国生物学家、作家，1863—1867年任皇家科学研究所教授，1883—1885年任皇家学会会长。他因热情宣传达尔文的进化论而著称。

状，而宗教组织对我们社会的控制可能已有好几百年了。我们大家都属于这个或那个宗教组织，人人都爱用我说过的那种壮丽豪迈的宗教语言自诩为上帝之子。[24]上帝之子——好大的口气！何以见得？我们的业绩，我们的发言，就是明证呀！我们作为上帝的子孙所建立的功业，那轰轰烈烈的生活的中枢，我们建造起来并居住于内的城市，就是伦敦呀！伦敦，它外表丑陋不堪，内里溃烂腐败，就像萨卢斯特笔下的加图所描绘的罗马：*publicè egestas*，*privatim opulentia*，民众水深火热，显贵灯红酒绿！[25]此情景旷世无双！还有，我们上帝的子孙发言了，那说到了大家心窝里去的声音，那份在英国发行量最大的报纸，啊不，在世界上发行量最大的报纸，就是《每日电讯报》呀！[26]我承认，我们的宗教组织代表了人类迄今最大规模的追求完美的运动，但是，如果追寻了半天，成果不过是伦敦和《每日电讯报》之类的东西，那就到了好好检讨它们的主张

---

[24] 引自《圣经·新约·加拉太书》，第3章，第26节："所以你们因信基督耶稣，都是神的儿子。"《加拉太书》为保罗致"外邦人"（Gentiles）加拉太教会的信，与《罗马书》一起被称为16世纪宗教改革的两大"宪章"。

[25] 萨卢斯特（Gaius Sallustius Crispus，公元前86—前34？），古罗马史学家、政治家，追随恺撒；著有《朱古达战争史》《喀提林之谋》等，《罗马共和史》只留有残篇。引文出自《喀提林》，第52卷，第22节。

　　加图在此指老加图的曾孙小加图（Marcus Porcius Cato, or Cato the Younger，公元前95—前46），古罗马政治家、斯多葛派哲学家，支持西塞罗反喀提林，支持庞培反恺撒，得知共和军战败、恺撒获胜后自杀。

　　阿诺德对伦敦的描写以及将伦敦与堕落的罗马做类比，会令基督徒想到荒淫的巴比伦，如《启示录》，第18章，第2节写（有大权柄的天使从天而降），"他大声喊着说，'巴比伦'大城倾倒了，倾倒了，成了鬼魔的住处，和各样污秽之灵的巢穴，并各样污秽可憎之雀鸟的巢穴"。而那些以伦敦为荣的人可能将它当成了千禧年来临时的圣城、新"耶路撒冷"。

[26]《每日电讯报》自1855年9月17日起发行，是1855年英国取消报业印花税后的第一份大发行量报纸，价格低廉（便宜的报纸俗称"便士日报"）。其劲敌为1856年3月17日开始发行的《晨星报》和《暮星报》，1869年10月13日，后者停刊，前者并入《每日新闻》。

的时候了。我们应该看看，宗教组织构想完美时，是否忽略了人性中一些本来可以发挥很大作用的方面和力量，如果它们对完美构想得更全面些，这理想是否会更加行之有效。我还认为，英国人依赖宗教组织，依赖它们在目前水准下提出的人类完美的理想，就像依赖自由、强身派基督教[27]、人口、煤炭、财富等一样，不过是信仰了工具，因而是不会有成果的。文化则与之相对，能起到有益于身心健康的作用，因为文化专注于看清事物本相，引导人类走向更全面、更和谐的完美。

然而，尽管文化坚定地认为以上种种都只是手段或工具，它却仍通过对所有这些工具或手段的态度表现出它的特点，即一心一意地热爱完美，真诚希望天道与神的意旨通行天下，并且不会走火入魔、发热发狂。狂热的人看到人们盲目地迷信财富和工业主义，或是强健筋骨的活动，或是某政治的或宗教的团体——总之，害狂热病的人看到人们因盲目迷信这样或那样的工具或手段而危及自身时，他们就会大张旗鼓地反对这个或那个政治团体或宗教团体，反对运动健身，反对财富和兴办工业，他们会用激烈的手段不准这类情形继续下去。但是美好与光明则有灵活性，这是真诚追寻文化时文化给予的一种回报。文化的灵活性使人看到，某种倾向可能有其必要性，甚至是有益的，它可以为实现将来的目标做好准备；但文化的灵活性也使人看到，服从这种倾向的一代代人或个人都做了它的牺牲品，顺从这种倾向便没有希望达到完美；这种倾向的危害应

---

[27] "强身派基督教"（muscular Christianity）是《爱丁堡评论》指称英国国教教士、小说家金斯利（Charles Kingsley, 1819—1875）及其追随者的用语，原因是金斯利"深深感到人间寻常的关系、人生中普普通通的责任都是神圣的"，他极力推崇"生气、活泼的精神，强健的体魄，以及尽情投入与此相关的一切追求，尽情赞赏所取得的成绩，认为这些非常重要，极有价值"（1858年1月，第107期，第190页）。

受到批评,不然它会变得太根深蒂固,在达到目的后仍延续下去而不终止。

格莱斯顿先生在巴黎的一次演讲中[28]清楚地指出(别人也指出过同样的问题),为了给未来社会的富足安康打下丰厚的物质基础,目前奔向富裕和通过工业振兴社稷的伟大运动有多么必要。最糟糕的是,诸如此类的辩护词通常是讲给正在全身心地投入这运动的人听的。不管怎么说,这些人如饥似渴地抓住这些言辞,以此证明他们的人生方式十分合理,可结果是使他们在过失中陷得越发深了。而文化呢,文化承认发财致富、言过其实的工业主义运动有其必要性,也很乐于认可未来会从中获益的提法;但同时文化坚持认为,一代代的工业家,在很大程度上组成非利士主义的坚实主体的一代代的工业家,却做了运动的祭奠品。对待健身问题亦然,文化认为青少年一代所热衷的体育比赛和运动可能会练就健康的体魄,以利于将来的工作。文化并不反对体育运动和比赛,文化祝贺未来,希望未来能好好利用更健壮的身体;但文化又指出,这期间,一代青少年被牺牲了。清教主义或许是必要的,有利于培养民族的道德素质;不从国教或许是必要的,可以打破教会束缚思想的枷锁,为遥远将来的思想自由扫清道路。尽管如此,文化指出,这样做的结果是,多少代清教徒和不从国教者的和谐的完美被牺牲了。言论自由对将来的社会可能是必要的,但这期间,《每日电讯报》的"幼狮"[29]则被牺牲了。主张国人皆有发言权的政府对将来的社会可能是

---

[28] 1867年1月31日格莱斯顿(参见注[10])在巴黎政治经济学会聚餐会上的讲话,载《泰晤士报》,1867年2月1日,第10页。
[29] 参见引言注[4]。

必要的，但这期间比尔斯先生和布拉德洛先生[30]却被牺牲了。

牛津，从前的那个牛津，犯了很多错误，也为此付出了沉重的代价：她失败了，被孤立了，与现代世界脱节了。但是在牛津那美丽的地方，在优美温雅之中成长起来的牛津人，并没有放弃一个真谛，那就是认定优美温雅是全面的完美之基本品格。当我坚持这样说的时候，我是完完全全浸淫在牛津的信仰和传统之中了。我要大胆地说，我们对优美温雅的热爱、对丑恶粗鄙的憎恶，我们的这般情怀，才是我们靠拢许多失败了的事业，也是我们反对那么多成功了的运动的根本原因。这感情是虔诚的，它从来没有被整个地摧垮，它虽败犹荣。政治上我们没有成为赢家，没有能使我们的主要观点获得赞同，没有能阻止对立面的前进，没能成功地与现代世界同步行进。但是，我们已于不知不觉中对国人的思想产生了影响，我们培育起的感情洪流冲蚀和削弱了对手们似已占领的阵地，我们保持着同未来的沟通和联系。看看30多年前震撼了整个牛津的那场伟大的运动吧。读过纽曼博士的《为我一生的自辩》的人都了解，这场运动针对着可以用"自由主义"加以概括的倾向。[31]自由

---

[30] 比尔斯（Edmond Beales，1803—1881）是名噪一时的"改革协会"（the Reform League，1865—1869）的主席，1866年7月下旬曾组织鼓动改革的大型集会。集会原计划在海德公园举行，被警方禁止，比尔斯等组织者想将人群拉到特拉法尔加广场，但有一大批参加者砸了铁围栏，强行在海德公园集会，造成与警方对峙，后来还发生了砸"雅典文化俱乐部"（阿诺德为其成员）的窗户的骚动。布拉德洛（Charles Bradlaugh，1833—1891）是"改协"成员、强有力的鼓动家，曾极其坚定地主张不理睬警方、按计划在海德公园集会。他拥有周刊《国民改革家》，领导了以工人为主的激进党派，宗教上主张思想自由，政治上主张共和，是1868—1878年间英国共和运动的领袖人物。

[31] 纽曼（John Henry Newman，1801—1890）曾是19世纪30年代"牛津运动"的精神领袖。该运动旨在振兴英国国教的高教会，以历史、传统、权威和强大的体制化宗教抵御自由主义思想的进攻；牛津运动因发布由近百篇文章组成的《时代书册》，也称"书册运动"（Tractarianism）。纽曼44岁时改奉天主教，晚年被罗马教廷封为枢机主教。《为我一生的自辩》（1864）（转下页）

主义蔚为大观了,它是受命来运造时势的,它的盛行是必然的、不可避免的。牛津运动夭折了,败阵了,四处的海面都漂浮着我们的残骸:

> Quæregio in terris nostri non plena laboris？[32]

但是,纽曼博士所看到的自由主义,这个让牛津运动折损的自由主义究竟为何物？它其实是伟大的中产阶级自由主义。这自由主义所信奉的基本信条,从政治上说是1832年的议会选举法修正案以及地方自治;在社会领域,是自由贸易,无制约的竞争,办工业发大财;在宗教上,就是"力陈异见,固守新教"。我不是说没有别的比这明智些的势力反对牛津运动,但这种自由主义确实是真正打败了牛津运动的力量。这是纽曼博士与之较量的势力,是直到日前始终在国内显得不可一世、似乎掌握着未来的势力;它的成就让骆先生[33]赞叹不已,看到它的统治受到威胁曾让骆先生惊恐万状。这支非利士主义的伟大队伍今日何在？它已被推入二流行列,成为明日黄花,而与未来无缘。一支生力军突然冒了出来,现在对它做出全面评价虽然为时过早,但已可肯定它全然不同于中产阶级的自由主义,不但所信仰的基本准则不同,而且在一切领域都表现出不同的倾向。它对中产阶级议会的立法机器,对中产阶级的地方政府自

(接上页)系纽曼借驳斥金斯利(参见注[27])的点名攻击的机会,向公众袒露自己的心路历程的作品,澄清了二十多年来对他沸沸扬扬的传言;在正文后的"注释A"中,纽曼详细解释了"自由主义"以及牛津运动的对策。

[32] 拉丁文引文出自古罗马诗人维吉尔(Publius Vergilius Maro,公元前70—前19)的史诗《埃涅阿斯记》(*Æneid*),第1卷,第460行,直译为:"天下哪里有一个国度不充斥着我们的苦难？"

[33] 罗伯特·骆,薛布鲁克子爵(Robert Lowe, Viscount Sherbrooke, 1811—1892),当过自由党议员,1866年因议会选举改革问题而退出自由党,在挫败辉格党的第二选举法修正案中发挥了作用。格莱斯顿任首相时,他先后当过财政大臣和内务大臣。

决，对中产阶级工业家的自由竞争，对中产阶级不从国教者的不同教见，对中产阶级新教的信条，等等，统统不抱景仰爱慕之情。我并非在赞扬这支新生力量，我不是说它有更美好的理想。我只是要说，它的理想是全然不同的。那么，谁来评估以下种种呢？纽曼博士的牛津运动培育的感情洪流，这运动所滋养的追求美与雅的愿望，它所表露的对中产阶级自由主义之苛刻庸俗的反感厌恶，它那照得中产阶级新教教义的丑恶怪诞无处遁迹的强光——在引发秘密的不满大潮从而暗中损毁30年来自信的自由主义的地基，为它的突然崩塌和被取而代之铺平道路的过程中，所有这些起了多大作用，谁可予以评说？牛津的美与雅的情操正是以这样的方式取胜的，而且还会继续长期地取胜！

牛津精神就是以这样的方式与文化朝着同一目标努力。要实现这个目标还有许多事情要做。我刚才说了，新生的更加民主的力量正在取代旧的中产阶级自由主义而兴起，但现在对它做出判断还为时过早。它的主要倾向还在形成之中。我们听到它的各种允诺，要进行什么行政管理改革，法律改革，教育改革，等等，不一而足。但这些承诺与其说是它自身发展中已表现出来的明确倾向，不如说只是出自倡导者之口，他们希望为这新生力量张目，为它取代中产阶级自由主义做有力的申诉和辩护。与此同时，生力军有许多用心良苦的朋友，与之相比，文化如能继续稳扎稳打地高举人类完美的理想，则更能显示自己的优越性，因为这理想是内里的精神活动，它的特点是好上加好，使美好、光明、生命力和同情心都更上一层。布莱特先生是骑墙者，一只脚伸在中产阶级自由主义一边，另一只脚则进了民主阵营，但他是吃中产阶级自由主义的饭长大的，所以他的思想多半来自那边。他始终在鼓吹工具信仰，而正如我们已了解的那样，英国人本来就容易崇拜工具，工具信仰正是中产阶级自由主义的祸根。布莱特先生又伤心又气愤地抱怨说,看来有人"对选举权问题缺乏正确的估价"。他要让追随者相信的,正是英国人从来就会轻易相信的事情:有了选举权犹如有了大家庭、大企业或强健的肌肉一样,其本身就起了教化、完善人性的作用。他又对民众发话,说他们"肩负着英国的伟业"。他高声赞叹道:"看看你们的功绩吧!我扫视英国,看到了你们建造的城市,你们修筑的铁路,你们制造的产品,举世无双的商船队载满了货物!我看到,你们靠自己的力气,将从前荒芜的岛屿变成了果实累累的花园。我知道是你们创造了财富,是你们让一个国家的名字威震四海!"[34]哎呀,罗巴克先生或骆先生不就是用这样的赞誉腐蚀了中产阶级的思想,使他们堕落为地道的非利士人的吗?这无异于教会人们不去想想自己是怎样的人,想想自己朝着美好与光明的理想进展了多少,而是以修筑了多少铁路或建造了多大的礼拜堂[35]来衡量自己的成就。只不过说中产阶级的时候,就赞扬他们的能量、自立精神和资本,赞扬民众时,就说他们用自己的双手和体力建造了一切。但是,教育民众去信仰如此功利,那仅仅是教会他们做非利士人,以取代现在的非利士人的位置罢了,而他们也会像中产阶级一样,受到鼓动,不穿礼服就去参加未来的喜宴,[36]这样做是引不出什么好

---

[34] 摘自1866年10月9日《晨报》关于前一日布莱特(参见引言注[1])在利兹演讲的报道,"肩负着英国的伟业"一语出自同一日的《晨报》社论;当日的《泰晤士报》也刊登了布莱特的演讲。下文提到的罗巴克和骆参见注[9]和[33]。

[35] 讽喻那座为浸理会牧师斯柏靳(Charles Haddon Spurgeon, 1834—1892)建造的、能容纳6000人的"大都会礼拜堂"(Metropolitan Tabernacle),该教堂建于1859—1861年,自落成后,坚定的加尔文教信徒斯柏靳一直在这里布道,直到逝世。

[36] 参见《圣经·新约·马太福音》,第22章,第11—14节,耶稣以摆设娶亲的筵席、客人拒不赴宴等来比喻他第一次来临的情形和后果,当时距耶稣被钉十字架已只有几天了。

结果来的。那些了解他们根深蒂固的坏毛病的人,那些注意他们、听他们说话的人,或者愿意读一读"熟练技师"(他们中的一员)新近那富有启发性的描述的人[37]——所有这些人都会同意,文化的有关完美的观念,才是新生民主力量的真正需要;比起拥有选举权的幸运或者创建工业的神奇业绩等,新生的民主力量远为需要的是文化为我们树立的完美的标准,即更加丰富的精神活动,其特点是在美好、光明、生命力和同情心方面均取得长足的进步。

另一些新生力量的好意的朋友倒并不想引导它走中产阶级非利士主义的老路,而想带领它闯闯别的路,民众的脚自然是跃跃欲试,虽说在本国那是些尚未走过的路,很新奇。我且称之为雅各宾主义的道路。一说起过去便怒气冲天,囫囵吞枣地搬用一套套抽象的革新体系,白纸黑字、事无巨细地制定未来理性社会的新学说,这些就是雅各宾主义的路子。想领导大众走这样的路的民众之友中有弗雷德里克·哈里森先生和其他的孔德信徒,其中有我的老朋友康格里夫先生[38],我很高兴能有机会公开表示我对他的才干和人品的敬重。弗雷德里克·哈里森先生仇视文化,这也很自然,因为文化始终反对的两件事情,正是雅各宾主义的标记——一是激进好斗,二是醉心于抽象的体系。文化在人类命运趋向中给予体系策划者和体系的份额总是小于后者的期望。人心中涌动着朝向新思想的

---

[37] 指《工人阶级的习俗》(*Some Habits and Customs of the Working Classes*)一书,作者署名"熟练技工",其真名为托马斯·赖特(Thomas Wright)。
[38] 康格里夫(Richard Congreve, 1818—1899),牛津大学沃德姆学院的学生、住院士,1848年在巴黎见到孔德,遂成为实证主义信徒;后在沃德姆学院当哈里森(参见引言注[2])的指导教师,与后者结成30年的友谊。康格里夫曾与阿诺德的挚友、诗人克勒夫(Arthur Clough, 1819—1861)同时就读于阿诺德的父亲任校长的拉格比公学。

潮流[39]：人们不满意非利士思想、盎格鲁-撒克逊思想，或别的什么旧的狭隘的思想武库；而有的人，如边沁[40]或孔德，其真正的功劳在于很早就强烈地感觉到这新的潮流，并推进了这股潮流，但在感受和推动潮流的同时，也将自己的种种狭隘和错误携带了进去。这样的人被誉为整个潮流的发动者，被视为可以委以疏导潮流的重任、对人类起引导作用的合适人选。

　　德意志优秀的罗马神话史家普莱勒讲述了从塔昆时期开始的，对光明、康复及和解之神阿波罗的崇拜，他要我们注意，与其说塔昆父子将新的阿波罗崇拜引进了罗马，不如说当时罗马人中萌动着一股潮流，它要摆脱拉丁姆人和萨宾人宗教思想的窠臼，奔向这样的新崇拜。[41]文化做的是同样的事，它将注意力引向人类活动自然形成的潮流及其持续的动向，而不让我们只相信某一个人和他所做的事情。文化不只使我们看到这个人的长处，还使我们看清他身上必然存在的许多局限和只属于一时的特点。不仅如此，文化这样做的时候还感到十分愉快，有了得到更大的自由、更宽阔的未来的

---

〔39〕在此阿诺德用了"current"（潮流，趋向，倾向）一词，指他常说的 *Zeitgeist*，即"时代精神"。

〔40〕边沁（Jeremy Bentham，1748—1832）创立了功利主义理论（Utilitarianism），主张用理性的尺度测量体制的功用和效率，即看它是否对增进最大多数人的最大幸福有用。

〔41〕普莱勒（Ludwig Preller，1809—1861），德意志古典语言学家、魏玛图书馆馆长；文中所说可参看他写的《罗马神话》，第1卷，第21—23页，第147页（第3版，柏林，1881）。

　　塔昆父子（the Tarquins）是传说中早期罗马王国的两个国王，"古老的"塔昆（Lucius Tarquinius Priscus，公元前？—前578）是传说中的第5代国王（公元前616—前578），在卡匹托林山上动工兴建朱庇特神庙，征战并打败过萨宾（古意大利中部民族，公元前3世纪被罗马征服）、拉丁姆（古代罗马东南部的古国）和伊特鲁里亚（古意大利中西部古国），后被前国王的王子们杀死。他的儿子"高傲的"塔昆（Lucius Tarquinius Superbus，公元前？—前498），相传为第7代也是古罗马君主时代最后一个国王（公元前534—前510），杀害岳父、第6代国王图里乌斯后上台，实行独裁统治，后全家被驱逐出罗马。

感觉。

我曾深受一个人的思想的影响,我对之感恩不尽;这思想属于一个明智与清醒的化身,属于在我看来是美国迄今所产生的最有分量的人物——本杰明·富兰克林。长期以来,我一直领受着富兰克林沉着冷静的务实精神的力量,但我也记得当我看到他的一项计划时所感到的轻松心情。富兰克林要搞一个新版的《约伯记》,代替老的版本,说那风格已经过时,读来不怎么朗朗上口了。他接着说:"我来写几句,示意我认为可取的译文。"我们都记得英语译文中的那段著名的诗句:"撒旦回答耶和华说:'约伯敬畏神,岂是无故呢?'"[42] 富兰克林是这样处理的:"陛下难道以为约伯的善行只是他个人的忠诚和爱戴所至吗?"我清楚地记得,当我第一次读到这句话时,我深深吸了口气,备感轻松地自语道:"毕竟,在富兰克林的明智通达之外还有人性伸展的余地!"我听到人们盛赞边沁,称他为革新现代社会之人,称他的意见和主张为未来的准绳。这时,我翻开了《义务论》,读到这样的话:"当色诺芬在写历史著作、欧几里得在教几何的时候,苏格拉底和柏拉图却以教授智慧和道德为名,行胡说八道之实。他们的那套道德就是空话,他们的所谓智慧就是否定人人都能从经验中明白的事情。"[43] 从我读到这段话的时刻起,我就从边沁思想的束缚中解脱了!我再也不可能染上他的追随者的狂热。我感到他的思想观念不足以提供人类社会的准

---

[42]《圣经·旧约·约伯记》,第1章,第9节。富兰克林(参见注[15])的话引自《琐事》,见斯巴克斯(Jared Sparks)编的富兰克林《作品集》(波士顿,1840),第2卷,第167页。肖瑞(Paul Shorey)第一个在《民族》(*Nation*)杂志上撰文指出富兰克林是要搞个滑稽好玩的本子,而不是一本正经的版本,他认为阿诺德可能没看清上下文(1888年7月14日,第46期,第486页)。

[43] 边沁(参见注[40])的话引自玻林(John Bowring)编的《义务论,或道德学》(*Deontology, or the science of morality*),第1卷,第39—40页(伦敦,1834)。

则，它们称不上完美。

文化总是这样对待有体系的人，有门徒的人，有学派的人，对待像孔德、已故的巴克尔先生[44]或穆勒先生这样的人。无论文化从这些人物或他们中的一些人身上发现多么令人钦佩的品质，它仍牢记这句经文："你们不要受拉比的称呼。"它很快就越过任何一位大师，继续行路。[45] 然而雅各宾主义却总要拥戴大师，它不想从自己的大师身边走过，去追求未来的尚未达到的完美；它希望那大师和他的主张就代表完美，希望这些主张能获得更大的权威来改造世界。因此，对雅各宾主义来说，永不休止地向前进、永不停止寻求的文化，简直就是傲慢，就是犯上。雅各宾主义要我们接受的人虽有真见，是某些真知灼见的代言人，但同时也有他自身的种种局限性和错误，而文化正因为抵制了它的这种强加于人的倾向，倒是对社会、对雅各宾主义本身做了件好事。

同样，雅各宾主义虽然气势汹汹地反对过去，憎恨它认为应对过去的罪孽负责的那些人，但它却无法扼杀文化所特有的博大的宽容，即酌情处理，对行为的审判严厉无情，对人的审判则宽大为怀。弗雷德里克·哈里森先生叫嚷说："政治上数文化人顶可怜！"弗雷德里克·哈里森先生要动真格的，但他抱怨说文化人不让他做事情，文化人就喜欢"找茬挑刺，沉湎于一己的慰藉，行动起来则

---

[44] 巴克尔（Henry Thomas Buckle，1821—1862）依据经验主义原理写了《英国文明史》（1857，1861），当时很轰动，被认为是普及了用科学态度处理历史问题的方法。
[45] 《圣经·新约·马太福音》，第23章，第7—8节，耶稣说文士和法利赛人"喜爱人在街市上问他安，称呼他拉比。但你们不要受拉比的称呼，因为只有一位是你们的夫子"。"拉比"（Rabbi）是早年犹太教法典《塔木德经》（*Talmud*）的编纂者、犹太法学权威、犹太教学者的尊称，意为"大师""夫子"；后来通常指犹太教的会众领袖，相当于基督教的牧师。

迟疑不决"。他质问说，除了"对新书评论家可取，于文学教授相宜"之外，文化素养有什么用？[46]文化怎么没用？我们读着弗雷德里克·哈里森先生提出这个问题的文章，通篇言辞激烈，透露出愤怒之情，啊，我可以说通篇发出咝咝的怨毒声，在这样的文章面前，文化提醒我们，完美的人性是温文尔雅的。文化之所以有用，因为它如同宗教一样（宗教是另一种追求完美的实践），也证明了"在何处有嫉妒纷争，就在何处有扰乱，和各样的坏事"。[47]

追求完美就是追求美好与光明。那为着美好与光明而奋斗的人，他做的事是让天道与神的意旨通行天下。替工具和手段做事的人，怀着怨恨做事的人，却只能带来混乱分争。文化的视野超越工具和手段，它憎恶怨恨。它自有强烈的爱好，那就是热切追求美好与光明。还有一件它愿意更热切追求之事，那就是让美好与光明蔚然成风。在我们全体都成为完美的人之前，文化是不会满足的。文化懂得，在粗鄙的盲目的大众普遍得到美好与光明的点化之前，少数人的美好与光明必然是不完美的。既然我毫不退缩地说出必须坚持美好与光明，那么同样，我也毫不畏惧地说，我们必须要有广阔的基础，一定要让尽可能多的人拥有美好与光明。我曾一次又一次坚持不懈地指出，当一个国家出现全民性的生命和思想的闪光时，当整个社会充分浸润在思想之中，具有感受美的能力，聪明智慧，富有活力——这便是人类最幸运的时刻，是一个民族生命中的标志性时代，是文学艺术繁荣发达、天才的创造力流光溢彩的时代。[48]

---

[46] 参见引言，第4页。下文中的"温文尔雅"的原文仍是"sweetness and light"。
[47]《圣经·新约·雅各书》，第3章，第16节，阿诺德的原文未加引号。
[48] 群众基础问题是阿诺德作为牛津大学诗歌讲座教授的就职演讲（1857）的主题，演讲题为《文学的现代因素》，参见《马修·阿诺德散文全集》，第1卷，第23—29页。

只是必须有真正的思想，真正的美，真正的美好与光明。许多人会力图将精神食粮给予他们所说的大众，他们会按照自己心目中的大众的实际状况来准备和调制与之相应的食品；平常的通俗文学就可说明如此做大众工作的方式。许多人想要将他们自己的行业或党派的整套观念和判断灌输给大众；我们的宗教组织和政治组织便让我们看到了如此动员大众的方式。我并不谴责这两种方式，但是文化的工作方式很不同。文化并不企图去教育包括社会底层阶级在内的大众，也不指望利用现成的看法和标语口号将大众争取到自己的这个或那个宗派组织中去。文化寻求消除阶级，使世界上最优秀的思想和知识传遍四海，使普天下的人都生活在美好与光明的气氛之中，使他们像文化一样，能够自由地运用思想，得到思想的滋润，却又不受之束缚。

这是社会性的主张；文化人是平等的真正使徒。伟大的文化使者怀着极大的热情传播时代最优秀的知识和思想，使之蔚然成风，使之传到社会的上上下下、各个角落。伟大的文化使者努力将一切粗糙、难懂、抽象、专业和生僻的内容从知识中剥离出来，使知识变得富有人情，即使在受过良好文化教育、有学问的小团体之外也行之有效，却仍不失为时代最优秀的知识和思想，因此，也成为美好与光明的真正源泉。中世纪的阿伯拉尔就是这样的文化使者，尽管他本人仍有种种不完美之处，但有了他才有了他所激起的澎湃情感和热情。上个世纪末，在德意志有莱辛和赫尔德，他们在文化上对德意志做出了无比宝贵的贡献。[49] 一代代人继往开来，文学的

---

[49] 阿伯拉尔（Pierre Abélard, 1079—1142），法兰西经院哲学家、逻辑学家和神学家，主张理性探索宗教问题，所著《神学》被指为异端而遭焚毁；他因与学生爱洛绮丝（Héloïse, 1101？—1163）的爱情悲剧而在文学中被反复颂吟，如英国的蒲柏（Alexander Pope, 1688—1744）写过《爱洛绮丝（转下页）

丰碑越来越多，德意志产生的作品也会比莱辛和赫尔德的作品完美得多；但是只要提起这两个名字，每一个德意志人都会由衷地生出敬意和热情，而最有才华的大师的名字却不大会激起如此反应。为什么？因为他们将知识人文化了，他们拓宽了人生和智慧的基础，他们强有力地传播了美好与光明，使天道与神的意旨通行天下。他们所说的就是圣奥古斯丁的这番话："我们不会让你独自保留创世的秘密，如你在开辟天地、分出光暗之前所做的那样；让你的神灵之子在苍穹就位发光，普照大地，分出昼与夜，宣告时光的流转；因为旧的秩序过去了，新的秩序已出现；夜尽了，昼将始；你派耕者去收获他人播种的庄稼；你派出新的耕者劳作在新的播种季节，而收获时节尚未来到；你这样做的时候，是为岁月赐大福了。"[50]

（接上页）致阿伯拉尔》（1717），乔治·莫尔（George Moore, 1852—1933）写出小说《爱洛绮丝与阿伯拉尔》（1921）。莱辛（Gotthold Ephraim Lessing, 1729—1781），德意志剧作家、批评家，其创作和文艺理论（如《拉奥孔》等）对后世影响巨大。赫尔德（Johann Gottfried von Herder, 1744—1803），德意志思想家、作家、狂飙突进运动的先驱，其著作以总体主义、民主主义和历史主义为基本思想，如《诗歌中各族人民的声音》等。

[50] 希波的圣奥古斯丁（St. Augustine of Hippo, 354—430），基督教哲学家，拉丁教父的主要代表，罗马帝国北非领地希波（今阿尔及利亚的安纳巴）教区主教（395—430）。引文出自他的《忏悔录》，第13卷，第18章，并参见《圣经·旧约·创世记》，第1章，第1—19节。（此处据阿诺德的英文译文译出，他有可能是对某拉丁文版的文字进行了译述，文字和一些通行的英译本有所不同，和译者见到的中译本差别更大。——2008年修订译本注）

第二章

随心所欲，各行其是

　　我一直力图说明，文化就是或应该是对完美的探究和追寻，而美与智，或曰美好与光明，就是文化所追寻的完美之主要品格。但是到现在为止，我主要强调了完美的一种品格，即美或者美好。为了恰如其分地完成我的设想，显然还需要说说完美的另一种品格——智，或曰光明的问题。

　　不过，我也许首先应该提到，在此地和大西洋彼岸响起了各式各样的反对声，反对据说是我在传播的、被他们嘲讽地称为"文化宗教"的东西。据称那是一种提议用药剂或这样那样的芳香膏药来救治人类疾苦的宗教，它散发着有教养的慵懒气息，令其信者坐视不理正从各方面包围我们的罪恶，拒绝为根除罪恶出力，还使其信徒对力图根除罪恶的改革和改革者充满反感。总之，它被概括地说成不切实际，一些评论者还说得颇为亲切：婆娑月影，一席清谈。[1]《晨星报》的编者是一位亚西比德，[2]他挖苦说那个传播文化的人

---

[1] 《星期六评论》最早用了"文化的使徒"这样的字眼，影射阿诺德的文化是宗教（《马修·阿诺德先生论文化》，1867年7月20日，第24卷，第78—79页）；1867年11月9日的《文化和行动》一文（第24卷，第591—593页）直接用了"宗教"一词，阿诺德在此提到的"药剂"、"有教养的无行动精神"（直译）、"根除罪恶"、"清谈"（原文为all moonshine）等说法均出自该文。

[2] 《晨星报》的所有人是布莱特（参见引言注[1]），该报1867年6月28日第4页载文认为，阿诺德"荒唐地误解"了布莱特关于文化的用语，（转下页）

住在世外桃源，不食人间烟火。那位伟大而严肃的辛劳者、《每日电讯报》的主编指责我——他的口气挺温和，好像悲哀多于愤怒[3]——他说当他在"舰队街"的兵火库里操劳，承受着时代的重负和压力时，我却在玩弄美学和不着边际的诗歌。[4]一家明智的美国报纸《民族》说坐在书房里对现代社会的进程吹毛求疵太容易了，问题是要提出切实的改良举措。[5]最后还有弗雷德里克·哈里森先生，他那篇心平气和、机智诙谐的讽刺文，总算让我彻底明白他是如何征服了我年轻的普鲁士朋友阿米尼乌斯的。哈里森先生终

（接上页）说他们要做解释，"好让阿诺德先生懂得，文化人在现代的俚俗的意思里，就是一个无足轻重的迂腐的托利学究，懂那么一星半点的拉丁文，希腊文连那一点都谈不上，却傲慢地宣称自己懂得拉丁、希腊，别的全不屑一顾"。亚西比德（Alcibiades，公元前450—前404？）是苏格拉底的朋友，雅典的政治家，伯罗奔尼撒战争（公元前431—前404）中雅典一方的将领，才华过人却肆无忌惮，曾被怀疑有谋反意图。阿诺德以辉煌的古希腊时代见多识广、多才多艺、骄奢傲世、令人着迷却不守规矩的人物比喻头脑狭隘、沾沾自喜的清教报人，可以说是反讽妙笔。

[3] 莎士比亚的《哈姆雷特》中，霍拉旭告诉哈姆雷特自己见到了已故国王的鬼魂，王子问："他瞧上去像在发怒吗？"霍拉旭答道："它的脸上悲哀多于愤怒。"（第1幕，第2场，第231行）译文引自朱生豪译《莎士比亚全集》，第9卷，第18页，人民文学出版社，1978（以下凡引该版均简称"朱译"）。

[4] 《每日电讯报》1867年7月2日第6页的文章说阿诺德总是找茬批评在尘土飞扬的政治舞台上摸爬滚打的实干家，文中用了莎士比亚的历史剧《亨利四世》上篇中霍茨波的典故（第1幕，第3场，第30—64行）。霍茨波（Hotspur）是亨利·潘西爵士的外号（现泛指急性子的人），他刚打完仗，辛苦万分，"累得气喘吁吁，乏力不堪"，这时却进来一个衣冠楚楚的大臣，"打扮得十分整洁华丽"（见朱译，第5卷，第16页），评论文章说此大臣（喻阿诺德）看到霍"如此缺乏凉爽的样子很是吃惊，还说我们（指霍等）说起话来嗓门至少吊高了半个音"。在关于"文化"的笔墨仗中，《星期六评论》的《马修·阿诺德先生与国人》一文（1864年12月3日，第18卷，第685页）最早将阿诺德比成穿美衣华服、散发着脂粉香气的大臣；莎剧中，他同刚从激战中回来的霍茨波谈战俘问题时，"用两只手指撮着个嗅盐瓶"，评论引说，"他总是使用一个道德嗅盐瓶子"。后来这个类比在其他报刊上也频频出现。伦敦的"舰队街"（Fleet Street）是报馆集中地，因此也是英国或伦敦报业和新闻界的别称。

[5] 见《民族》第5卷第212—213页题为《美好与光明》的文章（1867年9月12日）。

于激起了几近严厉的道德义愤，因为如他所说，他看到"死亡、罪愆、残酷正在我们中间高视阔步，他们的胃里塞满了无辜者和青年"。而在这满目疮痍的景象中，我却取出了防病驱邪的香盒。[6]

这些指责和非难不可能不对我产生影响，因此，在继续完成我的设想，论述完美的另一种品格即光明的时候，在论述能给予我们理智之光的文化的时候，我将竭尽所能，从我所听到的、读到的反对意见中获得裨益，尽可能朝实际靠拢，谈我所提倡的原理如何与实际生活交流沟通。

有人说，信奉我那套美好与光明理论的人厌恶周遭正在进行的

---

[6] 阿米尼乌斯（Arminius, Baron von Thunder-ten-Tronckh）是阿诺德的作品《友谊的花环》（以下简称《花环》）中的虚构人物，阿诺德称之为伏尔泰的哲理小说《老实人》（Candide，1759）中一个人物的后代。《花环》主要以"阿诺德"和他年轻的普鲁士朋友"阿米尼乌斯"给《蓓尔美尔报》（The Pall Mall Gazette，1865年创刊）编者的信的形式发表在该报上，第一部分从1866年7月19日起至1867年4月21日，第二部分始自1869年6月8日，结束于1870年11月阿米尼乌斯"去世"（这部分还有一个具名"幼狮"的报人参与通讯和辩论）。《文化与无政府状态》正是在"通讯"中断的两年间全部发表的。哈里森讽刺地运用《花环》的两位通讯者写了《关于文化的对话》（Culture: a Dialogue，载《双周评论》，1867年11月，第8卷。以下简称《对话》）。因《花环》和《对话》都是讽刺作品，故不应将作者同他们在作品中的"角色"等同起来，如《花环》有点像外国人眼中的英国，作者假借崇尚理性（Geist）的普鲁士青年贵族之口，讽刺英国的时政、对外政策、狭隘的自由主义和爱国主义、教育方针等，作品中的"阿诺德"却多少带有英国非利士主义的自得自满，以便引出反驳意见；一般将这里的阿米尼乌斯看作现实中的阿诺德的门徒。《对话》的作者采取"文化福音教"新门徒的角色，此人总是不愠不恼地表现出哈里森所蔑视的阿诺德之流的特点，而他笔下那个固执的理性主义者阿米尼乌斯（Arminius von Thunder-ten-dronck，姓氏拼写做了讽刺性更动），则在谈话中对文化教义的哲学缺陷越来越怒不可遏。有趣的是，论争的双方以及其他评论在作品外又将作品中的人物还原成真人，如这里阿诺德说哈里森所说的"死亡、罪愆……香盒"等语，在《对话》中出自阿米尼乌斯之口。阿诺德曾说《对话》有些地方写得十分有趣，以至他笑得哭出来了，后来他以编者按语的形式将"阿米尼乌斯"与"阿诺德"分手，投奔哈里森的举动归因于《对话》（即阿诺德在这里提到的"征服"）；当然，1867年3月哈里森攻击文化的讲话（见引言）也应是当年4月中断两者书信的理由。

粗犷强悍的运动，说这样的人是不会运用他的理论为革除罪恶的卑微行动助一臂之力的，故而信奉行动的人也就对之忍无可忍了。然而，倘若粗犷强悍的行动，计划不周的行动，没有足够智慧映照的行动正是，而且长期以来一直是我们的顽疾呢？倘若我们的当务之急并非不计代价地行动，而是为看清困难准备好充足的光亮呢？倘若是这样的情形，那么不去为四处的粗犷强悍的运动出力，而是为自己也为他人做好基本准备，开启我们的智慧，使我们不至于随意地采取行动，这确实是我们的奋斗所能走的最佳路线，事实上也是最切合实际的路线。我的对手所说的粗犷强悍的行动，在我看来只是随意的、缺乏控制的行动——没有足够光亮的行动，我们行动只是因为我们总喜欢做点什么事情，而且想随心所欲地去做，我们不喜欢思考，不愿有任何形式的规章的严厉管束。假如我能阐明，这样的行动在当下时刻实质上是一种祸害，于我们十分危险，那我也就为光明找到了匡谬正俗的切实的用武之地，我只需在人人所见的范围内举出例证，说明光明如何纠正谬误即可。

我在一开始谈论文化时，就强调了工具和手段对我们的束缚，我们总是看重工具，将手段本身当成了目的，而不会高瞻远瞩，看到工具和手段只因服务于长远目标才有了价值。我说了，自由，那是一桩我们很崇尚的事情，我们认为它自身就是好事，却不怎么考虑得到自由后所应达到的目标。在我们有关自由的普遍观念和谈论中，很突出地表现出工具崇拜的倾向。我们的流行观念是（我曾引举数例加以证明），对一个人来说，最幸运、最重要的只是能随心所欲地行事，至于人有了随心所欲的自由时要做些什么，我们就不大看重了。常听到对我们自己的英国政体的赞扬，说那是一种钳制的制度，能阻止、瓦解任何干预个人行动自由的势力。喜欢走老路的布莱特先生恪守政体的老规矩,他在一次伟大的演说中[7]所强调的正是这个意思:他以十分强硬的口气说出了别人用不那么强硬的口气天天都在说的话,即英国生活、英国政治的核心就是张扬个人自由。情形显然如此,不过还有一个方面也是明显的。随着许多世纪以来默默支撑着英国政体的封建主义及其统治思想习惯的消亡,当我们除了钳制机制、除了观念上认为英国人享有尽可为所欲为的伟大权利和莫大幸福外,什么也没有了的时候,我们就面临着滑向无政府状态的危险了。我们不具备欧洲大陆和古代所熟知的国家观,即作为集合体、共同体性质的国家,为整体的福祉被委以严格的权力,以超越个人利益的更宽广的利益之名义对个人意志加以控制的这样一种观念。[8]我们说,这种观念常沦为专制暴政的工具,此言确凿。我们说一个国家事实上由无数的个人合起来组成,每个

---

[7] 参见引言注[1]。那次演讲中,布莱特反复强调他遵循英国古老的宪政、走祖辈的路线等。又,英国政体(British constitution)指治理联合王国的法律和习俗,如对中央和地方政府机关的构成和职能的规定,对个人与国家的关系的界定等。与美国宪法相比,英国的宪法没有固定的书面形式,它主要有三部分:(成文的)议会法案,不成文法(common law)和不成文的惯例(conventions)。议会法案先以议案形式(Bill)在议会提出,经上下院反复讨论通过、得到王室同意后成为有法律意义的法案(Act of Parliament);已形成的法案不具有永久性,可以通过相对简单的议会程序再立法案,废止或者更改前面的法案;20世纪中叶后,下院可以在上院否决后的一定时间之后将议案直接送交王室批准。

[8] 阿诺德有关"国家"(the State)的定义在他的散文中出现过16次,其依据是18世纪英国政治家、演说家伯克(Edmund Burke,1729—1797)的国家论。参见《马修·阿诺德散文全集》,第2卷,第377页,以及第3卷,第78页;陆建德:《伯克论自由》(《外国文学评论》,1996年第2期,第92—99页)。另外,《每日新闻报》在评论阿诺德的这一章(发表时题为《无政府状态与权威》)时说,可以说哈里森不仅征服了阿米尼乌斯,还"征服了创造出阿米尼乌斯的人",因为虽说阿诺德"一心攻击孔德的学说,却也无形中采用了那一派的有关国家职能的观点"(1867年12月30日,第4页)。

个人都是他自身利益的最佳裁决者。[9] 我们的显赫阶级是贵族，没有什么贵族会喜欢比自己更大的权威以严厉的行政工具取代原先由它一手操纵的花架子，诸如郡的正副长官制和地方武装队。[10] 我们的中产阶级是商贸和不同宗教见解的伟大代言人，奉行生意场上各行其是、宗教信仰上各行其是的准则。强有力的政府管理会以某种方式干预其事务，这正是中产阶级所惧怕的。再说，中产阶级也有自己的花架子，它的教区委员会和济贫委员会就相当于贵族阶级的郡县保安官制度；[11] 严厉的政府可能会从它的手中接过这些职能，或者不让它像现在这样自主地、以自己感到舒服的方式行使权力。

再来说说我们的劳工阶级。这个阶级因一直受到日常物质之需严重匮乏的困扰，自然而然成了那种认为能够随心所欲就是理想的权利和幸福这一国民思想的核心和堡垒。我记得曾在某处说到米歇雷先生如何看待法国人民，他说法国是个"野蛮人的国家，靠兵

---

[9] 此处影射穆勒《论自由》第4章中的文字。在谈到社会对于个人的权力限度时，穆勒说："人对自己的福祉抱有最大的兴趣……最普通的男女知晓自己情感和事情的方法都会大大超出任何别的人对之可能有的了解途径……关系到个人利害的问题上，个人有权自由行使自发的意愿。"他还说，别人可以建议、规劝，但是"个人才是最终的裁决者"。John Stuart Mill, *On Liberty*, ed. Currin V. Shields, 1859（Upper Saddle River, NJ: Prentice-Hall, 1956）, 93.

[10] 自古英国郡县的首脑或名誉郡长（the lord lieutenant）由国王指定，这些职位后来徒有其名，郡长实际不主事。大法官指定郡长推荐的人士担任地方保安官（justices of the peace）。一般来说，这些职位都由地方最大的乡绅及其家庭成员担任，不经民选，也不对人民负责，长官不拿俸禄，没有管理和执法方面的专业知识，也不见得能干，但他们基本上都是拥有土地的绅士，虽然其家族不一定有贵族封号。

[11] 伦敦的老城区或曰金融城（the City）归市长、高级市政官（Aldermen）和市议会治理，1855年的《都市管理法》出台后，老城以外的伦敦划分为23个教区，由民选推出的教区委员会（vestries）管理，另有15个区委会负责管理由小教区联合组成的行政区。"济贫委员会"（the Board of Guardians）是执行1834年《济贫修正案》规定的济贫条例的地方民选组织。《蓓尔美尔报》和《泰晤士报》等对都市济贫委员和教区委员的劣迹时有揭露。

役制才变得文明起来"。[12] 他的意思是，从别的方面来说都是粗野、缺乏教养的法国民众，通过服兵役树立起公共责任和纪律的意识。我们的民众和法国民众一样，也十分粗野、缺乏教养，但却远没有后者的公共责任和纪律的观念。凌驾于个人意志之上的公共责任和纪律，通过全民的义务兵役制灌输进法国民众的头脑，但是英国民众不仅远不具备公共责任和纪律的意识，而且征兵这个主意本身就同我们英国人以随心所欲为首要权利和幸福的观念大相径庭。记得德比郡克雷克劳斯公务局的经理告诉过我，在克里米亚战争期间，当出现严重的兵源不足，有人谈到要征兵时，那个地区的人宁可逃到煤矿里，在地底下过起罗宾汉的生活，也不愿应征入伍。[13]

我说过，在很长的时间内，顺服、恭敬等根深蒂固的封建风俗始终影响着劳工阶级，可如今，现代精神几乎已经彻底瓦解了习惯势力。我们崇拜自由本身，为自由而自由，我们迷信工具和手段，无政府倾向正在显化。因为我们盲目信仰工具，因为我们缺乏足够的理智光照，不能越过工具看到目标，不能认清只有为目标服务的工具才是可贵的，于是情形愈演愈烈，全国上下这样或那样的个人和团体都开始声明并身体力行英国人随心所欲、各行其是的权利，愿上哪儿游行就上哪儿游行，愿上哪儿集会就上哪儿集会，愿从哪儿进去就从哪儿进去，想起哄就起哄，想恫吓就恫吓，想砸烂就砸

---

[12] 米歇雷（Jules Michelet, 1798—1874），法国历史学家，曾任国家档案馆历史室主任，法兰西学院教授。参见《法国的国民教育》一文，《马修·阿诺德散文全集》，第2卷，第162页。
[13] 克雷克劳斯（Clay Cross）是煤矿、铁矿集中的切斯特菲尔德（Chesterfield）以南四英里半处的产煤小镇。克里米亚是乌克兰南部伸入黑海的半岛，1854—1856年英、法、土、撒丁联盟和俄国之间为争夺欧洲东南部控制权发生克里米亚战争，以俄国失败告终。

烂。[14] 我说了，所有这些都表现出无政府的倾向。一些杰出人士，特别是我那些自称自由党或进步党人的朋友好心地一再叫我们放心，说这些都是小事情，几起短暂的喧闹事件并不说明什么，说我们的自由体制本身就能救治它所造成的一切罪恶，说受过良好教育的明理的阶级仍具有强大的实力，他们威严而沉稳，时刻准备着，就像对付动乱的军队一样，只要一声令下就会立即行动。[15] 尽管自由党的朋友们都这么说，人们仍发现，那是因为他们对自己、对手中的灵丹妙药有十足的信心，认为当他们顺应公众福祉的需要重新上台执掌政权的时候，便会天下太平。[16] 人们却无法分享他们的信念，他们在台上那么多年，他们的秘方使了那么多年，也没见他们能阻止我们走到现在的尴尬境地。人们还发现，喧闹动乱越来越不像什么小事情，事件发生的频率也有增无减，而有教养的明智的阶级则一如既往，威严而沉稳，不管发生了什么事情，他们那强大的实力就像动乱中的我们的军队一样，不知怎么的就是没有行动。

是啊，那发表煽动性演说的人，砸了公园围栏的人，闯进国务

---

〔14〕 影射海德公园的大型集会，参见第一章注〔30〕。
〔15〕 海德公园发生骚乱时，曾有两个连的近卫团士兵奉命到场，但士兵并未和人群发生实质性冲突，故有下文中挖苦自由党如军队一样"不行动"的说法。总的说来，阿诺德认为英国的国家机器十分软弱无力，根本无法有效对付类似事件。
〔16〕 1846—1866年，英国基本上由自由党执政，自由党的前身是辉格党，1856年由帕默斯顿（Henry John Temple Palmerston, 1784—1865）组成首届自由党内阁（鸦片战争后中国割让香港岛和开放口岸就是帕在前几届政府中担任外交大臣期间的作为），他去世后，自由党的罗素（John Russell, 1792—1878）第二次担任首相（1865—1866），但很快下了台，此后便是两年左右的保守党执政。阿诺德写这一章时是1867年，保守党内阁首相为德比勋爵，但下文中说的自由党保证重新回来执政时怎样怎样，也可说明两党争权之激烈。1868年迪斯累里（Benjamin Disraeli, 1804—1881）继任保守党内阁首相，当年年末自由党赢得大选，由格莱斯顿（William Ewart Gladstone, 1809—1898）组成自由党内阁，格曾四度担任英国首相。

大臣办公室的人，[17]他们只不过是受到英国人随心所欲的冲动的驱使，我们的良心说，大家从来将这冲动看得重要又神圣。事情既如此，那么应该让那强大的实力如何行动才好呢？墨菲先生在伯明翰演讲，对信奉天主教的市民劈头盖脸地叫嚷，据内务大臣说，他使用了"只有对盗贼和杀人犯说话时才用的字眼"。那又怎样呢？墨菲先生自有许多理由。他怀疑罗马天主教会对墨菲太太图谋不轨，他说假如市长和治安官们不在乎他们的老婆和女儿，他可在乎。但最重要的是，他做了自己想做的事，说得更中听些，他是在张扬个人自由。"就算他们像踩着尸体似的从我身上走过去，我也要一讲一讲地讲下去。我告诉伯明翰市长，我在这儿待着，他就是我的仆人，他当我的仆人就得尽责保护我。"多么美丽动听的话，英国人的心弦响起了同情的和声！一旦明白某人是在声张个人自由，我们的戒心也就去了一半；我们信仰的是自由，而不是什么声张自由应服从健全理智的幻梦。于是，国务大臣不得不这样说：虽然演讲人使用了"只有对盗贼和杀人犯说话时才用"的语言，但是，"我认为不应剥夺他在为演讲而营建的场所中受到保护的权利，我认为我刚才说的任何话都不能用来证明剥夺他的权利有理，因为他的用语并不构成进行犯罪起诉的依据。"[18]不行，市长、内务大臣或世上什

---

[17] 参见本章注[20]。

[18] 墨菲（William Murphy）是伦敦新教选举联合会的执委。1867年6月16日他在伯明翰市中心搭了一个木棚，开始了反天主教的系列演说（19世纪30—40年代牛津运动的风云人物纽曼皈依天主教后，于1847年在伯明翰创办讲道所；参看第一章注[31]）。市内出现骚乱，警方增强部署，轻骑兵也在准备出动，但墨菲坚持讲演，说他有自由发表言论的权利。"踩尸体"一段话引自1867年的《泰晤士报》，该报6月21日报道了19日墨菲攻击修道院制度、责备市长不关心妻女等言论，"墨说他爱妻子，故她不应该去忏悔室"。同日该报还有消息说在下院会议上，有人要求内务大臣哈代（Gathorne Hardy）保障墨菲的权利，引出大臣对墨菲不堪入耳的语言的指责。

第二章 随心所欲，各行其是 45

么别的行政权威都不能不让他说话，仅凭他们心目中审慎和理智的概念就不能这么做！这同我们的公众舆论、同国民热爱张扬个人自由的精神真是如出一辙。

在另一个部门，一位富有经验的尊贵的大法官叙述了与墨菲先生的情形异曲同工的事件。有人立下遗嘱，永久性以每年300英镑的定额赠予某文学上的无成之辈作为补贴，受益人的责任是以自己的作品支持、传播遗赠者本人的出版物中所坚持的观点和主张。这些观点和主张一文不值，于是大法官接到以荒唐无稽为由的上诉，要求驳回这笔遗赠。但因仅仅是荒唐而已，遗嘱得以维持，这一所谓的善举得以成立。[19] 如我所说，我们英国人内心深处对自由有强烈的信念，而健全理智的观念则十分淡薄，故只要有人诉诸随心所欲的首要权利，我们很快就不吱声了，那是大家的首要权利啊。即使间或嘟哝几句理智什么的，但因我们平时那么念念不忘自由，简直不怎么去想理智的问题，乃至当哪位受到我们纠缠的非利士老兄转过身来大胆反问"你们有光亮吗"的时候，我们受到良心驱使，只好沮丧地摇摇头，让他走自己的路。

关于我们对自由的专注，关于因这种专注而滋长的政府的懈怠习气，有不少话值得说一说。由于管理的懈怠，我们陷入无政府状态的危险境地，但人们很容易误解或夸大这种无政府状态。危险其

---

[19] 该例可能指1844年8月8日《泰晤士报》报道的一起诉讼，涉及的遗产金额可能为50镑。阿诺德的引证出自夏特沃斯（James Kay Shuttleworth）的《全国和地方的捐赠款管理计划》（伦敦，1866），其中夏曼引述了原载《全国促进社会科学协会学报》（1859）的《慈善信托》一文中的例子（第187—188页）。大法官认为英国法律的原则是财产所有人在21岁后有根据自己的想象，在不违反"法律、宗教和道德"的前提下将他所管理的家庭财产用于公共事业的权利。法庭查了案件中遗赠者的发表物中有无与宗教和道德相抵牾的意见，答案是否定的，因而善举成立。

实并不来自芬尼亚主义，尽管它显得来势汹涌。[20] 对付芬尼亚组织，我们的良心不受拘束，一旦真有需要，我们会果敢地行动，拿出我们强大的压倒性的实力。因为首先，我们的信条中根本没有说到爱尔兰人——或者世上除了英国人之外的任何人——享有随心所欲的伟大权利和幸福；必要时，我们会毫无顾忌地剥夺非英国人士张扬个人自由的权利。英国政体，其钳制作用，其首要的善德，均是对英格兰人而言。出于爱和善，我们可以将这些好处延及他人，但我们实在没有发现铭刻在心中的神圣律令让我们一定要将好处延及他人。再说，爱尔兰的芬尼亚分子和英格兰的暴民有天壤之别，对付芬尼亚分子时，情况也清晰得多！显然，芬尼亚分子铤而走险，危险之极，是被征服民族的一员，是罗马天主教徒，其祖辈几个世纪所受的虐待使之横心与我们作对，我们在他的国家里建立了与之相异的宗教，牺牲了他的利益，他不仰慕我们的体制，不热爱我们的善德，没有我们的经营才能，也不具备我们好安逸的天性！你指给他看欧洲最美好的景点中那座象征性的"桁架工厂"[21]，告诉他英国的工业主义和个人主义能引导人取得如此成就，他却冷漠相向！显然，我们如果温和地对待那样一个滥情主义者，那纯粹是出于慈

---

[20] 1858年前后，美国的纽约成立了一个爱尔兰裔革命者的秘密兄弟会"芬尼亚"（Fenian），从事反英、争取民族独立的活动，其恐怖主义策略在英格兰和爱尔兰引起恐慌。1867年9月18日，芬尼亚成员为营救两名同伴在曼彻斯特袭击警车，杀死一名警官，被判处死刑，引起英格兰同情者的不满；1867年11月18日，人群杂乱无章地涌入内务大臣的外间办公室，要求对芬尼亚成员给予赦免。同年12月13日，芬尼亚组织为营救另两名同伴用炸药炸开伦敦一监狱的围墙，致使12人死亡，一百多人受伤。
[21] 当时伦敦市中心、位于特拉法尔加广场南端的查林克劳斯（Charing Cross）3号楼门面挂着"科尔桁架工厂"的大字招牌，车间就冲街面，该楼1874年被拆除。据说罗伯特·皮尔爵士（Sir Robert Peel，1788—1850，曾任英国首相）说过，特拉法尔加广场是"欧洲最美的景点"，大多游览指南中都会用这句话。将工厂极不相宜地开在市中心，显然是英国中产阶级趣味粗鄙的例证。

善心肠。

可海德公园的骚动是多么不同！参与者是我们的血肉同胞，他信奉新教，天性使他行我们之所行，恨我们之所恨，爱我们之所爱，他能感觉到桁架工厂的象征力量，对他来说问题的核心是薪水。丹尼尔·古奇爵士对斯温顿的工人怎么说来着？那句美妙的话被我珍视为古奇太太的黄金准则，或说是神谕"你们要完全"的英文翻版。丹尼尔·古奇爵士少年时每日清晨外出上工，他母亲都要对他说一遍："永远记住，亲爱的丹，你应盼着有朝一日当上那厂子的经理！"[22]这条结出了丰硕成果的至理名言也完全可以照耀在海德公园暴民的心田，成为他一生的指路明星。他不会不切实际地去空想革命和社会改革，当然，他也愿意他的阶级来统治，正如贵族和中产阶级都愿让各自的阶级统治一样。但是这时我们的社会机器出了点毛病，在我们天堂般的工业主义和个人主义的中心，有许多人互相争夺起对方嘴里的面包来。这时暴民还没怎么找到自己的运行轨道，还没塌下心来做事，那他就来点儿个人自由吧，爱上哪儿就上哪儿，爱在哪儿集会就在哪儿集会，想吆喝就吆喝，想推推搡搡就推推搡搡。暴民和我们大家一样——和贵族乡绅、中产阶级的持不同政见者一样，心目中并没有国家的概念，没有作为国民集合体、共同体性质的国家政府，没有以全民的（不光是其他人的，也

---

[22] 丹尼尔·古奇爵士（Sir Daniel Gooch, 1816—1889）1864年辞去西部大铁路机车总管的职务，去指挥铺设大西洋海底电缆的工程，并因此项成就于1866年被封为从男爵。1865年起担任西部大铁路董事会主席，挽救了濒临破产的铁路，1865—1885年为下院议员。斯温顿（Swindon）在惠特郡（Wiltshire），是大铁路列车的火车头和车厢生产地。古奇在《日记》（伦敦，1892，第25—26页）中叙述了自幼母亲对他的谆谆教导，要他出人头地、永不止息，他去铁厂当学徒时，母亲就让他有朝一日当上那里的经理。关于"你们要完全"，参见第1页注[1]。

是暴民的)更高的理智和判断力的名义对任何个体的放任自由加以控制的这样一种概念。他看到富裕的贵族阶级把持了政府机构,因此,如果制止他将海德公园变成嘈杂喧哗之地,或不让他阻塞街道,他便说是受到了贵族的屠戮。

他的出现使情况变得有点复杂,正如厨子多了反而做不出好汤。虽说贵族和中产阶级长久以来一直劲头十足地为所欲为,但此前他还太不成熟、太恭顺,因此没能加入随心所欲的游戏。现在他来了,而且是铺天盖地地来了,粗暴又鲁莽。但他并没有触犯许多法律条文,或者说并没有一次违反数条法律。由于我们的法律不是针对现在,而是为全然不同的情形设定的(但总是着眼于英国人随心所欲的习惯),由于法律条文在字面上,而不仅仅在法律和政令的精神实质上必然要针对为所欲为的英国人,由于政府既不可有便宜行事的权力,也不能在有人提出异议的情况下,仍按自己对法的解释采取坚决的行动——由于以上种种,我们的法律条文显然使撒欢的巨人在为所欲为时处于有利地位。再者,即使能够清楚地证明他在随心所欲的行动中触犯了法律,也总有别的挽救办法,如可以不执行或者废除哪条法律。因此,他便为所欲为了,只要纵容了他,他当时立刻心满意足。不过,他养成了习惯,越闹腾越起劲,隔不多久就来一回,终于开始造成混乱,心怀叵测者便有了可乘之机,至少当混乱干扰了全国上下正常事务的运转时,就会引起恐慌,从而加剧先前已开始的无政府和社会分崩离析的状况。没有了稳定秩序和安全感,我们这样的社会是根本无法生存和发展的;可有时我们内心深处的秩序和安全感好像真的要离我们而去了。

再回头说文化。如若一心想着完善人自身、使人的心智臻至完美的文化为我们带来了光明,如若理智之光让我们看清,能为所欲为本身并非什么万幸之事,崇尚随心所欲的自由本身是一种工具崇拜,而真正的幸福在于按照健全理智的律令行事,服从她的权威;如若文化能这样做,那我们就从中得到了切实的益处。我们得到了一个十分需要的、权威的准则,来对抗似乎正在威胁我们的无政府倾向。

然而,应怎样组织起权威,或者说,应托付给什么人去行使权威呢?如何让你的国家行之有效,聚合起社会的健全理智,并顺应时势所需,使之发挥强大的作用?我觉得我已经看见论敌们在这儿等着我,眼中闪着渴望的喜悦。但我不会让他们抓住辫子的。

国家最能代表国民健全理智的力量,因而也最具统治资格,在形势需要时,最能当之无愧地对我们全体行使权威。对卡莱尔先生来说,国家就是贵族。对骆先生而言,国家是中产阶级及其无可比拟的议会。对改革协会来说,国家就是劳工阶级,那个"具有最鲜明的同情心、最迅速的行动力"[23]的阶级。文化呢,它超越利害考虑,公正无私地追求完美,执着于如实看清事物之本相,以期攫取精华,使之发扬光大。文化确实最有资格帮助我们做出正确判断:通过观察、阅读与思考等手段,文化能帮助我们认定上述三类权威取信于民的资格,这就为我们做了实在的好事,其价值不可低估。

卡莱尔先生是个天才,我们大家都先后蒙受过他的教诲,领略了新鲜思想,受到启迪和激励。现在卡莱尔先生说,我们应让贵族统治,主要理由是贵族尊贵、高雅。[24]这时文化无疑派上用场

---

[23] 哈里森:《我们的威尼斯政体》,第277页(参见引言注[2]);骆先生,参见第一章注[33]。

[24] 对维多利亚时期产生了重大影响的散文家、史学家卡莱尔(Thomas Carlyle, 1795—1881)在1867年8月发表了《孤注一掷,然后?》一文(《麦克米伦杂志》,第16卷),全文共分10个部分。卡绝不赞成当时正酝酿通过的进一步扩大选举权的第二选举法修正议案,对此发出最后的重击。标题"Shooting Niagara"的字面意思是"急速穿越尼亚加拉大瀑布",此为冒大险、(转下页)

了,它提醒我们,在完美的观念中,美和智缺一不可,美好与光明这两件最高尚之物是互相结合的。因此,即使承认卡莱尔先生说得有道理,贵族具有温文尔雅的品质,文化仍然坚持理智之光同样必要。文化向我们昭示,贵族必然不具备思想,他们目光迟滞看不清世界的发展,因而免不了缺乏理智之光;在此亟需光明的时刻,贵族必然不可能满足我们的要求。作为既定秩序之后裔的贵族属于内敛的时代,[25] 而在我们现在这样的外扩开放的时代,在耳边又终日响起"现在这世界受审判"[26]的警告声的时代,贵族则感到迷惑不

(接上页)跳进"民主的旋涡"之意。卡文在第1部分结尾时说:"事情已很清楚,英国有朝一日会跳下尼亚加拉大瀑布,跳进完全的民主体制,只是究竟何时还不确定……"在第二选举法修正案出台前后,类似的"跳进黑暗深渊"的说法盛行。卡文第5部分写道:"英国贵族身上还遗留了相当多的骑士精神和宽宏敦厚的气度:他彬彬有礼,举止极为雅致。上流社会谦恭、简古、真确、深厚的教养深入他的骨髓。我拟称他为你在所有国家中所能见到的最高雅的贵族或男子(他的妻子则是最高雅、最有风度的女子)。"(第328页)但是,卡莱尔所说的贵族(aristocracy, nobleman)不只是有头衔、财产、地位的贵族阶级,也指具有他所赞赏的贵族精神的精英分子。如他在第5部分中说到,假如现有的贵族阶级不能引导我们走出"无底洞似的失序状态",我们仍寄希望于"为数不少的浑然天成的贵族,他们未列入贵族阶级,却有超凡的智能、智慧、才华、高尚和勇气,'其高贵的资禀直接来自于万能的上帝'"。(参见威廉·E.巴克利编:《维多利亚时期的散文》,波士顿,1958,第171页;前一段引文见该书第169页。)

[25] 阿诺德在《当今批评的功用》一文中首次使用"内敛时代"(an epoch of concentration)的说法,虽然此处英文的"时代"用了复数形式,但主要仍指法国大革命的暴风骤雨来临时和拿破仑战争后,英国步步退缩的时代,政府在国内采取抑制镇压改革的做法,从而使英国进入了一个漫长的暗淡和萧条的时期,对外则渐渐退出欧洲事务,致使原先作为欧洲大家庭成员的英国于1815年后越来越游离于欧洲大陆的思想生活之外。亦见"关键词"和第9页提到的"铁幕"。另外,这里及下文中的"既定秩序",原文为the established fact。阿诺德在《我们英国人》(1866)中写道:"贵族对付不了需要才智的时代,他们能领悟的是事实,而非思想。思想的世界讲的是可能性,是未来;而贵族的世界是已经确立的,是过去,那个世界造就了他们的财富,他们想一直让它延续下去。"见《马修·阿诺德散文全集》,第5卷,第17页。

[26]《圣经·新约·约翰福音》,第12章,第31节。

解、束手无策,因为他们天然地趋附于既定秩序,缺乏万物此消彼长、人间建制终究无常的意识。平和宁静,心气高远,傲慢不屈,这些本来是贵族的伟大资禀,也是其保持高贵举止和尊严的奥秘,然而到了开放的时代,却反而成了累赘了。我一再地说过,作为真优雅的影子,贵族的优雅细腻对于粗鄙的国民是宝贵的,可起到教化作用。贵族的澄澈宁静、无琐事之虞的潇洒很可以用来反衬严肃的中产阶级想要树立的生活方式,帮助人们认识其庸俗丑陋的真面目。但是,真正的优雅和宁静属于古希腊和希腊艺术,从中能感到值得钦羡的完美理想,那种宁静来自有序的、达成了和谐的思想。然而贵族的宁静,至少条顿出身的贵族所特有的宁静,看来恰是他们从不为思想烦心的结果。所以,在如今这样开放的年代、充满思想的时代,我们从贵族身上看到的也许更多的是无用和贫乏,而不是平和宁静。

人们常常要问,整个地球上还有没有人像英国上层青年那样不开窍,竟浑然不觉世界实在的变化。思想嘛,他是没有的,他也缺乏中产阶级认真的精神,如我一再说过的,严肃认真是中产阶级的大优点,或许能使其得到拯救。这不,当一个富有的贵族阶级青年[27]心血来潮,想赞美财富和舒适的生活时,人们会听到他冷嘲热讽、话中带刺的溢美之词,让真正的非利士人、我们的工业中产阶级听了不寒而栗。贵族天生赞同用强硬手段对付大众,现在国内对付这类问题心慈手软,令他深感不安;当这样一个率真的英国贵族

---

[27] 原文用了拉丁文《圣经》中的Dives一词,意为"某富人""一个财主"。《新约·路加福音》,第16章,第19—20节中,耶稣说:"有一个财主,穿着紫色袍和细麻布衣服,天天奢华宴乐。又有一个讨饭的,名叫拉撒路(Lazarus),浑身生疮,被人放在财主门口,要得财主桌子上掉下来的零碎充饥,并且狗来舔他的疮。"

青年跳出来为欧陆的铁腕统治者喝彩时，他便完全偏离了理智和智慧，使为统治者做出辩解的可能性，甚至他们存在的理由也都丧失殆尽。他的叫好喝彩就是让那些统治者听了也会毛骨悚然的。

我们一直处在扩张开放的时代，其本质是思想的运动，唯有各种思想达成和谐，开放的时代才有出路。我们寻求的用以对抗无政府倾向的"权威"准则，就是健全的判断力、思想、理智之光。贵族则闭目塞听、盛气凌人、桀骜不驯，因此，贵族越是调动自己的内质来应付开放的时代，它就越危险，越加剧爆炸性的扩张，也使自己必亡无疑，因为它这样做不是顺应而是违背了天理。人们会注意到，在这样的开放时代，贵族中的出类拔萃者所表现出的出众才能，如勤勉奋发、灵性悟性等，原本并不属于贵族。这些得到展示的能力并不会加强贵族的统治，而恰是将有才能的贵族拉出贵族阶级的队伍，使之经受破坏性的思想和变迁的磨炼，成为具有现代精神的人，成为面向将来的人。倘若他们有了勤奋、思索等原非贵族的品质，却又在其中注入了傲慢轻侮、桀骜不驯等浓烈的贵族气（此情形时有所见），那么，这原本贵族的一面非但远不能为之增色，反而会抵销其力量，使那些原本非贵族的品质变得无法实行，不能有效发挥作用。

如我众多的批评者中有人说的那样，我知道自己确实很悲哀，还没有掌握"具有连贯的、互相依存的、从属的和衍生的原理的哲学体系"。[28] 我不断地乞援于普通人的权宜之计，无非举点例子，做点说明，翻来覆去将自己那几个简单概念搞得更清楚明白些而已。我在牛津读书又适逢旧时的坏日子，[29] 灌了一肚子的希腊文和

---

[28] 哈里森《关于文化的对话》中阿米尼乌斯的用语。参见本章注[6]。
[29] 19世纪中，牛津大学进行了大学本部和立法的多项改革，1854年通过的《牛津大学条例》是标志；"旧时的坏日子"指改革之前。

亚里士多德，根本没想到通过学习现代语言来武装自己，以便能同外国餐馆的侍者做人生的搏斗（不过，骆先生在爱丁堡大学做了伟大的演讲后，我们就会这样做的）。[30] 我的脑袋里仍然装满了在牛津时学到的亚里士多德的词语，什么德性在于适中，什么过度，什么缺陷。[31] 一次我有幸在下院聆听改革议案的辩论，发言人很有意思，其中有个知名的勋爵，还有个知名的从男爵。[32] 记得听完发言后，我运用亚里士多德的中庸论工具分析贵族时突然意识到，那位勋爵恰好就是贵族之完美、适中或曰德性的典范，而从男爵则代表过度。我便生发异想，觉得通过对这两位的观察，可以认识到贵族提不出我们现时亟需的权威准则，而且他们虽无实际能力却又要试图充当权威时，是很危险的。且看神采奕奕的勋爵身上很有点不可一世的样子，但更引人瞩目的，是大大超出其高傲天性、细腻地柔化了其傲骨的品行：他洒脱、平和、文质彬彬，具有卡莱尔先生说的贵族的伟大美德；可这美好的有德的适中之典范，就是明显地缺了点理智的光照。再看另一位尊贵的从男爵，他身上贵族的高傲

---

[30] 1867年11月1日，骆在爱丁堡演讲，有力地论证改革高等教育的必要性，提出应改变希腊拉丁文占优势地位的做法，加重英国历史、法律、文化、现代语言和自然科学的分量。他在讲话中还风趣地说，学了法文就可以在巴黎的餐馆点菜，为账单吵架，而不会在法国人面前闹笑话；还说如果教育的目的是"使（人类）能胜任生活这件大事的话，我以为……我们的拉丁文和希腊文太多了……"。参见《泰晤士报》，1867年11月4日，第8页；文章经修改出了单行本，题为《基础和古典教育》（爱丁堡，1867）。

[31] 亚里士多德，《尼各马可伦理学》（*Nicomachean Ethics*），第2卷，第6章15—16。亚里士多德区分了美德和恶，美德即"中庸"，或中间状态（阿诺德用 the virtuous mean），"极端过分"和"极端不足"（阿诺德用 excess 和 defect）都是恶（参见《不列颠百科全书（国际中文版）》，第1卷，第471页）。

[32] 阿诺德第一次以《文化与无政府状态》为题将1867—1868年间在《考恩希尔杂志》上发表的数篇文章结集出版时（1869年1月），曾点名讨论这两位议员，一位是艾尔珂勋爵，另一位是托马斯·贝特逊爵士。1866年6月4日他们都在议会讨论选举改革时发了言。贝特逊爵士怒气冲冲，有意冒犯政府要员，发言几近人身攻击；艾尔珂勋爵发言简短，态度温和，比较讲道理。

心气、愚顽不灵、蔑视的胆量、不屈的傲骨等等,都发展得过分了。如果让这样的人大行其道,显然会造成很大的威胁,真的会将整个国家抛入混乱局面。想到这里,我又回到原先的根本观念上。我以为诚实是我们民族的伟大美德,贵族阶级或曰统治阶级在对付动荡的社会局面时所表现出的软弱无奈,他们对于现行政府(其实就是他们自己)是否被授予了太大的权力所持有的警觉,都令我感到骄傲和满意。我认识到,作为一个整体,他们太诚实了,绝不会勉为其难,硬要管自己管不了的事情的。

面对现今棘手的时势,文化如能使我们这样里里外外透彻地了解事情的原本,不带憎恶,不怀偏见,而且愿意看到周围所有人的优点和长处,那它确实就让我们受益无穷了。下面,我将尽力用分析贵族的办法来分析中产阶级。骆先生对我们讲国内强大的中间段,讲自由党的中产阶级议会无可比拟的事迹,讲它三十年来所成就的英勇功业。[33] 我开始自忖,我们难道不能在中产阶级身上找到我们需要的权威准则吗?我们是否最好从现在正在治国的那软弱的一端手中收回行政权和立法权,将这些统统交给社会的中坚?我还注意到,就像我们一直所了解的那样,中产阶级自由主义的英雄无不以先知的姿态预言等待着他们的伟大命运,好像未来必属于他们无疑。他们喜欢自称先进的党,进步的党,与将来联手的党。被称为持不同政见者的人士一直是中产阶级自由主义的支柱,现在,他

---

[33] 1865年5月3日,骆(参见第1章注〔33〕)在下院关于扩大选区选举权法案的辩论中说,亚里士多德在两千年前说过,"治理妥善精当的是中间强、两头弱的国家"。他认为这正是英国政体的长处,英国恰好是中间强、两头弱,虽然统治者是弱的一端,即贵族,但他们诚惶诚恐地听从强大的中间力量的意见,国家实际政出强大的中段(显然,骆是反对进一步扩大选举权的)。参见《我们英国人》,《马修·阿诺德散文全集》,第5卷,第10页。骆的讲话载于5月4日的《泰晤士报》。

们中的佼佼者迈耶尔先生说了:"将来会赢得承认的准则,就是我长期热忱地为之辛苦奔忙的准则。我在播种季节竭尽所能、尽忠职守,因而取得了参加收获的资格。"概览伟大的自由党三十年来所成就的功业,可看出他们的职责包括——如我在别的场合已总结的——鼓吹自由贸易、议会改革、取消教堂税,主张自愿捐助宗教和教育事业、国家不干涉雇佣者和被雇佣者之间的事情,以及准予娶亡妻的姐妹为妻。〔34〕

我现在懂得,伟大的自由中产阶级已学得相当乖巧了,当我反对说以上种种不过是工具和手段时,它就会回答说,这些事情的意义比我们所能看到的大得多,真正的重要性深藏在内里无法表现出

---

〔34〕阿诺德在《花环》第六封信中列数工商业者"包特士先生"的功绩,总结了英国中产阶级感到自豪的成就,参见《马修·阿诺德散文全集》,第5卷,第69页。"议会改革"指在1832年的议会选举法修正案基础上进一步扩大选举权,1867年选举法第二修正案最后在迪斯累里的保守党内阁任下获得通过。"教堂税"问题指不从国教者在他们势力强大的教区抵制征收教堂税的规定;1837年布雷恩特里(Braintree)的教堂执事不顾以不从国教徒为主的教区的反对,强行征税,引起旷日持久的诉讼,1853年上院宣布强征税为非法,1500个教区随即效法布雷恩特里,不再缴纳教堂税。"自愿捐助主义"认为教育不应由政府出资,而应该完全依靠自愿捐助方式筹集资金;持这样的主张的人同时也坚持教会不应接受国家的资助。"政府干涉雇佣关系"指围绕工厂法的辩论。1843年,保守党内务大臣詹姆斯爵士(Sir James Graham)提出了限制童工工作时间和必须解决童工就学问题的工厂法,但不从国教者和罗马天主教徒觉得学校会成为强化国教势力的工具,竭力抵制,迫使内务大臣收回提案;1844年重新提出工厂法,虽不再提教育问题,但工作日时限问题引起激烈辩论,改革派要求限制在每日10小时之内,自由党则认为应是12小时,直到1847年,下院才驳回厂主的反对意见,通过了10小时工作日的条款。有关婚姻问题的改革,指当时国内正在进行的能否娶亡妻之姐妹的辩论,本书第六章第三节专门讨论这一议案;《花环》第八封信(1869年6月8日)中有进一步的讨论;1869年4月21日布莱特在辩论中力主通过议案,认为教会一向允许堂兄妹或表兄妹结婚,可那比起与亡妻的姐妹结婚对后代产生的影响大得多(见《马修·阿诺德散文全集》,第5卷,第314—315、401、468—469页)。

来,[35]但我们很快就会在"自由教会"和各种好事中看到它的真正意义。然而我从威尔逊主教那里学到的是（我又要引那可怜的老圣师了，他的宗教早已沦为迷信，只好请弗雷德里克·哈里森先生见谅了）："如果我们想真正了解自己的心，就让我们不偏不倚地审视自己的行动。"[36]自由主义人士自诩思想深处充满了美好与光明，我不禁想，果真如此的话，他们的言论和行为中总应更多地有所体现才是。

英国自由主义人士的一位美国之友说了，在他们那里，力陈异见原本就是政治上持异见者手中的工具，目的就是使天道和神的意旨通行天下（当然，关于娶亡妻之妹一事，他一定也会如是说）；他说取缔国教建制只不过是持歧见者达到上述目的的手段，正如文化是我的手段一样。[37]美国还有一位捍卫英国自由主义的人士就大兴工业和自由贸易说了同一番话。[38]这位先生敢摸老虎屁股，斗胆提出，为了未来的缘故，我们何不称工业为文化，称工业家为文化人，那自然就不会有人误解他们真正的性质了；如此，他们不但可享受富裕和舒适之愉悦，还会得到美好与光明的使者这一实在的

---

[35] 原文（it has had that within which passes show）借用《哈姆雷特》第1幕第2场第85行：王后问王子为何忧郁，王子说所有的外表的忧伤不能表示他的真实情绪，"这些是可以表演的行为；/但我内心的忧伤无法表现；/这些只是悲哀的装饰和外衣"。参考朱译，第9卷，第13页。

[36] "自由教会"指非国教的教会。哈里森、康格里夫（参见第一章注[38]）等孔德的弟子为他们的新宗教"实证主义"建了一个小教堂，他们也有宗教礼拜仪式，但不是崇拜超自然的神，而是表达对"我们的共同人性"的信仰。威尔逊的格言见莱尔顿（Frederic Relton）编：《虔信与基督教格言集》（伦敦，1898），第151页。该书以下简称《格言集》。另需说明的是，当今的联合王国中，凡在英格兰独立于英国圣公会之外、在苏格兰独立于苏格兰长老会之外的教会，一般称为"自由教会"。参见第一章注[20]，序言注[27]。

[37] 参见本章注[5]，文章作者为哥德金（E. L. Godkin）。

[38] 《民族》第5卷第215页（1867年9月12日）署名"非利士人"的文章，题为《为无教养者一辩》。

名分。

凡此种种的确貌似有理。但我必须说明，我所谈论的文化是通过阅读、观察和思考通向天道和神的意旨，无论谁想称其他的什么为文化，请便就是，只是他的意思和我的意思风马牛不相及而已。再者，文化是以直接地、尽可能多地了解何为天道和神的意旨的方式为之效力，而力陈异见本身显然并没有做这方面的努力；事实上，持不同意见的自由教会在有关上帝和世界秩序的构想方面并未提出比国教更有价值的意见，其主要观念与国教的无甚差异，只不过自由教会强调个人可以用自己喜欢的方式宣称信仰而已。既然如此，那么不从国教也好，自由中产阶级兴办工业等伟大成就也好，都无法让我认可，我无法相信那就是中产阶级具有理智之光的明证，无法承认中产阶级就是我们寻找的真正的权威。我必须朝前走，寻找别的证明，以便做出决定。

何不像对待贵族阶级那样对待中产阶级呢？我是说在其中找到代表有德的适中的人，即目前其品行已达到了中产阶级的完美标准的人，再找到代表过度的人。我要找的肯定不是像布莱特先生这样的天才，我以前就说过，天才往往根本不认为自己属于某个阶级，他就是个纯粹的人。还是选个普通点的人更说明问题，常人不具有搅动人心的影响力，但他身上更集中地体现了中产阶级自由主义的力量——不仅是使其成就自由贸易、议会改革、自愿捐助制度等巨大功业的力量，还有它做这些事情时奉行的精神。一个典型的中产阶级人士、代表某大工业城市的议员说了一句有名的话，正好同解决我们现在的问题直接有关，即中产阶级有无足够的理智之光，使之成为我们所希望确立的权威。前不久在讨论中产阶级的教育状况时，那位代表中产阶级的朋友讲了一番令人难忘的话："有人叫嚷说，中产阶级的教育应受到更多的注意。我承认我对此感到十分震惊，竟然会有人发出如此叫嚣。我认为中产阶级不需要引起立法机构或者公众的同情。"[39]这位议会的中产阶级议员对中产阶级心智状况的满意程度颇具代表性，因此，让他代表自己的阶级当适中的典型很合适。但是这种满足显然与我们对文化的定义，或者说与追求光明和完美的思想相左。我们认为光明和完美不是原地踏步、停滞不前，而是不断成长，不断转化，不断地朝着美和智行进。可以说，中产阶级就其实质而言，就其代表适中的具有美德之士所清晰流露的、无可比拟的自我欣赏而言，它便已经将自己排除在实施权威的力量之外了，因为唯有光明或曰理智的判断才是权威的灵魂。

虽说事情已很清楚，但如果再考量一下中产阶级中代表过度的人物——如果我们记住，一般来说应将中产阶级视为在适中和过度的特点之间摇摆的整体，而且从人性构成来说，它大体上更倾向无度而非适中，那么情况就会更清楚了。说起过度，简直想象不出哪一个人能比沃尔索尔的不从国教的牧师更具有代表性。在前面谈到过的墨菲先生在伯明翰的活动中，他站到了公众面前。[40]面对着愤怒的天主教信徒，这位来自沃尔索尔的先生高声叫道："我说，去他的弥撒！那是来自无底深渊的东西，所有的撒谎者都应到无底深渊，到那烈焰硫黄的湖中受炙烤。"又说："爱尔兰的土豆霉烂的时候，祭司们干吗不念咒，让它们都活过来呢？"同墨菲先生一样，他也害怕家庭的幸福受到侵扰："我想对你们这些信奉新教的男人

---

[39] 英国最大的棉纺织商之一托马斯·巴兹利爵士（Sir Thomas Bazley，1797—1885）于1858—1880年期间任议员，代表曼彻斯特，1869年被封为从男爵。1864年11月29日，他在阿诺德称为"中产阶级的都市"的曼彻斯特就教育问题发表讲话，针对即将进行的"学校调查委员会"的调查。引文出自当年12月1日的《泰晤士报》，第7页。
[40] 参见本章注〔18〕。沃尔索尔（Walsall），英国中西部城市，靠近伯明翰。

们说：好生照看你们的老婆！"最后，他以随心所欲的英国式情绪（我已用很长的篇幅指出这种情绪在当下的危险性），向大家举荐都柏林的几位教区执事作为榜样，他说，这些人中"有个路德式的人物，也有个梅兰希顿式的人物"。[41] 他们干脆利落，将搞仪式的家伙拖下讲坛，扔出了教堂。正如我以从男爵为例谈贵族时说过的，事情已很清楚，倘若我们让刚硬的中产阶级中无节制的倾向大行其道，听任这认真、强悍、依靠自己、对自己的想法有十足信念的持不同教见者为所欲为，那么，在缺乏理智光照（用宗教界的话来说，就是光有热情，没有知识）的情况下，他能挑起纷争，一旦形成混战，无论他还是别人想要平息事端又谈何容易。

接着，另一位中产阶级分子说话了，如同贵族的情形一样，他的话也流露出我们民族的诚实品德。伦敦老城的市政长官兼国民军上校宣称，国民军受到良心折磨，不愿出面对付社会动乱，事情之棘手也并非他能对付得了。人人都记得这位有德的长官兼上校或上校兼长官带领着他的国民军在伦敦穿街过巷的情景。当时路人聚集，观看游行；伦敦的暴民亦大做特做英国人随心所欲的极乐盛

---

[41] 路德（Martin Luther，1483—1546），16世纪欧洲宗教改革运动的发起者，基督教新教路德宗或曰信义宗的创始人。曾在威顿堡讲授辩证法、物理学，1511年至逝世任释经教授，开始传布救赎应靠信仰而非善行的新教义；1517年将《九十五条论纲》钉在威顿堡教堂的门上，抨击教廷发售赎罪券，后进一步否定教皇权威，1520年被逐出教门，1522年组织新教教会，并将《圣经》译成德文。梅兰希顿（Philipp Melanchthon，1497—1560），德意志基督教新教改革家，路德的合作者，希腊文和神学教授；极有学问，态度较温和，缓冲了路德的激烈，起草新教的重要文献《奥格斯堡信纲》（1530），始终寻求新教和罗马天主教的和解，维护基督教的统一。

　　英语中"新教"（the Protestant Church）的原意为"抗罗宗"，英国的国教因不承认教皇的权威，也是"抗罗宗"；后来在当初的路德宗基础上发展而来的形形色色的宗派均统称"新教"，不服从英国国教的新教徒一般称"不从国教者"（Nonconformist）或"持不同教见者"（Dissenter），下面仍是宗派林立。不从国教派别的主体是中下层阶级。

事，沿途打劫，那位无可责难的武士兼治安长官照走不误，不让他的队伍出来制止。事后他感人肺腑地解释说："那群家伙大多是存心为非作歹的壮汉，若是让士兵出面干涉，部队反而会被压倒，暴民会夺走枪支反过来对准士兵，如此下去准会出大乱子，会流血；相比之下，那会儿殴打路人、丢点财物什么的就算不了什么了。"[42] 人们出于对英国中产阶级的钦佩之情，有时觉得权威应属于它，现在它说了，自己能力不够，担当不了权威的角色，言之凿凿，真是诚实又动人！中产阶级通过他们的长官兼上校的声音说："我们是什么人，我们怎能保证在应付社会的混乱无序局面时不被压倒，暴徒不夺了我们的枪瞄准我们，我们自己不挨打遭抢？除了生来自由的英国人随心所欲的冲动之外，我们有什么灵光可言，我们有什么理由要付出血的代价，去制止其他同样生来自由的英国人做自己想做的事，不让他们如愿地拦劫袭击我们呢？"

这种不信任自己、认为自己不足以担当权威核心的感觉却不是劳工阶级的特点，从日前海德公园的事可看出，他们倒是欣然接过了政府的所有职能。[43] 但如我常说的，这实在因为劳工阶级还太

---

[42] 1867年6月3日星期一那天，伦敦老城区出动600名国民军进行游行，从芬斯伯里的营房出发，途经市长官邸，向西区行进，军乐队一路吹吹打打。游行引来大批暴徒，他们沿着国民军的路线，一路袭击、抢劫看热闹的人群。6月6日的下院会议上，内务大臣受到质询，回答是警力不足，而且警方事先不知道将有游行。6月18日伦敦高级市政官员会议上，领头游行的75岁的国民军团上校、市政大员威尔逊（Alderman Samuel Wilson）为自己和队伍辩护，说没有站出来镇压暴乱分子，是因良心云云（即阿诺德引自6月19日《泰晤士报》的一段话）。尽管阿诺德说的有道理，但事实上，这类事情应为警方的职责，英国（和美国）的法律十分注意限制武装力量介入平民动乱事件。

[43] 参见第一章注〔30〕。第一次海德公园骚乱后，比尔斯率代表同当时的内务大臣渥波尔（Spencer Walpole）进行了谈判。比尔斯自以为渥波尔答应让改革协会于1866年7月30日在海德公园再举行一次集会，只要改协保证维持秩序，就不出动警察和军队，但误会很快就澄清了。1866年7月27日，《泰晤士报》嘲讽道："真难以相信受过教育的人竟会听信这样的事，说什（转下页）

稚嫩，现在谁也看不清它将来会走到什么地步，也因为它的经历和自我认识有别于贵族和中产阶级。它无疑是诚实的，这与英国的其他阶级并无区别，只是其诚实尚属初始阶段，未经驯化，同时，如弗雷德里克·哈里森先生所说，其行动能力无比充沛，随时会爆发，因此一旦启动，很容易失去控制。劳工阶级就其现状而言，显然不可能具备从文化中——从阅读、观察、思考中——获得的理智之光。不是吗，我们看到，弗雷德里克·哈里森先生在奋力腾空场地以便任劳工阶级鲜明的同情心、迅捷的行动力纵横驰骋时，所做的头一件事就是将文化扔出去，嘲笑文化只配纯文学教授去耍弄。[44]我们在贵族和中产阶级中间找不到足以担当权威中枢的力量，在劳工阶级中同样也找不到——当然我指的是文化教导我们设想的具有理智之光的权威。然而要彻底搞清这一点，仍须运用类似分析贵族和中产阶级的方法，在我们的脑海中唤起一些代表人物的形象，作为劳工阶级的德性（适中）与过度的范型。

我们当然不能以组织海德公园示威的头面人物为例，不能用迪克森上校和比尔斯先生来说明问题。[45]行伍出身、外表英武的迪克森上校似乎本应属于贵族阶级，就像本是贵族的恺撒和米拉波[46]等伟大

（接上页）么内务大臣——一个效忠君主和议会的部长——仅凭比尔斯先生个人保证维持秩序的一句话，就会将海德公园拱手交出去。"
[44] 参见本章注[23]、引言注[2]。
[45] 参见第一章注[30]，当时还是中校的迪克森（Lt. Col. Lothian Sheffield Dickson）同比尔斯一起组织了集会。
[46] 尤利乌斯·恺撒（Gaius Julius Caesar，公元前100—前44），罗马统帅、政治家，与庞培、克拉苏结成"前三头同盟"，后击败庞培，成为罗马独裁者（公元前49—前44），被共和派贵族布鲁图斯等刺杀，在位时进行多项改革，如采用儒略历（公历的前身）等。米拉波（Comte de Mirabeau，1749—1791），法国大革命开始两年中最重要的领袖之一，以演说和人格魅力影响了当时的国民会议，当选为出席三级会议的第三等级代表（1789），主张实行君主立宪政体，曾任雅各宾俱乐部主席（1790）。

的民众领袖一样,因受到野心或本人特质的驱使才跨进了民众的行列。比尔斯先生则属于殷实的中产阶级,要不是因为当了伟大的民众领袖,他或许就是个平庸之辈。不过,奥德格先生[47]的演讲我们都拜读过,他的朋友也很为他说了一些好话,因此,他可以代表劳工阶级之有美德的适中。我想大家都会承认,尽管奥德格先生有许多长处,他却显然缺了点理智之光。在目前发展阶段,最能体现劳工阶级的过度言行的当数布拉德洛先生。他要砸烂传统信仰,几乎想让我们大家经受血与火的洗礼,加入他那新的社会教系。我既已开始引证威尔逊主教,在此也不免向布拉德洛先生推荐这位德高长者的格言,供他仔细思索:"谈吐无节制,心头起大乱。"[48]如果任布拉德洛先生随心所欲,那么他也会像贵族和中产阶级中代表过度的人物一样,将我们领入极其危险混乱的境地。于是结论便是,如贵族和中产阶级一样,劳工阶级也难以提供我们迫切需要的、文化所要求的那种权威。凡是读了这篇文章的,恐怕很少有人会对此提出异议吧。

那么,如果我们超越阶级的界限,放眼整个社会,着眼于国家,能不能从中找到光明和权威呢?国家作为一种情感范畴,人人都懂,但却很少有人想到国家是政体,是权力的运作。怎么会呢?因为我们习惯以普通的自我来想事,很难超越各自所属阶级的思想和愿望。我们怕给国家太多的权力,因为我们只当国家就是组成执政政府的阶级,害怕那个阶级会为了自己的目的而滥用权力。我们

---

[47] 奥德格(George Odger, 1820—1877),伦敦工会联席会干事(1862—1872),最具影响力的工会领袖之一,他相信有必要将工会与有力的政治运动结合起来,因此加入改革协会。在他的带领下,联席会在1866年开始的扩大选举权的政治宣传鼓动中起了重要作用。奥德格也是19世纪60—70年代英国共和运动中的活跃人物,他于1868—1874年间5次参加议会竞选失败。
[48] 参见本章注[36],《格言集》,第157页。布拉德洛的情况参见第一章注[30]。

以为，如果贵族阶级执政，那加强国家权力就意味着我们将听任气焰嚣张的贵族从男爵，一切按他的意思和希望办；如果执政的是中产阶级，我们就交代给那说话狠毒的中产阶级不从国教的牧师了；如是劳工阶级，就交代给声名狼藉的民众头目布拉德洛先生了。这样想不无道理，我说过了，本来英国人就自以为了不起，觉得自己有随心所欲、张扬个性、我行我素的权利和福气。贵族阶级的人要肯定他们的自我，他们的好恶，中产阶级和劳工阶级也同样。但是作为日常生活中的人，我们是分散的、个别的、互相摩擦冲突的；要想不受他人的气，除非谁都没有权力，可这种安全感并不能使我们避免无政府状态。因此，一旦无政府状态的危险性暴露出来，我们就不知如何才好了。

然而，有了最优秀的自我，我们就是集合的、非个人的、和谐的。将权威交给这个自我不会危及我们，它是我们大家能找到的最忠实的朋友；当失序状态造成威胁时，我们尽可以放心地求助于这个权威。其实，这就是文化或曰对完美的追寻所要培育的自我。改造之前的老的自我要扔掉，那个我只知道随心所欲、我行我素最是快活，殊不知这一来就随时会有同他人冲撞的危险，因为别人也在随心所欲、我行我素！就这样，被人嘲笑成不切实际的、可怜的文化引导着我们，使我们找到了走出当前困境的思想。我们需要的是权威，但我们看到的只有互相猜忌的阶级、制约机制和一副僵局。文化则提出了国家的概念。普通的我们不能构成国家权力的坚实基础，文化则启迪说，基础应在最优秀的自我。

有人说我远离热心肠的大众的努力和期待，只是一味地玩弄诗歌和美学；在我们这个务实的国家遭到如此奚落，不能不刺痛敏感的良知。因此，当我发现自己所处的位置能对时代的切实之需做出贡献时，真是大大松了口气。下面将会谈到，重要的是找到并矢志不渝地坚守最优秀的自我，而不是因循英国人的习惯（我们总是过于看重自由和忙碌的行动本身），满足于那个与完美自我相距甚遥的眼前的自我，盲目地拼命维护那个自我。简言之，威尔逊主教说了（我们又要引主教的格言），人生有两大准则，"一是不背离你所有的最亮的光，二是当心你有没有将黑暗当成亮光"。[49]第一条准则英国人身体力行，热情可叹，但是第二条我们就不怎么在意了。我们有了最亮的光就勇往直前，却不去留意是否真正得到了最亮的光，不去花力气搞清那是否真是光明而不是黑暗。我们既是十分诚实的人，良心便会悄声说，我们追随的光亮，即那普通的我，可能只是低等的自我，只是黑暗；良心还会说，要世人全都严肃地接受这个自我是行不通的。

然而优秀的自我能唤起信念，能提出严肃的权威准则。例如，我们现在要走到哪里去，已故的威灵顿公爵早就以其远见卓识了然在目，他妥帖地将那方向形容为"在法制的进程中实现的革命"。[50]只要我们还活着，只要这个著名的国家并不就此停滞委顿下去，也不因彻底走向无政府的混乱状态而悲哀地告终，那么，公爵所说极

---

[49] 参见本章注[36]，《格言集》，第61页。关于"自我"的光明和黑暗的提法，可参看《圣经·新约》。《马太福音》第6章第22—23节说："眼睛就是身上的灯；你的眼睛若明亮，全身就光明。你的眼睛若昏花，全身就黑暗；你里头的光若黑暗了，那黑暗是何等大呢。"《路加福音》第11章也有类似的意思，第35节说："所以你要省察，恐怕你里头的光，或者黑暗了。"《约翰福音》第12章第35—36节中，耶稣对众人说："光在你们中间，还有不多的时候，应当趁着有光行走，免得黑暗临到你们；那在黑暗里走的，不知道往何处去。你们应当趁着有光，信从这光，使你们成为光明之子。"又《罗马书》，第2章，第19节："深信自己是给瞎子领路的，是黑暗中人的光。"

[50] 击败拿破仑的功臣，英国将领、政治家威灵顿公爵（Duke of Wellington, 1769—1852），曾因坚决反对议会改革而使他担任首相的内阁下台（1830）。在1832年4月10日的议会选举法修正案辩论中，他说："这个法案……有革命倾向，我认为其革命倾向如此强烈，乃至一定会引起革命……不只是暴力，而且法律手段也可引发革命。"

是，我们就在走向革命。会发生翻天覆地的变化，不惊天动地，革命怎能成功？但也会有秩序，没有秩序，革命就不可能在法制的进程中实现。于是，我们的优秀自我或曰健全的理智，便毫不含糊地命令我们坚决抵制一切可能引起动荡失序之危险的事物，如在拥挤的城市街道举行大规模的游行，在公共场所和公园里召开大规模的集会，等等——这些示威活动在现阶段都是完全不必要的。无论谁在执掌权力，文化都会命令我们支持、拥护他们严禁此类活动。文化的命令是清晰而坚定的，因而体现了真正的权威准则，但文化的坚决来自清白的良知。文化知道，如此紧迫地强化政府权力并非为了使从男爵扬眉吐气、压倒劳工领袖，或者让中产阶级不从国教者挺胸抬头、压倒贵族从男爵和劳工头头。文化明白自己所要确立的，是国家，是集体的最优秀的自我，是民族的健全理智。良知做证，文化要树立国家的观念，不仅是为了维护秩序，也同样为了实现我们所需要的伟大变革。国家的权威树立了，那么在紧要关头，国家不仅会严厉对待布拉德洛先生的街头游行，而且会同样无情地对待贵族的偏见和走火入魔的中产阶级不从国教者。

第三章

野蛮人、非利士人和群氓

一个没有哲学体系的人,自然也没人期待他有哲学的完整性,因此我在做如下说明的时候,并不感到羞愧。为了检验贵族、中产阶级和劳工阶级各自成为权威核心的资格,我努力摸清他们的情况,以得出清晰的看法,但我在运用那老式的分析方法[1]时,到头来却发现我的分析并不完整,在展现他们有德性的适中以及过度的典型之后,并没有说明各方的缺陷这一面。我倒没有将这种疏漏看得多么严重。然而,对于一个普通的、无体系可言的、无哲学的作者来说,清晰应是其唯一的长处;再说,如果我们不但明白适中和过度的情形,而且也掌握了各方缺陷的特点,那么我们就会对英国三大阶级形成更清晰的概念,因此,在进一步谈其他问题之前,就让我们来补上这个缺漏。

如果说,贵族的突出特点是优雅的气质,这种气质之完美的有德的适中见于高尚的骑士风度,而其过度则表现为桀骜不驯,那么显而易见,其缺陷必定表现为不够勇武高尚,过分的怯懦,逆来顺受。如果说,那位工商界的议员的演讲和表现可视为中产阶级之完美的有德的适中,体现了中产阶级成就伟大业绩的力量,以及他

---

[1] 即亚里士多德在《尼各马可伦理学》中提出的适中(virtuous mean)、过度、欠缺的分析法。以下阿诺德重复了第二章的部分内容。

们看待自身和其成就时所沉浸于其中的自立精神，而这力量、这自立精神的过度则见于那位狂热的不从国教牧师的演讲和表演，那么显然，他们的缺陷就一定表现为能力低下，无法胜任成就伟业的使命，可怜兮兮，缺乏自我满足感。

被选作一种或一组好品质之适中的典型显然是对一个人的褒扬，甚至当作过度的典型也是赞美，因此我指名道姓地举出一些人物，分别代表贵族和中产阶级之适中和过度的特征时，心中也就无甚犹疑。但是挑出这个或那个具体的人来作为缺陷的典型，恐怕会有失儒雅，因此贵族的缺陷这头，我便不再举代表人物加以说明了。不过，一个人总可以自由无羁地拿自己说事吧，这里不存在不得体的问题，而且，正如所有的道德家都会说的，如此坦白直率地对待自己，于身心健康亦大有裨益。在此，恕我冒昧地以本人为例，说明缺乏那铸就了中产阶级的力量和品质的人是怎样一种情形。我的对手宣告说我不肯为中产阶级的伟大功业出力，这种指责有根有据，因为他们所说的我"拒绝为革除（诸如教堂税等）罪恶的卑微行动助一臂之力"，因而"信奉行动的人"对我"忍无可忍"等话，显然就是指这些伟大的功业，以及我对之表现出的疏淡。我不满足现状，不断追寻，信奉自我转变，主张不断朝着更高程度的美好与光明努力，这样的道路和思想认识与我所属的中产阶级中盛行的那种极大的自我满足显然背道而驰，因此足以用来表明我极度欠缺自我满足感。如此坦言自己的缺点虽有益健康，却也很苦涩，很不光彩。

接着再说劳工阶级。这个阶级的缺陷应表现为缺乏弗雷德里克·哈里森先生所说的"最鲜明的同情心、最迅速的行动力"，而我们在代表适中的奥德格先生和代表过度的布拉德洛先生身上则见到了这样的精神。现在劳工阶级正在迅速崛起、壮大，因此在他们中已很难找到缺陷的典型。或许坎宁笔下的"穷磨刀匠"可以让我们对缺乏劳工阶级基本素质的人有个概念（他已谢世，不会因为我拿他做例子而感到痛苦）。[2]我甚至可以用我那可怜的朋友、偷猎者泽弗尼亚·狄格斯[3]做例子（他人虽活着，可早就不在乎任何逆耳之言了），他不是下套逮野兔就是喝得醉醺醺，那点同情的能力早就麻木了，参加他那个阶级的伟大运动的行动力也无可挽回地损伤了。但是如我所说，诸如此类的缺陷属于过去的时代而非现在。

  我就英国社会三大阶级的分析又多说了几句，为的是将事情搞得更清楚些。现在出于同样的愿望，我将对三大阶级的命名稍加改进，以便称呼起来更加顺当。一天到晚老是说贵族阶级、中产阶级、劳工阶级显得十分拗口，也令人生厌。如我们所知，中产阶级是"做出了一切部门所取得的一切伟大成就"的伟大实体，[4]我们可以视之为在两个基本点——工商界的议员和狂热的新教持不同教见者——之间摆动的集团；对这个阶级我们用了一个现在已经叫得挺响的名称——非利士人，那就不妨继续用下去，至于这个词的意

---

[2] 坎宁（George Canning, 1770—1827）和弗里厄（John Hookham Frere, 1769—1846）合写的《人类之友与磨刀匠》，载于坎宁办的刊物《反雅各宾》（1797年11月27日）。两人均是英国政治家、外交家。

[3] 泽弗尼亚·狄格斯（Zephaniah Diggs）是阿诺德在《花环》第四封信（1867年4月20日）中提到的一个穷人。他是偷猎的惯犯，那天又因套了一只兔子（"可能是他的第一万只了"）被送上地方法庭。他"穿着农夫的长衫，白头发，红鼻子，低额头，一副狡猾的神情。……他年纪挺大了娶了第二个妻子，生了一大堆孩子，却不让他们上学，任他们撒野、长成十足的野蛮人"。见《马修·阿诺德散文全集》，第5卷，第66页。

[4] 阿诺德在《我们英国人》（见《马修·阿诺德散文全集》，第5卷，第5页）中谈到英国中产阶级对自身教育状况的十足自满情绪时，也举了《每日新闻报》的例子，该报的一篇重头文章称，"全世界都知道这个国家的伟大的中产阶级提供了思想、意志和能力去完成必须成就的一切伟大而有益的事业"，因此简直无法想象怎么有人竟然认为那个"做出了一切部门所取得的一切伟大成就"的阶级管不好自己的学校和子弟，会乞求政府派督学等（1864年12月7日，第4页）。亦参见第二章，第58—59页及注[39]。

思，我已反复解释过，在此不必多言。[5]贵族阶级大体上可以视为在有骑士风度的勋爵和傲慢轻侮的从男爵这两个基点之间摆动的集团，迄今我们还没有给他们起一个专门的名字。我的注意力几乎全部集中在我所归属的中产阶级了，这是很自然的事：我同中产阶级休戚相关，此外，它也是当今的伟大力量，始终受到所有的演讲和报纸的盛赞。

然而贵族阶级本身也很重要，现在卡莱尔先生提出，在当下的关键时刻应将重大责任都交付给它，[6]这就使它显得更加重要了；因此，如果对贵族阶级按下不提，不给它一个名称，便会显得十分失

---

[5] 参见第一章注〔11〕。阿诺德在评论德意志浪漫主义诗人海涅（1797—1856）的文章《亨利希·海涅》中，对"非利士（主义）"做了最充分的解释。在谈到海涅终生都同非利士主义做生死搏斗时，阿诺德说："在发明了非利士这个绰号的人的心目中，其原初的意思必是指上帝选民、光明之子的敌人，他们强悍、顽固、毫不开化。主张变革的人，将重构古老的、传统的欧洲秩序的人，诉诸理性反对习惯势力的人，在现代精神所及的一切领域中代表现代精神的人——他们以改革者天然具有的强烈的自信，自视为上帝的选民，或光明之子。他们视对立面为无聊的庸人、墨守成规的奴隶、光明的敌人；他们愚昧，让人感到压抑，但同时也十分强大。"谈到海涅憎恶"真正英国式的狭隘"时，他又说，在英国出现了"普遍压制纯粹理性的情形：非利士国（Philistia）已被我们当成真正的福地，可事情绝非如此。在这个国家里，生来热爱思想、痛恨平庸的人一定感到头顶的天空如铅一般的沉重。热情追求思想和理性的人看重的是思想和理性本身，而不考虑其成功会为自己带来什么实利。有些人认为拥有实际的好处就足够了，足以补偿没有或放弃思想和理性的缺憾了，这样的人在他的眼中就是非利士人。这就是海涅那么经常、那么无情地抨击自由主义者的原因。他固然痛恨保守主义，但更加痛恨非利士主义；无论谁卑鄙地攻击保守主义，只要他不是光明之子，不是以理性的名义这样做，他就是个非利士人"。见《马修·阿诺德散文全集》，第3卷，第111—114页，或《批评一集》（纽约，1924），第163—165页。

在下一个段落中，以及上述《亨利希·海涅》一文中多次提到的"光明之子"（the children of light）的说法参见第二章注〔49〕，尤其《约翰福音》，第12章，第36节。更准确的译法是"光明的子女"，见《新约·以弗所书》，第5章，第8节："从前你们是暗昧的，但如今在主里面是光明的，行事为人就当像光明的子女。"

[6] 参见第二章注〔24〕。

职，而且又应了弗雷德里克·哈里森先生对我的指责，显出我严重缺乏哲学条理。有人可能会想，既然我偶尔说到，贵族阶级作为既定秩序的后裔，其固有的特点是天生远离思想，于是我们也就可以沿用"非利士人"来指称贵族阶级了，因为众所周知，这个词正是指光明之子的敌人或反对侍奉思想的人。不过，用同一个名词指称两个全然不同的阶级，怎么说也有点不方便；再者，细察之后我们会发现，"非利士人"所传达的意思更针对着中产阶级的而非贵族的特点。非利士意味着僵硬而乖张地对抗光明与光明之子，而我们的中产阶级岂止不追求美好与光明，相反它喜欢的就是工具，诸如生意啦，小教堂啦，茶话会啦，墨菲先生的讲演啦，等等；我常提到，这些内容构成了它阴郁沉闷、眼界狭隘的生活。正因这一层意思，非利士这个名称套在中产阶级头上再合适不过。可是贵族阶级呢，大家知道，贵族因高雅斯文而著称，实际上它已形象地代表了"美好"，或者说成了优美的影子；至于光明，虽说贵族不追求光明，但这并非因为它厌弃光明，有悖情理地喜欢阴郁沉闷、闭目塞听的生活方式，而是因为它受到诱惑，被世俗的辉煌、平安、权力和欢愉引诱着，离开了追求光明的道路。这些对我们的民族具有强大而恒久的诱惑力的事物，编织出贵族阶级不可抵御的魅力。它们是外在之物，但某种程度上也是好东西，[7]凡受其引诱而不再用心于光明和思想的人，与其说是行为悖常，不如说是过于顺从了天性。

---

[7] 此处原文为"These seducers are exterior goods, but they are goods..."。柏拉图在《法律篇》中将"那些让我们合理使用物质条件的美德……称为'神界之善'（divine goods），与此相对的是由外物本身构成的'人世之利'（human goods）"。见朱莉娅·安娜斯：《解读柏拉图》，高峰枫译，斑斓阅读·外研社英汉双语百科书系，外语教学与研究出版社，2007，第160页，引文略有改动。

念及于此,我常常纵容自己,想象着用野蛮人来称呼贵族阶级。我们大家都领受过野蛮人的洪恩,他们曾为元气丧失殆尽的欧洲注入新的活力,使之振兴。[8]众所周知,野蛮人优点卓著。在英国,我们大多数人都是野蛮人的后代,对他们从来不抱偏见,不像拉丁民族,他们那里偏见盛行。野蛮人带来了现代意义上的强健的个人主义,带来了张扬个人自由的激情。对于布莱特先生来说,这就是英国生活的核心思想,我们英国人无论如何是不愁这份激情的。这激情的堡垒,其天然的所在是拥有头衔的世袭贵族,作为他们的继承者的贵族阶级也相应地、显著地表现出这种激情;[9]他们的行为树立了榜样,又为全体国民所取法,而后者的血液里本来就沸腾着张扬个人自由的激情。野蛮人还有进行野外运动的激情,这也传给了我们的贵族阶级,因此,贵族不仅是张扬个人自由激情的天然堡垒,也是户外运动激情的天然大本营。野蛮人最在乎雄健的体魄,热爱一切男子汉的运动。他们通过锻炼获得了充沛的精力、英俊的仪表、健康的肤色,并将这些遗传给了自己的后代,乃至我们在英国贵族阶级身上仍可看到这些特征。野蛮人的骑士风

---

[8] "野蛮人"(Barbarians)是希腊、罗马人对"外国人"的称呼,这里特指公元3—5世纪反复掠夺西罗马帝国、致使罗马灭亡的哥特人(Goths),亦即英国人的日耳曼祖先。哥特人不仅强悍,而且道德风气简单淳朴,和罗马后期的淫逸很不同。这个词并没有特别的贬义。

[9] 英语中aristocracy(aristocratic class)和nobles(nobility)都是"贵族"的意思。Aristocracy可以泛指德性、才情出类拔萃的人,但通常仍指门第、血统、教养等方面优于其他阶级的特权等级。欧洲国家一般有贵族建制,这时aristocracy和nobles可以指同一批人,但nobility往往专指低于王室成员(royalty)而高于其他一切阶级的人,在英国还不包括低等级贵族,即有头衔但属于平民等级的从男爵(baronets)和骑士(knights)。也就是说,nobles往往就是有公爵、侯爵、伯爵、子爵、男爵这些世袭头衔的贵族,后四类人的尊称为"勋爵"(Lord);低等级贵族仍属于aristocratic class,尊称为"爵士"(Sir)。

度，那高傲的心气、优雅的举止、尊贵的仪态，难道不正是贵族阶级迷人的高雅气质的萌芽吗？假如人们能回到过去，亲眼见到野蛮人中的高贵者的话，无疑会从他的身上欣喜地发现我们最最高雅的贵人的雏形。不过，野蛮人的文化（权且用文化称之）主要是外在的文化，主要体现为外部的禀赋和魅力，如相貌、举止、才艺、勇武等；倘使其中也包括内在的禀赋，如勇敢、高傲和自信等，那么可以说这些又是内在禀赋中最浅表、最接近外在禀赋的品质。那时巨大的思想能量和感情能量还深藏着，尚未苏醒；引起我们兴趣的自然之子因生活环境使然，是不可能获取这样的能量的。现在，排除时代不同造成的差异，我们无疑仍可以在贵族阶级身上看到一模一样的情形。一般来说贵族的文化主要是外在的文化，其主要的构成似乎仍是外部的魅力和造诣，以及浅表层的内在美德。真正的文化教导我们应通过学习和探讨，从思想和感情的世界取得美好与光明，现在的贵族当然也不可避免地会经常接触到这类讨论，然而他们对这些问题的把握显得惊人地肤浅，因此无法对其灵性产生深刻影响，所以我们特别提到，这个阶级的完美适中之唯一的不足，就是缺乏足够的理智之光。由于同样的原因，当我们用细致的批评眼光看问题时，同样会对贵族阶级，乃至他们中的另一半，即最迷人的贵族女性——对她们的美貌和文雅，做出修正性的评价，我们会说，如以理想的完美标准看，在她们的天赋魅力中，是否还应该多那么一点点心灵的东西？

于是，当我想清楚地区分贵族阶级和真正的非利士人，即中产阶级的时候，我常在脑中称前者为野蛮人。我穿过乡村，看到他们的一座座宅邸耸立在风景线上，美丽又堂皇，这时我便会自语道："瞧这野蛮人的大堡垒。"

劳工阶级中有一部分人勤勤恳恳地按照古奇太太的金科玉律

行事，[10]盼着有朝一日能同工业界的议员以及别的中产阶级掌权人一起坐在权势的宝座之上，去巡视——用布莱特先生美妙动听的话说——劳工阶级所建造的城市、修筑的铁路、制造的产品和举世无双的商船队所满载的货物！[11]显然，劳工阶级中的这部分人与工业中产阶级同心同德，或说大体如此。我们的中产阶级自由党人早就公然巴望着能有这样的结局了，他们但愿劳工阶级与他们联手，辅助他们推进伟大的功业，同他们一道参加茶话会，简言之，让他们能早日迎来千年王国。由此，就那些似乎确实在为伟大目标出力的劳工阶级成员而言，我们可以贴切地将其归入非利士人之列。劳工阶级中另有一部分当前备受慈善家们的注视，它将精力都投入了组织工作，[12]通过工会和其他手段组织起来，首先成为独立于中产阶级和贵族阶级的一支伟大的劳工阶级力量，接着便倚仗人多势众，将自己的意志强加于中产阶级和贵族，一切由它说了算。按照我们的定义，这个生龙活虎的部分必也算作非利士人，因为它要肯定的是自己的阶级和阶级本能，是那个普通的自我，而不是最优秀的自我。它只想工具和手段，满脑子转的念头都是发展工业、执掌权力、成就卓著，还有别的外在的能耐，等等；它的心目中没有内在完美的地位。它整个心思——用柏拉图那微妙的话说——都用于有关自身的事物而不是真正的自我，用于有关国家的事务而不是国

---

[10] 参见第二章，第48页及注[22]。
[11] 参见第一章，第29页及注[34]。
[12] 当时工会组织很受瞩目。1867年2月12日，女王任命了一个委员会，专门调查工会的组织和规章等情况，委员会成员包括艾尔珂勋爵、丹尼尔·古奇爵士、罗巴克和哈里森等人。参看第二章注[32]、[22]，第一章注[9]，引言注[2]等。

家本身。[13] 但劳工阶级中最后还有个极其庞大的部分，它粗野，羽毛未丰，从前长期陷在贫苦之中不见踪影，现在它从蛰居之地跑出来了，来讨英国人随心所欲的天生特权了，并开始叫大家瞠目结舌了：它愿上哪儿游行就上哪儿游行，愿上哪儿集会就上哪儿集会，想叫嚷什么就叫嚷什么，想砸哪儿就砸哪儿。对于这人数甚众的社会底层我们可以起一个十分合适的名字，那就是群氓。

如此，我们便有了三个独特的词语——野蛮人、非利士人、群氓——分别用来粗略地指称我们社会中的三大阶级划分。毫无疑问，就准确性而言，如此意在科学命名的卑微努力同人们心目中关于具有完备、连贯的哲学体系的作者的标准之间，自然是相距甚远；不过，这命名出自一个以不具备体系、质朴无华而著称的作者，我相信大家便会接受，觉得这也就够用了。

不过，在运用这种新的、希望也是方便适用的英国社会划分法的时候，有两点必须牢记于心。首先，在社会阶级的区分之下，仍存在着人性的共同基础，因此，无论我们在严格意义上属于野蛮人、非利士人还是群氓，其实每个人身上都具有那些将我们的同胞塑造成其他阶级的倾向和激情；有时这些共同的倾向和激情处于萌芽状态，只是一种潜质，而有时则多少有所显露。考虑到这一点是十分重要的，因为那是产生宽容精神的重要因素；宽容是美好之不

---

[13] 可能出自柏拉图的《申辩篇》36C。"Where I could do the greatest good privately to every one of you, thither I went, and sought to persuade every man among you that he must look to himself, and seek virtue and wisdom before he looks to his private interests, and look to the state before he looks to the interests of the state; and that this should be the order which he observes in all his actions." 朱微特译本译文为："我所做的，都是我个人能为你们每个人带来最大益处的事，我劝说你们中每个人必先自视、先寻找德性和智慧，而后才能关照私下的利益，每个人必先关注国家，而后才是国家的利益；这才是他行一切事时应遵循的先后顺序。"

可或缺的品格，而且如我说过的，在完美的文化中，宽容的精神是永不枯竭的。如是，英国的野蛮人在自我审视中一般都会发现自己并非是那么纯粹的野蛮人，在他的身上也有一点非利士的甚至是群氓的习气。另外两个阶级的人也会发现同样的情形。

  这一点在我们的日常经验中不断得到证明。例如我本人（在此我又要拿自己作为败德的例证了，在有些事情上充当例证并非让人人都觉着舒服）——我本人严格说来是非利士人，斯温伯恩先生还会说，我是非利士之子。〔14〕倘若有关我的转变的动人故事将形诸文字的话，那么人们有朝一日将会了解到，由于某些情况，我已经基本上与本阶级的思想决裂，也不再参加茶话会，但是我倒没有因此更加接近野蛮人或群氓的思想行径。然而，每当我拿起枪支或是钓鱼竿，我总感到自己的根基里也有和野蛮人相同的种子；在适宜的环境中，这些种子在很大程度上造就了野蛮人；假如我得到野蛮人的优厚条件，我同他或许会相差无几。假如将我放在一个野蛮人的大

---

〔14〕 英国诗人、批评家斯温伯恩（Algernon Charles Swinburne，1837—1909）在《双周评论》上有评论文章《阿诺德先生的新诗》，称阿诺德为"歌利亚之子大卫"，意指阿的父亲阿诺德博士为歌利亚（1867年10月，第8卷，第425页）。歌利亚（Goliath）是《圣经·旧约·撒母耳记（上）》中从非利士营中站出来向以色列人讨战的巨人，他"身高六肘零一虎口，头戴铜盔，身穿铠甲，甲重五千舍客勒。腿上有铜护膝，两肩之中背负铜戟，枪杆粗如织布的机轴，铁枪头重六百舍客勒"。（第17章，第4—7节）以色列少年大卫赤手空拳出来迎战，他说，"我来攻击你，是靠着万军之耶和华的名"（第45节），遂拿出小石子，用机弦甩出，打死了歌利亚。斯温伯恩的说法在《撒母耳记（上）》中也有依据：第27章说到扫罗处处加害大卫，大卫无法忍受，心想"不如逃奔非利士地去"（第1节），便带家眷和六百随从投奔了迦特的亚吉，"在非利士地住了一年零四个月"。（第7节）第29章提到非利士与以色列交恶，大卫带自己人随迦特的亚吉出征，非利士的首领见这群希伯来人不悦，指着大卫说"恐怕他在阵上反为我们的敌人"，怕他会取了非利士人的首级同他以色列的主人复和。（第4节）大卫因非利士人的不信任而没有参战，扫罗死后他成为以色列王。阿诺德提到斯温伯恩的话与他下面要说的自己背叛了非利士阵营有关。斯温伯恩本人是在艺术、思想、行为上反叛维多利亚价值的新派诗人。

堡垒中，我的根性上撒着热爱野外运动的种子，其发育成长的条件一应具备，我可以随意选取消遣娱乐的方式，我遇见的人都对我毕恭毕敬，对我笑脸相迎，四周的一切看来持常不变、坚固可靠，那么，我想我也会长成一个颇为像样的既定秩序之子的。我也会气度不凡、温文尔雅，同时又有点闭目塞听、不近思想，缺乏理智之光。当然，我或许不会具备完美的贵族典范那种极其高雅的情致，也不会表现得如过度的贵族典型那样桀骜不驯，而是顺着人类的通常趋势，表现出居于两者之间的特征。至于群氓，那么无论野蛮人还是非利士人，只要他们想起自己常常做的事情，便无不对之感到共情。每当我们愚昧而激昂地操起愤怒的言辞，每当我们想以暴力粉碎对手，每当我们妒火中烧，每当我们变得残忍，每当我们一心倾慕权力或成功，每当我们声嘶力竭地加入攻击哪个讨厌家伙的聒噪，每当我们凶猛地践踏被打倒的人——每当这样的时候，无论野蛮人还是非利士人都会发现，永恒的群氓精神在自己的心中涌动，只要外界有风吹草动，这精神便格外抖擞，变得不可收拾。

  第二件应牢记的事情，我已多次提到。无论作为野蛮人、非利士人，还是作为群氓，我们无一例外地认为，让普通的那个我能够随心所欲便是幸福。普通自我之所欲自然因个人归属的阶级不同而有所不同，并且这个我也有严肃、认真和轻松、随意之分，但是，它却始终只不过是手段和工具而已。野蛮人严肃起来重视荣誉、希望受人尊敬，轻松随意的时候喜欢户外运动和寻欢作乐。有一类非利士人严肃起来喜欢走火入魔，喜欢生意经和赚钱，轻松的时候则喜欢舒适和茶话会。另外一类非利士人认真时喜欢毁坏机器，[15] 轻松时则

---

〔15〕原文用"rattening"，指偷窃工具、损毁机器装置等，目的是胁迫雇主同意工会的要求，或发泄愤怒。1867年夏天，英国工会调查委员会发现这种做法在谢菲尔德十分普遍。

喜欢搞代表团或听奥德格演讲。[16]群氓严肃时喜欢大喊大叫、推推搡搡、打打砸砸，轻松起来则喜欢喝啤酒。但每个阶级中都产生了一些人，他们生性好奇，想了解最优秀的自我应是怎样的，想弄清事物之本相，从工具和手段的束缚中挣脱出来，一门心思地关注天道和神的意旨，并竭尽所能使之通行天下——总而言之，他们爱好的是追求完美。人们已习惯地将热爱完美的某些表现称为天才，意思是激情中所含有的原创性的、天赋的气质。然而，这种激情其实远远不止世人通常称为天才的那些表现，后者多半指具有天赐热忱或资质的某种才华、某种能付诸实践的惊人的专门才能等。这热情还有其他种种表露方式，其最贴切的名称，如我们一直所说的那样，是对完美的热爱与追求；这个过程中，文化忠诚地呵护、养育了不断追求的爱心，而美好与光明则是所追求的完美的真正品格。一心追求完美的人从各个阶级中产生，在野蛮人、非利士人和群氓中，都有这样的追求者。追求的禀性总是将他们从自己所属的阶级中提升出来，并使他们有了区别于野蛮人或非利士人特性的独特品格，亦即使他们具有了博大的人性。一般来说，他们都经历过坎坷，然而他们的人数比我们想象的要多得多；他们在人们最想不到的地方和时候冒了出来，好比点燃了火种，火势横扫他们所在的阶级。他们要培育的自我是经过提炼的最优秀的自我，他们所设定的至高无上的目标是单纯朴素的，他们就这样打破了只肯定普通自我的阶级—生活一统天下、不受阻挠的局面，并适时地使崇拜工具和手段的人感到了不安。

因此，当我们用野蛮人、非利士人和群氓的概念区分人群的时候，大家一定要懂得其中含有的一层意思，即我们始终认为在各个

---

[16] 参见第二章注[47]。

阶级的内部都存在着一定数量的异己分子（假如能如此称呼他们的话），也就是说，有这么一些人，他们的指导思想主要不是阶级精神，而是普泛的符合理想的人性精神，是对人类完美的热爱。这批人的数目可以缩小也可以扩大；能最终养成这种可贵的精神的人是多了还是少了，将会依他们与生俱来的内在力量之强弱，以及此内在力量在外界遭遇阻力还是受到激励的不同而变化。几乎所有的具有热爱完美的精神的人身上，都混杂着一些普通自我的精神、一些阶级本能，甚至如前所示，他们同时具有不止一种阶级的本能。因此，一般来说，能否提炼出最优秀的自我，能否让理想人性的内在力量占绝对优势，在很大程度上取决于周遭的环境是否适宜，是否有助于引发其成长和发展。当前时刻，大家一致认为需要权威来提供依据，而最优秀的自我似乎很可能是最适当的权威之由来——在这样的时刻，看看周围形势总的是否有助于引发最优秀的自我，假如形势不适宜又是何以至此，并想出最为有效的办法来进行补救，这些问题就变得极其重要了。

现在我们之中确实不存在任何强有力的权威，随心所欲、张扬自我即是职分和幸福的观念在我们中间盛行。事情很清楚，这一缺陷的流行必然会阻挠我们树立极其严格的优秀标准，干扰我们对健全理智这个至高无上的权威的信念，也使人们无法认识到最优秀的自我实在是深藏不露、难以觅求的。[17] 我已说过，这可能证明我们十分诚实，说明我们没有企图强加于人，将行动中那个普通自我当作显赫的权威。但同样明显的是，按我们的行事方式，大家很难超出普通自我的观念，或者说很难认识到应该让最优秀的自我亦即健全理智来指挥一切，成为至高无上的权威。那饱学之士马丁诺斯·斯

---

〔17〕 见本章注〔33〕。

克里布里鲁斯说得好:"低级趣味乃老天植入人心,及至世风、榜样大变,他才学着——不如说被逼着——去欣赏热爱崇高。"[18]而我们呢,一切似乎都在作梗,阻挠我们改变态度,不让我们受世风或榜样力量的影响转而赞赏崇高;这里所用的一切办法都是鼓励我们保持本性中的低级趣味,不让它受到破坏。

我曾指出,文学上缺乏法兰西学院式的权威中心如何会造成以上局面。公众中不同的部分有各自的文学报,但广大的读者却压根儿想不到报纸的价值其实是相对的,要看它们接近还是远离代表正确的信息、趣味和理性的理想中心。[19]我说过,在一定的范围内(凡是可能读这篇文章的人都会不费力地划定这个范围),可以很公平地说,在文学和趣味的问题上,我的老对头《星期六评论》同一大批谈论文学和趣味的报纸相比,是一份理智的报纸。但我记得这样一件事。有一位演讲者放了一通花炮,《星期六评论》称那是满耳聒噪、满目虚光;我在同一群仰慕这位演讲者的不从国教的信徒们谈话时,十分小心翼翼,不知这负面的评论对他们产生了何种影响。这时,有一位发言了,说得凿凿有据,语气平和:"哦,是的,《星期六评论》骂了那个演讲,但是《不列颠旗报》说《星期六评论》大错特错了。"(我不敢说是否是《不列颠旗报》,但总之是那

---

[18]《马丁诺斯·斯克里布里鲁斯:诗艺中的突降法》是18世纪英国诗人蒲柏、阿巴斯诺特医生(John Arbuthnot, 1667—1735)和斯威夫特(Jonathan Swift, 1667—1745)三人合作的讽刺作品,主要作者为阿巴斯诺特,于1741年发表。作品讽刺了当时矫揉造作的文学风气,阿诺德所引为该书第2章开头。
[19] 阿诺德在《学院对文学的影响》一文中探讨了英国缺乏法兰西学院式的权威对英国的文学和批评所产生的影响。当时英国有许多人对本国的文学沾沾自喜,阿诺德说:"一种文学越是感觉不到心目中的中心的影响,感觉不到正确的信息、正确的判断、正确的趣味,我们就越会从中发现狭隘的小家子气。"参见《批评一集》,第61页;《马修·阿诺德散文全集》,第3卷,第245页,也见第243—244、270、249—250页。

一类的报纸。)[20]那位言者显然不懂得,对这些问题的判断力之高下是有尺度标准的,按标准衡量,《星期六评论》的见解水平高,而《不列颠旗报》的见解水平低。从这位朋友的情况看,在文学判断力方面表现出来的天生的低下趣味还从来没有遇到过什么阻遏。

  宗教问题也一样。多数人心目中很少用一个高标准来选择自己的指路人,不懂得伟大的深刻的灵性是权威,而精神低下的人则不是权威。只要某个人物斩钉截铁地说了什么,只要他发话以后从者如流,那就够了,足以说明他讲的事情的重要了。我们的这种习惯在海普沃斯·狄克森先生那部出色、有趣的《摩门教徒:一位信徒的自述》中表现得很充分。[21]大家近来都在读这本书,我说不好是否记准了标题,反正是那本挺有名的书,书中海普沃斯·狄克森先生极为详尽地、充满同情地描写了摩门教和其他类似的美国宗教团体。从作品看,狄克森先生好像觉得一个教门有自己的掌门人,能对他说大话,有结结实实的一大群信徒,更重要的是有充裕的枪支,那就什么都齐了。至于在宣布一种教义多么重要之前,应该对之进行严格的考验,他却好像从来也没有想到过。写到摩门教时他说:"我们可以很轻易地说这些圣徒是受骗上当者和狂热分子,也

---

[20]《不列颠旗报》是英国福音教信徒,尤其是公理派(Congregationalists)的周刊,通过传播虔敬行为、流言蜚语和制造恐惧来迎合中产阶级的趣味,思想品位低下。该报于1858年停刊。
[21] 狄克森(William Hepworth Dixon,1821—1879)是英国史学家、旅行家,著有人物传记、游记多种。阿诺德所说的是《新美洲》一书(第3版,费城,1867),本页至下页的四段引文分别出自该书第168、351、358、353—354页;其中第一段讲的是摩门教,后三段谈通灵派。乔·史密斯(Joseph Smith,1805—1844),美国摩门教的创始人,据说在与上帝的神会中获得用象形符号记叙的有关"美国的真正教会"的宝书,他将它译成了英语,名为《摩门书》(1830),1844年被反对者用乱枪打死。此后扬(Brigham Young,1801—1877)继任史密斯成为美国摩门教领袖,他成功地指挥了摩门教徒大迁徙,在犹他州(当时为准州)的盐湖城定居下来。

可以嘲笑乔·史密斯和他的教派,但那又怎样呢?伟大的事实还是明摆在那里。扬和他的信徒就在犹他州,他的教门有教徒20万,他的队伍有枪支两万。"但是,如果一种教义的追随者真的是受骗上当者,其传播者真的是狂热分子,或者情形比这更糟糕,那么就算有20万人相信它(在天生趣味低下的庞大人群中的20万),有两万支枪来捍卫它,也并不能为它增添严肃性和权威性。关于另一种宗教团体[22],狄克森又写道:"当人多势众的人们以决一死战的方式来捍卫他们的信仰时,无论这信仰看起来多么古怪,也不应拒绝给他们提供公平的公开的场地。"确实不应拒绝为任何一个发言人提供公平的公开的场地,但是用如此庄严的方式宣布他要说话却未免过于出格,除非那人对于人类最优秀的理性和精神有所启迪。"啊,但是,连埃德蒙兹法官、海尔博士、弗雷德里克长老、布什教授这些人都相信呢!"海普沃斯·狄克森先生说道。他还说:"简言之,这就是纽曼·威克斯、莎拉·霍顿、黛博拉·巴特勒和联合兄弟会在布拉特大厅宣告缔结的新盟约的基础!"[23]就算海普沃斯·狄克森先生在总结柏拉图、圣保罗及其信徒的学说,他也不可能怀着更大的诚挚和敬意了。但问题在于,这些人身上——埃德蒙兹法官、纽曼·威克斯、波莉长老、安托耐特长老以及海普沃斯·狄克森先生心目中的其他英雄人物身上,是否具有柏拉图和圣保罗的重要性和影响力,是否能启迪人的优秀理性和精神?显然目前没有,而且只要对他们及其信条有稍许了解就应该使海普沃斯·狄克森先生懂

---

[22] 以下三段引文谈的是通灵派宗教(Spiritualism)。该教派属基督教一分支,认为生者能通过"灵媒"或"通灵人"(medium)与死者的亡灵沟通,这一活动称为"降神会"(séance),可以在家庭或教堂举行。该教派起源于1848年的纽约州,很快传播到欧美各国。
[23] 1866年8月,通灵教派在罗得岛州首府普罗维登斯的布拉特大厅召开了第三届年会。

得，这些人永远不可能有那样的重要性。他却说，"但是，震颤教施加于美国思想的磁石般的吸引力这件事本身就会迫使我们……"云云。[24] 这么说吧，讲到真正的思想——那影响了人类最优秀的理性和精神的思想，这世界上的科学思想或具有想象力的思想，那唯一值得我们用如此庄严的语气去论道的思想——可以说美国迄今至多能算作英国的一个行省，即使现在，美国最多只敢自称与英国平起平坐；况且我们都必须承认，眼下的英国思想本身并非上述真正的人类思想中最有影响的因素，那美国的思想当然也不可能成为其重要因素。说到对人类最优秀的理性和精神有何作用，那么震颤教对美国思想所产生的磁石般的吸引力其实就是墨菲先生对伯明翰的不从国教徒所产生的那种吸引力。如果我们像墨菲先生的门徒那样，对之恭敬以待，俨然也当他是个权威了，那我们就永远不会在宗教问题上摆脱天生的低等趣味，永远不能企及可以担当严肃权威的优秀自我和健全理智。同样，当能力卓著、大受欢迎的作家们还在用夸张的误导的方式去书写他们的乔·史密斯和黛博拉·巴特勒之流以及他们的数万信众、数万枪支，从而使我们原先的坏思想习惯变得更顽固——当他们还在竭尽所能做这样的事情时，我们也就永远不可能在宗教方面摆脱天生的低等趣味。

假如习惯势力使我们很难在文学和宗教上获得最优秀的自我

---

[24] "震颤教"原文用Shakerism，一般称为"贵格会"（Quakers），即"公谊会"（Society of Friends）的别称，该教派系英国的福克斯（George Fox, 1624—1691）等人创立。Quakers和Shakers都取英语中quake和shake的意思，即"震颤"，指宗教集会上教友们因对上帝的降临感到神圣的畏惧而浑身震颤（虽然英国贵格会的仪式比较静默，但美国的做法有所改变）。创立了现在美国的宾夕法尼亚州的威廉·佩恩（William Penn, 1644—1718）是贵格会友，故宾州的宗教倾向不同于以清教为主的新英格兰地区，总的来说比较宽容，而且有很强烈的社会关怀，历史上反奴隶制的改革和监狱改革等都由贵格会友发起。

和至高权威的思想，那么在政治上要树立优秀自我和至高权威的意识更是难上加难了。对于那些并不靠直接取悦于被统治者的别国统治者来说，但凡他们有一点健全理智的意识（至少可以假定统治者应比广大的被统治者多一些健全理智的意识），那一切的一切都会促使其在社会群体中树立健全理智的权威性。可我们是代议制的政府，每个官员想的都不是如何在被治理者中树立健全理智的高标准；相反，他面对自己的选民，为了博得其好感，便禁不住一切可能的诱惑，会尽量满足下面天生的低等趣味。即使想做相反的事，也必定要阿谀奉承，一路好言好语地哄着，不让下面人觉察到无知与偏见离健全理智有多远，或低下品位与热爱崇高有何区别。于是乎人人自以为是，唯以此为荣。然而智者道："心中自是的，便是愚昧人。"[25]不管怎样，威尔逊主教所言无疑是真理："需要被唤醒的人远较需要抚慰的人多得多。"[26]

然而，在我们的政治体制内，恰是人人得到了抚慰。那些必须依靠野蛮人的势力才能选上来，依赖他们的关照的领路人和治理者，为野蛮人唱尽了赞歌，说尽了好话。他们和丁尼生一样，赞美"肩膀宽阔、和蔼可亲的英国人"，赞叹他有"责任心"，"敬重法律"，"坚忍不拔"，说因为有了他，我们才得以避免那些搅乱了肩膀不怎么宽阔的其他民族的"造反、共和、革命，充其量也就是将小学生关在门外那般严重"的事件。[27]由非利士人选出的、看

---

[25]《圣经·旧约·箴言》，第28章，第26节。
[26] 莱尔顿编：《格言集》（伦敦，1898），第23页。
[27] 引自英国诗人丁尼生（Alfred Tennyson, 1809—1892）的长诗《公主》的"尾声"，第85、54—56、65—66行。《公主》于1847年首次发表，丁尼生自称那是"杂拌"（a medley），从风格来说是嘲讽、滑稽可笑与庄严的混杂。尾声部分谈到欧洲出现的混乱（"公民们"丧失了理智，连小学生也跑到街上打枪），顺着全诗的"混杂"风格，将欧洲为之打得不可开交的事情嘲弄地（转下页）

他们眼色行事的领路人则对非利士人说:"全世界都知道这个国家的伟大的中产阶级提供了必要的思想、意志和能力去完成必须成就的一切伟大而有益的事业。"[28] 他们祝贺非利士人具有"诚挚明智的见识,能识破各种诡辩,推开陈腐之见,还因袭的幻觉以本来的面目"。[29] 仰仗群氓支持的领路人则说,民众"具有最鲜明的同情心、最迅速的行动力"。[30]

无疑,也有许多针对社会三大阶级的苛评,但这些严厉的话显然出自敌对的阶级,而且那显然不是在健全理智的正确判断下,而是受到敌对阶级的情绪和偏见的左右说出的话,因此被批评的人听到这些指责时这个耳朵进、那个耳朵出,不可能在脑中留下什么深刻印象。例如,当改革协会的演说家们猛烈抨击残忍而又得意忘形的贵族时,他们的痛斥那么露骨地表现出群氓的情绪和观点,因而其抨击对象根本没听进去,也就谈不上唤起思考或自省了。又如,贵族从男爵形容非利士人和群氓说,这些人得了可怕的疯病,竟然要阉割贵族,[31] 这种指责显然出自野蛮人愤懑激动的妄想,因而同样不可能引起非利士人和群氓的思索。还有骆先生,他斥责群氓烂

(接上页)说成小事情,于是,造反、共和、革命等等成了其实是如将小孩子关在门外那般严重的小事情:"说它们庄严却那么滑稽可笑/说滑稽可笑它们却又如此庄严";但丁尼生庆幸造反之风没有飘过英吉利海峡,用滑稽的口吻说"上帝保佑窄窄的海面"时,却不乏严肃之意。

[28] 参见本章注[4]。
[29] 引自《晨星报》1864年12月2日评论巴兹利(参见第二章注[39])对议会改革问题的意见的重头文章。
[30] 参见第二章注[23]。
[31] 参见第二章注[32]。托马斯·贝特逊爵士在辩论中说到贵族和议会的贵族院(上院)"被阉割"时多次引起笑声,他不得不反复讲"阉割"一词,并正色说"这不是什么好笑的事情"。他所说的"被阉割"指取消长子继承制以及不动产的限嗣继承制(即确定继承顺序的做法)引发的争论(详见第六章第二节)。他认为,如这些建制被取缔,即"到了古老英国的宪法都美国化了的时候,难道不会很快出现攻击英国君主制的局面吗?"。

醉如泥、贪婪腐败，鲜明地表现出对非利士人或中产阶级的议会忧心如焚的情状（那议会可是成就了多桩伟业的，现在却有人要掺沙子，搞得它一文不值），[32]但这样的怒骂群氓又何以会放在心上？

于是，能给每个阶级留下永久的印象的只是朋友的声音，而我说过，朋友的声音理所当然是抚慰的声音了。于是，野蛮人仍然相信肩膀宽阔、和蔼可亲的英国人有十足的理由感到自满；非利士人仍然相信，能以其诚挚明智的见识识破各种诡辩、推开陈腐之见的伟大的英国中产阶级很有理由感到自满；群氓呢，则仍然相信具有鲜明的同情心、迅速的行动力的劳力者是很可以自满的。此情形若得以延续，还有什么希望能根除老天植入人心中的低级趣味？还怎能指望培养出追求优秀的信念，使人相信真正的优秀深藏于峭壁危崖，只有不畏艰险、勇于登攀者方能企及？[33]

或许可以说，那些想成为有政治号召力的领袖的人尽管会为了得到所希望的选票而安抚选民，顺着选民自我欣赏的心思说话，但

---

[32] 关于骆的有关情况参见第一章注〔33〕及第二章注〔33〕。1857年骆在基德敏斯特的选举中获胜，但因没有履行惯例请选民喝啤酒和分发钱物致谢，引起下面的愤怒：一伙暴民向他和他的朋友扔石头和碎砖，致使骆颅骨骨折。在1866年3月13日的议会选举法修正议案辩论中，骆提到此类不愉快的经历，提醒议员们认真想想选区和选民的问题。他说："如果你们要的是贪婪腐败、无知妄动、烂醉如泥的家伙，如果你们想动不动就受到恐吓的话，如果你们要的是鲁莽粗暴、不动脑筋的人，你们上选区的哪儿去找？是在选区的上层还是底层？"布莱特（参见引言注〔1〕）等人立即做出反应，说骆这是在说劳工阶级，任骆怎么辩解也没用。格莱斯顿也在议会引用骆的话，说得像警句一样："无知妄动，烂醉如泥，贪婪腐败，鲁莽粗暴。"布莱特说应将这些词语印发，在"所有的工厂、车间、俱乐部和一切工人聚集的地方加以张贴"。参见马丁（A. P. Martin）：《薛布鲁克子爵传》（伦敦，1893），第2卷，第153—155、273—274页。

[33] 提法出自古希腊抒情诗人、西奥斯（即凯奥斯）岛的西摩尼德斯（Simonides of Ceos，公元前556？—前468？）的《残篇》，而西的诗句则基于古希腊教谕诗的创始人赫西俄德（公元前8世纪—前7世纪）的《工作与时日》第289—291行。

他们心里却十分清楚,自己嘴上说的其实并非理智所看到的真实,而只不过是现成的套话,也就是我们常说的华而不实的大话,但这在代议制度中则是必不可少的。因此,我们应像费加罗似的问一句:"这骗的是谁呀?"[34]我承认,统治者想在政治上获取某个阶级的支持,因而殷勤地为其自我欣赏送好话时,往往——但并不总是——心中有数,明白自己已经大大偏离了真理和严肃性,可以说,他们无疑是言不由衷、缺乏诚意的。但情形并非总是如此。野蛮人请求自己的阶级选他为议员、给予他政治权力时,需要讨好选民,但当他赞扬宽肩膀的和蔼的英国人,称赞他们有责任心、敬重法律、坚忍不拔等的时候,他同时也满足了自我欣赏的欲望,赞扬了自己,因此也就落入了自己的花言巧语编起来的圈套。同样,非利士人因为希望非利士兄弟们选他进议会而对之大唱赞歌,赞美曼彻斯特所特有的诚挚明智,如《每日新闻》的滔滔宏论所示,赞其如何提供了必要的思想、意志和能力去完成必须成就的一切伟大而有益的事业等;但这番话不只非利士兄弟们,就连他自己听了也陶醉,也信以为真。

当然,野蛮人也确实经常需要在政治上得到非利士人的支持,因此他便投其所好,顺着后者自我赞赏的心思,人云亦云地赞誉其能量、进取心和自立的精神;然而野蛮人明白自己口中说的溢美之词并非出于真心,而只是不着边际的大话。只要事关不从国教者的主张及其标语口号,那么野蛮人言行之缺乏诚意就会变得十分明显:他们是为了赢得不从国教派的支持,才迎合后者的自我赞赏,重复后者的时髦话,可实际上他们根本就不相信那套东西。1843年,

---

[34] 在博马舍(Caron de Beaumarchais,1732—1799)的戏剧《塞维利亚的理发师》(1775)第3幕第11场中,这句话是唐·巴齐尔的旁白,而不是费加罗说的。

不从国教人士怀着盲目的热情,强烈抗议詹姆斯爵士提出的很有用的教育条款;这时他们在议会中的吹鼓手也大叫大嚷,说不能"践踏宗教异见人士的宗教自由,拿他们的钱去灌输国教的信条",可其中一半人在说这些话的时候肯定是心口不一的。[35]甚至连弗雷德里克·哈里森先生说起"宗教迷信的尖声怪叫",并告诉劳工阶级他们有"最鲜明的同情心、最迅速的行动力"时,[36]也有那么点口是心非的味道。但我要一再强调的是,某些统治者和指路人在言不由衷的背后所隐含的对真实的清醒认识却根本没有触动广大的被统治者,根本没有让我们汲取教训,从而少来一点自我欣赏,并使我们开始认识到,自己最赞同的见解可能对于更高的理智来说都是偏见和谬论而已。不论那些更为明智的领袖如何旁敲侧击,我们都听不见看不到,到头来大家都相信,在我们的眼中,甚至在议员和治理者的眼中,最值得钦羡的就是那个野蛮人的、非利士人的抑或群氓的普通自我了。

可以说,国内政治生活中的一切事物都遮住了我们的眼光,使我们看不见还有比普通自我更明智的东西,因而无从获得关于至高无上的健全理智的概念。王族本应代表国民之集合,可以说应是最优秀的思想在政体上的明证,现在我们却企图将其转变成一辆硕大

---

[35] 参见第二章注[34]中詹姆斯爵士的工厂法。所谓"不能践踏"云云系代表曼彻斯特的议员吉卜森(Thomas Milner Gibson)在1843年6月19日议会辩论中所说的话。(见英国议会议事录学会编:《议会辩论》,第3辑,第70卷,第95集。)将童工教育条款列入工厂法在很大程度上是阿诺德所敬重的朋友凯－夏特沃斯(Kay-Shuttleworth)的功劳,他原先列了保障宗教异见者权益的条款,由于国教派的反对而没有写入提案。

[36]《我们的威尼斯政体》,载《双周评论》,1867年3月,第7卷,第271、277页。关于"宗教迷信的尖声怪叫",具体所指不详,但阿诺德曾故意用抱歉的口吻说:"然而我从威尔逊主教那里学到的是(我又要引那可怜的老圣师了,他的宗教早已沦为迷信,只好请弗雷德里克·哈里森先生见谅了)……"(本书第57页。)

的宣传车,为的是吸引公众注意并相信普通人的普通自我所发明的东西,而不顾那发明是否稳妥合理。

记得在德意志北部时,我对学校和教育体制的问题有了很强烈的感受。普鲁士最优秀的学校是他们称为君主助学的那类学校,即学校由国王设立并从他自己的岁入中出资捐助(至今仍有新的此类学校设立并获得国王的资助),由国王本人或他的代表直接控制管理,并起样板学校的作用。君主的地位使他能超越许多偏见和渺小琐屑的考虑,况且君主身边总是有高明的参谋为他出最高明的主意,因此在精心规划和管理学校这件事上,国王同其他的私人办学者相比有着显著的优越条件;同时,他的充足财力和巨大影响又确保了管理完善的学校之信誉和权威。[37] 这就是德意志北部的统治者在教育问题上为被统治者所做的事,可以说,他们给被统治者上了一堂课,引导后者产生了这样一种意识,即健全理智高于任何普通人的普通自我。

然而英国统治者在教育方面所习惯于扮演的角色是多么不同!酒店老板和推销商提出要给他们的孩子设立一所学校。我以为,在办学问题上,酒店老板和推销商只应算普通人,他们那天生的低下趣味还强得很,而拥有像威廉·洪堡和施莱尔马赫这样的高参的君主理应有更准确的判断力,更接近健全理智。[38] 还应承认,健全

---

[37] 参见《欧陆的中小学和大学》,《马修·阿诺德散文全集》,第4卷,第197—198页。

[38] 《马修·阿诺德散文全集》,第4卷,第200页。威廉·洪堡(Karl Wilhelm von Humboldt,1767—1835),德意志外交家、语言学家、教育改革家,曾任普鲁士驻罗马、伦敦、威尼斯等地的长驻公使,普鲁士教育大臣等,创办了柏林腓特烈·威廉大学(又称柏林大学;"二战"后归东德,更名为洪堡大学);致力于爪哇岛古加维语的研究,著有《依照语言发展的不同时期论语言的比较研究》等(也见本章注[49])。施莱尔马赫(Friedrich Ernst Daniel Schleiermacher,1768—1834),德意志新教神学家、哲学家,曾任(转下页)

理智很可能会提醒说，为酒店老板的孩子或推销商的孩子专门办一所学校，也就是说，让孩子们不仅在家里，也在学校里成天闻着酒饭或商品袋的气味长大，这样的教育对这些孩子来说未必明智。在德意志，由国民领袖或统治者来做这件事则会提供较好的教育。然而在英国，国民领袖或统治者所做的却是让王储或大臣去参加并主持酒店老板或推销商学校的揭幕典礼，赞叹开酒馆的或搞推销的如何有能量、有自立精神，他们和这些人完全能想到一处去，还预言学校一定会兴旺发达；[39] 可他们没有给后者任何一点暗示，使之感到自己可能在做一件傻事，而对其子女的正当教育方式与他们的想法差之甚远。几乎一切部门都存在同样的情形。在欧洲大陆，人们普遍认为确立榜样、提出正确合理的方案这些事情应该由国家的首脑和代表人物来担当，因为他们的财力、能力和见识都在一般人之上。到了我们这里，大家普遍认为国家的首脑和代表人物应做的不是树立榜样等，而是当社会上无论何处强劲地表现出天生的低下趣味时为之鼓掌叫好，对其大加鼓励。

我并不是说外国的政治体系中就没有比我们的体系可能更为严重的弊病，更是丝毫没有要废弃我们的政治体系、采用人家的体系的意思。但我们现在的探讨既然已引导我们去寻找稳健可靠的权威

（接上页）柏林圣三一教堂牧师、柏林大学神学教授，著有《论宗教：致知识界蔑视宗教者》《基督教信仰》等。

[39] 阿诺德可能在影射1866年6月18日威尔士亲王为坐落在拉塞尔希尔的货栈主与簿记员学校揭幕一事。次日《泰晤士报》(第14页) 报道了亲王的演说，他赞扬道："当我们想到学校会增进国内伟大的商贸群体中许多阶层团体的利益，那么这样一个完满的结果确实令每个在场的人感到满意和可喜，让我们大家满怀感激之情，祈诉神明，保佑此举最终成功。"当时还是内阁首相的罗素勋爵在这个慈善活动上讲了话（当日他的内阁就在下院被推翻）。事实上，确实有酒店主联合会办的店主学校，1845年时在品纳也办了一所旅行推销商学校，为穷苦的推销商子女提供教育。

中心，而看来唯有健全理智或曰最优秀的自我才能提供稳健可靠的权威中心，那么就很有必要来看一看，在英国究竟存在哪些主要的阻力，使我们不能提炼出、不能识别作为至高权威的健全理智，为的是今后能找到妥善的办法清除这些障碍。

记住了这一点，就可以来谈下面的问题了。我要说的是，我们非但没有从统治者那里得到健全理智的见解和对普通自我的批评指责，反而还有一种哲学论调在我们中间流传开来，说什么有资格成为至高无上的权威的优秀自我和健全理智根本就不存在，或者至少这样的东西无法被确认并加以利用；实际有的只是普通自我提出的无数主张和它所做的无数事情，只有天生的低级趣味提出的建议；这些都是半斤八两的东西，因此注定只有两种结果，要么走向无法和解的争斗，要么就是陷入没完没了的得失取舍。所谓智慧就是选择相互迁就、公平交换，而不是冲突碰撞，而且还应有耐心和好脾气来坚持这样的选择。

我们中间还流行着另一种哲学论调，说的是我们不必费力地转变自己，在世风或榜样力量的影响下学会赞赏健全理智，大家只须尽情按着天生的低级趣味的指点走下去就好了，上苍自会惠顾，加上万物的自然趋向使然，到了一定的时候，大家自然就会懂得赞赏并服从健全理智。

大力提倡这些论调的是报纸，而报纸可以说同议员们一样，起的是指导、管理国民的作用。它们所偏爱的这两种论调，我称之为（或者说，如若倡导者不是我那么敬重的权威的话，我本应称之为）：一、英国特色的无神论，二、英国特色的寂静主义。[40] 第

---

[40] "寂静主义"（Quietism）是天主教神修学派主张的宗教神秘主义，认为宗教的实质在于让心灵摆脱外部事物、专门静思默想、与上帝直接交流；该用语尤指西班牙天主教司铎莫利诺斯（Miguel de Molinos, 1640？—1696）（转下页）

一种忧郁的教诲见于《泰晤士报》,其文风极为清晰有力;大家都知道倡导无神论的阵营中有何等的风格大师,这从诗人卢克莱修等人[41]的例子就可以看出。《泰晤士报》说:"企图将自己所喜欢的或不喜欢的几件东西强加到邻人的头上是徒劳的。我们必须面对事实真相。每个人都有他自己心目中的宗教完善或公民完善的境界。让人人都满意显然是不可能的,因此我们赞成在法律平等以及尽可能公开、自由的体系中保持各自的立场。这样做的结果是,这里同旧世界的任何地方相比,每个人都享受着更大的行动和言论自由。"[42]这不又是我经常提到的罗巴克先生对幸福的著名定义吗?"我朝四周看看,问道,英国的现状怎样?难道不是人人都可以说他想说的话吗?我问你们,在这个世界上,在以往的历史中,难道有过这样的情形吗?没有。我祈求上苍让我们无可比拟的幸福恒久绵长!"[43]又是老一套,什么英国有钳制性制度,英国人个个都能随心所欲,等等。我们已经说过,如果只有野蛮人和非利士人在随心所欲地行事,这个制度倒也方便实用,但现在群氓也来随心所欲了,那就有点麻烦了,会导致失序状态。

尽管如此,我并不想立即就将这著名的论调抛到一边,这里我还要引一段将此原理运用于我们刚刚谈论过的教育问题的《泰晤士报》文章。该文(就提供全国性的教育体系问题)说:"困难不在

―――――――

(接上页)所创立的教派。
[41] 卢克莱修(Titus Lucretius Carus,公元前96?—前55),古罗马哲学家、诗人,信奉古希腊哲学家伊壁鸠鲁(Epicurus,公元前341—前270)。
[42] 摘自1868年1月3日《泰晤士报》第7页的一篇重头文章,该文评论了美国的芬尼亚分子(参见第二章注[20])给英格兰和爱尔兰的"弟兄们"的呼吁书,号召他们推翻贵族暴政,建立共和国。"旧世界"(the Old World)是相对于"新世界"(或"新大陆")而言,指东半球的亚洲、欧洲、非洲和大洋洲,但尤指欧洲。
[43] 参见第一章注[9]。

于任何可以更改的安排,而是我国实际生活中根深蒂固的那些内在的、固有的状况。所有这些力量和人物、所有这些互不相让的势力和多种多样的特征都存在于而且是长期地存在于我们之中。它们仍在争斗着,并且还会长期地争斗下去,永远不可能幸运地到达一个圆满的结局,英国性格的一种成分永远不可能消灭或吸纳所有其他成分。"[44]有什么法子啊!不同的人身上形形色色的天生的低级趣味正在拼命厮杀,但一个人的低级趣味压服另一人的低级趣味的日子永远不会到来(说实在的,我们为什么要巴望这样的日子到来?),也永远不会有健全理智统摄其他一切趣味的那一天(如果健全理智也可算是英国性格的一种成分的话)。"英国的整个制度,就像我们很自豪地继承了并很乐意继续维护的政体一样,包括了既定秩序,历史上生成赋予的权力,现存的习俗,执掌权力的集团,拥有财产者,争得了统治权并决意捍卫之、不让权力落入新来者手中的社群或阶级。"无疑世上一切力量都在了,就是没有和解的力量,亦即健全理智!这边是野蛮人,那边是非利士人,布拉德洛先生和群氓也来插一杠子了!——加油,加油!说真的,这份重要报刊以娴熟流畅的文笔描绘了黯淡的图画,凝望这画面的人会感到其庄重有如严酷的、不可抗拒的悲剧命运。

上文见报之后,另一位哲学导师《每日新闻》提出了较为温和的学说。[45]开始时它息事宁人,论调很有迷人之处。确实,从

---

[44] 这一段及下一段引文均出自1867年12月2日的《泰晤士报》(第9页);阿诺德将这种论调比喻为没有最终胜负的拔河比赛。第2段引文中"既定秩序"(established facts)参见第二章注[25]。布拉德洛的情况参看第一章注[30]及第二章有关劳工阶级的"过度"的部分(第63—64页)。

[45] 以下段落指1867年12月30日《每日新闻》第4页上的一篇重要文章,该文评论了阿诺德的《无政府状态与权威》第一篇,亦即本书的第二章"随心所欲,各行其是"。关于阿诺德的国家观,参见第二章中的有关论述(转下页)

表面看，《每日新闻》开头也像《泰晤士报》一样，在我们四周编织起必然性的铁网。"只有两种选择，要么随自己的心愿行事，要么随那丝毫未见得比自己高明的他人的心愿行事。"这就指向了我在上一篇文章中所提到的那种默契，野蛮人和非利士人达成了默契，还希望群氓有朝一日也加入进来。这默契颇为英国的诚实品质增色，其要义是，既然各个阶级要实现的只是普通自我的设想和目标，那么它们在各自当政的时候就都不应该拿自己的普通自我太当回事，或说不应将其强加于他人，而是应该让他人也有放纵的机会——例如任走火入魔的新教徒折磨天主教徒，任民众领袖在海德公园挑起混乱，等等。然而，此时《每日新闻》笔锋一转，在必然论的阴郁色调中点起了希望的光亮。它说："毫无疑问，社会的共同理智应该遏制个人偏离常规的怪异行为。"社会的共同理智看起来很像最优秀的自我或曰健全理智。我们想树立健全理智的权威，使国家的行为，亦即作为国民集合体的国家的行为，成为体现健全理智的手段。但《每日新闻》以其暗藏机巧的逻辑论证，大大摇撼了我们的这一计划。"让国家当共同理智的喉舌？"文章如此问道。"你可以让它当这个或那个的喉舌，但你如何认定理智能在其中得到体现？"毫无疑问，倘若你不去设法实现这一步，你当然无从确定。但问题在这里：国家的行为是国民集合体的行为，而作为集合体的国民的行为自然带有很大的公共性、重要性以及作为榜样的说服力；既然如此，我们难道不应在国家行为中注入尽可能多的健全理智亦即最优秀的自我？这样做了，健全理智在我们身上便会获得新的力量和权威，变得清晰可鉴，有自己的轮廓形态，并产生影响力；如此，在我们受到蛊惑、无法越出普通自我的许多时刻，健全

（接上页）（第41、48、49—50、63—66页）以及第二章注〔8〕。

理智便会帮助我们，使我们能抵制天生的低级趣味，而不是任其放纵自流。事情难道不是这样的吗？

不然！我们的导师说了："人类应该有无比多样的行为实验才好。只要让社会的共同理智自行其是，它就会大体上成功地遏制个人偏离常规的怪异行为。"这就是我所说的英国特色的寂静主义，即虔诚地却也是过度地仰仗了一个主宰一切的上帝。道德家谨慎地告诉人们，上帝一般是通过人的手段来处理人类事务的。因此，要想让健全理智对个人的喜好有所影响，想让优秀自我作用于普通自我，我们就要给健全理智以公开的认可和权威，尽量在国家事务中体现健全理智，以使之获得更大的权力来发挥作用。如果说人类可以由着自身天生的低级趣味自行其是，变出无穷的花样，而上帝倒是应该神秘地引导人的趣味走上正道，逼着它去赞赏、热爱崇高，那么，如此要求上帝是不是有点过分了？无论如何，迄今为止，伟大的人物和伟大的制度对于指示人间正道还是必不可少的。无疑，我们的实验有层出不穷的花样，我们的摸索者队伍日益壮大。单在这几章中我便列数过许多：《不列颠旗报》、埃德蒙兹法官、纽曼·威克斯、黛博拉·巴特勒、波莉长老、诺伊斯牧师、墨菲先生、酒店老板、推销商等等，诸如此类的摸索者真不知还有多少。这支队伍的声势与日俱增，浩浩荡荡。但是，如要相信只须由着这些有趣的摸索者自行其是，随他们我行我素，他们自然就会发现正确的道路，或者说无论如何都"会大体上做得很成功"（不管此话具体指的是什么）——如真要相信这点，那需要我们做何等深沉的静修默想，或不如说，需要何等的胆量去请老天进行直接干预！哲贤确有言道，行有德之行而习得美德。[46]但是说任凭天生的

---

〔46〕 参见亚里士多德：《尼各马可伦理学》，第2卷，第1章4—8、第2章9、第4章1—6。

低级趣味指挥我们的行动也可习得美德，比如走火入魔的新教徒折磨着天主教徒便可达到最优秀的自我，纽曼·威克斯和黛博拉·巴特勒凭着自己的嗅觉就能找到健全理智，却实在是过于乐观了。

确实，我们希望让健全理智对个人的理智产生影响，所有寻求权威的努力，目的就在于此。我注意到，《每日新闻》认为我提出的所有有关权威的论据"均非基于智性的根底"。[47] 以我对自己的思想及其贫乏程度的了解而论，我觉得这说法不无道理，应该痛快地承认才对；但之所以没有这样做，一来是凡涉及此类问题，或许不该不仔细检讨就认下来，二来也是因为在这件事上，已经有理由说明对我的指责缺乏足够的根据。在我看来，对我的指控恰说明我们这个民族缺乏灵活性，这是我一再谈过的问题了。的确，我们的目的是要让个人理智——如走火入魔的新教徒或闹事的民众的个人理智——去适应、遵从健全理智，而不单纯是为了运用国家强有力的臂膀去钳制他们，不让他们去折磨天主教徒或乱砸围栏。但我们在承认这个目的的同时，却又如此缺乏灵活性，乃至看不清国家限制他们、不让他们蛮干，其实就有可能在他们的思想中清晰地确立起准则：对于作为国民集合体的国家来说，诸如此类的放纵行为是无理取闹，是不被允许的；这样做能使他们停下来想一想，有助于逐步引导他们的个人理智与健全理智取得一致。然而，由于缺乏思想上的灵活性，英国便出现了任何别的国家都不会有的情景：凡是人的自然倾向，本来无须推荐的，都得到大力的推崇，而凡是不属于人的天生偏好，因此也无须贬斥的东西，却受到了百般责难。信赖个人既是我们的天生倾向，我们就只要听依靠个人的好处，其他一概不听。通过国民集合体对个人施加影响并非我们的

---

[47] 仍出自本章注[45]所提到的《每日新闻》的文章。

自然倾向，于是我们根本就不想听推崇国家的话。但明智的人都懂得，往往最应该听的恰是逆耳之言，而且在某些情形下，甚至还应学会运用那些一旦使用不当或可对我们造成威胁的方法。

别的国家的人对此事的理解比我们强得多。最近一期《威斯敏斯特评论》上，有一位干练的却也带有我们民族的僵化特点的作者发掘出了几年前出版的一本书，即威廉·洪堡的《政府的权限和职责》的英文版，我看这是为了我们的现时之需吧。[48]洪堡此书的目的是说明政府的运作应该严格限制在直接与人身财产安全有关的事务方面。威廉·洪堡是人类中最优秀的一分子，他总说人的一生首先应该动用所能动用的一切手段来完善自身，其次是要努力在自己生活的世界上造就一个才华品格均超群的族类，人数越多越好。他当然清楚地看到，将来人人都必须对自己的行动负责，人人都必须做到自身的完美，一切终将走向这一步。洪堡生活在德意志，德意志人的习性是过多依赖政府却很少代表自己行动。即便如此，洪堡仍表现出灵活的思维，而不拘泥于某种纯粹的抽象的道理。他清醒地认识到，即使为了最终目标本身——为了让个人具备完美的深厚的根基，不再需要国家——在相当长的时间内国家行动也仍是必要的。威廉·洪堡写了《政府的权限和职责》后不久，就成为普鲁士教育大臣，将普鲁士的教育交付给国家的所有伟大改革都政出他的部门：将社会办的学校的管理权由董事会转交给国家，强制实行学校教师的国家考试制度，创立柏林大学，等等。[49]所有这些，那位

---

[48] 指评论卡莱尔的《孤注一掷，然后？》（参见第二章注〔24〕）以及威廉·洪堡的《政府的权限和职责》一书的文章《民主的危险》，载美国版《威斯敏斯特评论》，1868年1月，第89卷，第1—17页。

[49] 参见《欧陆的中小学和大学》，《马修·阿诺德散文全集》，第4卷，第198—199、209、218—219、307页。

英国评论者只字不提。他是写给英国人看的，我们已了解英国人的危险在于无节制、无指导的个人行动，他们面对的威胁无一来自对国家的过度依赖；然而这位评论者所引证的威廉·洪堡，不多不少恰恰迎合了他们的嗜好，对他们毫无益处；那些能发人深省、对他们有所裨益的内容，他则搁置一边。可以说，这态度让我们想起了王室成员和达官贵人对酒店老板所说的话。

在法国，国家对个人采取的行动比德意志更是有过之而无不及；主张人类完美的人也更加强烈地感到需要发展个人完美的深厚根基。但其中一位最坚定地主张完美的朋友勒南先生就国家行动的问题，甚至就教育这个国家干预最过分的领域里的国家行动说了些什么？下面就是他的话："自由人士相信自由，自由意味着国家不进行干涉。但是这样一种理想离我们还十分遥远，而将它推向远方的恰恰就是国家过早地从干预行动中撤出。"他又说，与其他公共事务部门相比，这一点在教育领域更加真确。[50]

于是，在有眼光的评判者看来，在公众中认可优秀自我亦即健全理智，确立其地位，对于我们所追求的人类完美绝非是可有可无的一件事。我们认识到自己的习惯和做事的方式正与公开认可优秀自我相逆，也看到由此带来的诸多麻烦。不过，现在我们要更深入一步，去挖掘形成我们当前这些习惯和通常做法的根源。

---

〔50〕 引自《法国的高等教育》，《当代问题》（巴黎，1868），第73页。

第四章

希伯来精神和希腊精神

我们最根本的习性在于偏爱行动而不是思考。这种倾向是我们本性的主要成分,当我们细加考察时,会发现它在各个方面都引出了一些大问题。

我还是先要提到威尔逊主教。主教说:"一是不背离你所有的最亮的光,二是当心你有没有将黑暗当成亮光。"[1]我们英国国民朝着最亮的光行走的动能和韧劲十分可嘉,可就是不大留意是否将黑暗当成了光亮。其实光亮和黑暗只是换了一种说法而已,讲的还是那句老话,即我们的强项和令人赞许的特点是活力和干劲,而不是理性。但我们仍可为这想法赋予更加一般化的形式,使之有更广泛的适用范围。那种驱向行动的能量,至高无上的责任感、自我克制和勤奋,得到了最亮的光就勇往直前的热忱——所有这些都可看成一种力。那种驱向思想——作为正确行动之基础的思想——的智慧,那种对于随着人的发展而形成的、新的变化着的思想组合的敏感,欲彻底弄懂这些思想并对之做出完美调适的不可遏制的冲动——这些可看成另一种力。在某种意义上我们可将这两股力看成对抗的力量(倒并非其本质使然,而是因为它们在人身上和历史中呈现出对立),可将它们看成瓜分了大千世界的对抗势力。最显著

---

[1] 参见第二章,第65页及注[49]。

最辉煌地展示了这两种力的两个民族可以用来为之命名，我们可分别称之为希伯来精神和希腊精神。[2]希伯来精神和希腊精神，整个世界就在它们的影响下运转。在一个时期世界会感到一种力的吸引力更大，另一个时期则是另一种力更受瞩目。世界本应在这两极之间取得均衡，只是事实上又从来不曾做到过。

和一切伟大的精神准则一样，希腊精神和希伯来精神无疑有着同样的终极目标，那就是人类的完美或曰救赎。它们训导我们朝此目标努力的用语通常都是一致的。甚至就在它们使用不同的语言表明各自传统准则中最为重要的、相异的思想方法时（这些用语有时有明显的差异，但多为细微的差别），其终极目标的一致性仍然清晰可鉴。用我们大家最熟悉的训诫所使用的语言来说，也就是用我们最听得进去的话来说，最终的目的应是"我们得与神的性情有分"。[3]这番话出自一位希伯来使徒之口，但我以为对于希腊精神也

---

[2] 阿诺德关于希伯来精神和希腊精神形成对立的提法和"非利士"这个用语一样，都是受到了海涅的影响（参见第三章注[5]）。他也知道海涅曾写下这样的文字："这两个词（指'jüdisch'和'christlich'，即'犹太的'和'基督教的'）在我看来差不多是同义词，当然我使用两者不是指涉某种信仰，而是表示某种气质。'犹太人'和'基督徒'对于我来说意思相近，两者的对立面是'希腊人'——当然'希腊人'的说法在此并非指涉某一固定民族，而是表示一种既是天生又是后天培养的思想倾向和看问题的方式。在这个意义上，我认为，人无外乎两种，要么是犹太人，要么是希腊人，即要么是带有禁欲、仇视偶像、奢求灵性化的冲动的人，要么是生活快乐、为自己的发展感到自豪的务实的人。"

这段话出自海涅《路德维希·伯尔纳，亨利希·海涅的备忘录》（1840）的第1卷（共5卷）。海涅和伯尔纳都是犹太人，1830年七月革命后的复辟时期，二者因政治立场不同而反目。伯尔纳是亲雅各宾派，主张共和，他指责海涅背叛革命，无视大众的需要，端着知识分子的那种审美的冷漠的姿态。复辟时期转向保守的海涅在伯尔纳死后三年写此书公开回击，仍然反对革命，主张通过审美形式实现渐进的变革。

[3]《圣经·新约·彼得后书》，第1章，第4节。这一节谈的是信徒认识自己的地位、承受应许的问题；彼得说："因此他（指神）已将又宝贵又极大的应许赐给我们，叫我们既脱离世上从情欲来的败坏，就得与神的性情有分。"这是使世人也能分享、得到神性的问题。

好,希伯来精神也好,这都是最终的目标。将两者对立起来时(事实上人们常将它们对立起来),差不多总是为了修辞性的目的。这时发言者的整个设计都是为了提升、拔高其中的一个,提到另一个只是作为陪衬,只是为了更有效地达到他的目的。显然,在我们这里,希腊精神往往落到为希伯来精神的大胜而效劳的地步。有那么一篇谈希腊和希腊精神的布道文,布道人是弗雷德里克·罗伯逊先生,只要提到这个名字就不可能不引起人们的兴趣和尊敬。[4]他在布道文中修辞性地运用了希腊和希腊精神,为了修辞目的他必然不可能充分展示希腊精神,因此他的提法几乎到了荒唐可笑的地步,如果不是考虑到布道时有紧迫需要的缘故,这种说法本应受到谴责。另一方面,在亨利希·海涅以及和他类似的作家笔下,情形却整个地翻转过来,提到希伯来精神只是用它作为希腊精神的陪衬和对照,目的是使希腊精神的优越性更得以凸显。这两种情形都存在着不公正和歪曲之处。我说过,希伯来精神和希腊精神有着同样的目标,这目标是庄严的、令人倾心的。

尽管如此,两者追求这一目标的做法却相去甚远。希腊精神

---

[4] 弗雷德里克·罗伯逊(Frederick William Robertson,1816—1853),英国国教教士,持广教会观点(即理性和自由主义在英国宗教界的反映,19世纪20—30年代进入英国国教,19世纪后期成为国教内最重要的观点),他的布道不强调神学而着重于精神生活的准则,其五卷布道文在英语世界享有盛名。阿诺德提到的是他在1849年12月6日的布道《降临节演讲笔录之一:希腊》,见罗伯逊:《基督教教义布道集》,第2卷,第283—292页(伦敦,1906)。1865年11月18日阿诺德在给母亲的信中谈到他读了两卷本的罗伯逊传记后的感受。他认为《观察家》杂志将罗伯逊和他父亲(也是广教会领袖人物)相提并论很是不妥,因为阿诺德博士有广阔的眼界,将历史、政治生活和宗教联系起来,为英国宗教生活带来了新思想的洪流,而罗伯逊的传记只是纯粹的宗教生平记录。然而他分析说,"由于英国人实在不喜欢被逼着去开阔视野",像罗伯逊传记这样只谈宗教、不涉及政治历史等方面问题的传记会因此而更加走俏。

最为重视的理念是如实看清事物之本相；希伯来精神中最重要的则是行动和服从。差异是无论如何抹杀不了的。希腊人对肉体和欲望的不满在于它们妨碍了正确的思考，希伯来人则认为肉体和欲望阻碍了正确的行止。"没有异象，民就放肆；惟遵守律法的，便为有福"；"敬畏耶和华，甚喜爱他命令的，这人便为有福"。[5]这就是希伯来的幸福观。对于以热情和执着的精神追求幸福的希伯来人来说，这个观念只会让他欲罢不能；众所周知，他从律法中拉出一张诫命之网，将自己的全部生活团团围住，控制其分分秒秒，控制每一次冲动，每一个行动。希腊的幸福观则在法国大道德家的话中得到了完美的表达："*C'est le bonheur des hommes.*"[6]——人何时得到幸福？当他们厌恶邪恶之时？——不；当他们日日夜夜按照主的律令进行修炼之时？——不；当他们逐日临近死亡之时？——不；当他们手拿棕树枝走在新耶路撒冷之时？[7]——不；"*quand ils pensent juste*"——当他们能正确地思想，当他们的思想撞击出火花的时候，就是感到幸福之时。在希腊和希伯来观念的背后都是人生来就有的追随天道和神的意旨、追求普遍秩序的欲望，总之，是对神的热爱。但不同的是，希伯来精神一旦抓住了某些有关普遍秩序的朴素的、基本的默示，便以无比的认真和十足的干劲去领悟并遵循其中的道理，而希腊精神的特点则是以灵活的方式密切关注普遍秩序

---

[5] 《圣经·旧约·箴言》，第29章，第18节；《诗篇》，第112篇之一。下面所说的"律法"当指摩西五本律法书所明示的"神的律法"。

[6] 法语引文为圣伯夫（参见第一章注［2］）引腓特烈大帝（即普鲁士国王腓特烈二世，1712—1786）的话，《月曜日杂谈》，第3版，第7卷，第459页。

[7] 这几句话分别出自《圣经·新约·罗马书》，第12章，第9节（"爱人不可虚假，恶要厌恶，善要亲近"）；《旧约·诗篇》，第1篇之二（"惟喜爱耶和华的律法，昼夜思想，这人便为有福"），《新约·哥林多前书》，第15章，第31节（谈基督徒的复活问题）；以及《新约·启示录》，第7章，第9节（"此后，我观看，见有许多的人……站在宝座和羔羊面前，身穿白衣，手拿棕树枝"）。

的整体运行，生怕疏漏了任何局部，生怕为了某一局部而不顾另一局部，它不会在有关普遍秩序的某种默示上驻足不前，哪怕是根本性的默示。澄澈的头脑、自由的思维，这便是希腊式的追求。希腊精神的主导思想是意识的自发性，希伯来精神的主导则是严正的良知。

基督教丝毫没有改变希伯来精神将行置于知之上的基本倾向。克制自我，奉献自我，追随神的而不是个人的意旨，服从——这是基督教的根本思想，也是我们用"希伯来精神"概而言之的那种传统准则的根本思想。只是，旧的律法和笼罩人的生活的诫命之网作为动力显然已不够强大、不够彻底，不足以达到预定的目标——耐心地并始终如一地行为端正，奉行自我克制，这时，基督教树立了耶稣基督这个克己自制的感人动人的典范，以对基督的无限崇奉来代替原先的律法和诫命。凭借着基督的榜样这新的动力，多少世纪以来，虽说基督教会的爱和虔敬之情被用来对朴素的律法进行修改、扩充、润色，然而正如圣保罗所言，基督教"更是坚固了律法"，[8]而这一点正是新动力的本质。基督教因得到更充实的力量来实现律法，才成就了历史上的许多奇迹，这是有目共睹的。

希腊精神和希伯来精神都深刻而令人赞叹地显现了人类的生

---

[8] 《圣经·新约·罗马书》，第3章，第31节。保罗在这一章中讨论了犹太人、外邦人、天下所有人都有的罪，而人虽然前途暗淡，却因着"基督耶稣的救赎，就白白的称义"（第24节）。他论述救恩时指出，救恩是因信仰耶稣而来，是白白得到的，是凭着耶稣的血得到的（第22—25节）；他还指出，救恩是不在乎遵守律法的，是不分犹太人还是外邦人的，是合律法之目的的（第26—31节）。关于"遵守律法"，保罗用了犹太人行割礼的具体例子，说明关键是信仰，而不是拘泥于形式，"我们因信废了律法么，断乎不是，更是坚固律法"（第31节）。关于诫命之网，参见《新约·罗马书》，第7章，第6节："我们既然在捆我们的律法上死了，现今就脱离律法。叫我们服事主，要按着心灵的新样，不按着仪文的旧样。"

活、趋势和力量，两者有着一致的终极目标——只要我们不忘这些，那么无论如何强调两者所走的路线和方式上的差异也不为过。两者分歧之巨大，如先知撒加利亚所言："激发了锡安的众子，攻击希腊的众子！"[9]注重行还是知，以及由此不同而引出的实际后果，都在我们民族的历史发展中留下了印记。希腊文化和希伯来文化中有大量的说法，引用这些也许会使两者看来都顺应了同一潮流，奔向同一目标。它们确实是在奔向同一目标，但是各自所乘的潮流却差之千里。不错，所罗门会赞扬"知"："人有智慧就有生命的泉源。"[10]《新约》中也说耶稣基督是"光"，还说"真理使我们自由"。[11]不错，亚里士多德也会贬低"知"的作用，他说过："就德行而言，三件事是必要的——知其所行，决断慎重，锲而不舍；后两件事关重大，头一件则无关紧要。"[12]不错，就像圣雅各很不耐烦地叮咛人不要听了就忘，而应真正行道一样，[13]爱比克泰德也告诫我们要真正去做我们向自己证明应做的事，要不然就挖苦我们，说我们一边大动干戈地证明撒谎是坏事，一边却又照说谎话不误，真

---

[9] 《圣经·旧约·撒加利亚书》，第9章，第13节。"锡安"（Zion）是耶路撒冷一座山的名字，大卫王在此建城池；该名字用以指耶路撒冷、犹太人、以色列以及犹太教和基督教会等。英国作家班扬（John Bunyan, 1628—1688）在《天路历程》（*The Pilgrim's Progress*）中称天国为"锡安山"。《撒加利亚书》系波斯兴盛时期的小先知书之一，书中充满在以色列本地见到的异象。阿诺德引的这一节全文为："我拿犹大作上弦的弓，我拿以法莲为张弓的箭；锡安哪，我要激发你的众子，攻击希腊的众子，使你如勇士的刀。"
[10] 《圣经·旧约·箴言》，第16章，第22节。
[11] 例如《路加福音》，第2章，第32节称耶稣"是照亮外邦人的光，又是你民以色列的荣耀"（亦参见第二章注〔49〕有关《新约》中"光"的提法）；《约翰福音》，第8章，第32节说："你们必晓得真理，真理必叫你们得以自由。"
[12] 亚里士多德：《尼各马可伦理学》，第2卷，第4章3。
[13] 《圣经·新约·雅各书》，第1章，第22节："只是你们要行道，不要单单听道，自己欺哄自己。"

是瞎子点灯白费蜡。[14] 不错，柏拉图说生就是学会死，他用的几乎就是《新约》或《效法基督》的语词。[15] 但这些表面的一致下面乃是深刻的分歧。所罗门的智慧是"遵行神的道，谨守律例诫命"，这是"平安之道"，[16] 如此才会得到赐福。《新约》中，能使我们得到神赐的平安和自由的真理，就是对基督的爱，这种爱逼着我们像他一样，为着道德的再生，将肉体连同七情六欲都送上十字架，如此便确认了律法。[17] 回过头来看亚里士多德，他谈美德时也讲道德情操，然而这些只是通向智慧的入口和途径，神的恩惠是赐予后者即智性的。[18] 我们已说过，无论希腊精神还是希伯来精神，都以分有神性为最高目标。柏拉图明言，仅有实用的美德，或并非出于获得完美卓识的动机而克己自制的人，是得不到神性的。他只将神性

---

〔14〕 爱比克泰德（参见第一章注〔16〕）:《指南》，第35、52条。
〔15〕 柏拉图:《斐多篇》，64A；《斐多篇》是柏拉图学说的形而上学基础，目的是证明灵魂不朽。《效法基督》(*The Imitation of Christ*，又译《师主篇》)是灵修著作，在基督教经典中影响极其深远，仅次于《圣经》；作者很可能是德意志天主教修士、肯彭的托马斯（Thomas à Kempis, 1379/1380—1471）。
〔16〕 《圣经·旧约·列王纪上》第3章写所罗门求神赐他智慧，神见他"不为自己求寿，求富，也不求灭绝你仇敌的姓名，单求智慧"（第11节），为的是在面对"多得不可胜数"（第8节）的民众时可以做出判断、明辨是非，便十分喜悦，说"我就应允你所求的，赐你聪明智慧"（第12节），甚至赐他未求的富足和尊荣，使列王中无一能比。神又说:"你若效法你父亲大卫，遵行我的道，谨守我的律例、诫命，我必使你长寿。"（第14节）《箴言》第3章也说:"得智慧，得聪明的，这人便为有福。"（第13节）"他的道是安乐，他的路全是平安。"（第17节）
〔17〕 阿诺德所说均出自《圣经·新约》。见《腓立比书》，第4章，第7节:"神所赐出人意外的平安，必在基督耶稣里，保守你们的心怀意念"；《约翰福音》，第8章，第32节:"你们必晓得真理，真理必叫你们得以自由"；《加拉太书》，第5章，第24节:"凡属基督耶稣的人，是已经把肉体，连肉体的邪情私欲，同钉在十字架上了"；《罗马书》，第3章，第31节:"我们因信废了律法么，断乎不是，更是坚固律法。"
〔18〕 亚里士多德:《尼各马可伦理学》，第10卷，第8章。

分与热爱纯粹知识、欲看清事物本相的人——the φιλομαής。[19]

希腊精神和希伯来精神均源于人性之需，两者均致力于满足此需要。然其各自的行径、侧重点以及由各自的原则所引发的行动存在着巨大的差异，因此经过不同的手塑造的人性也就风貌迥异了。摆脱蒙昧状态，看清事物真相，并由此认识事物之美，这便是希腊精神要求于人的淳朴而迷人的理想。其素朴和魅力，使希腊文化精神及其影响下的人生获得了一种飘逸、澄澈和光彩，使之充满了我们所说的美好与光明。困难被排除在视线之外，理想之美与合理性占据了我们的全部思想。"最优秀的为尽全力完善自身者，最幸福的乃最能感到自身正在完善者。"[20] 苏格拉底，那个《回忆》中的真正的苏格拉底所说的这番话竟如此朴素自然、毫无雕琢，似乎能让听者也心明眼亮、充满希望。但是关于苏格拉底我还听到一种说法，据说那是卡莱尔先生的话。无论是否真的出自卡莱尔先生之口，那提法都十分贴切，可谓一语中的，挑明了希腊精神与希伯来精神的实质区别："苏格拉底在锡安感到极其安逸无虑。"[21] 希伯来

---

[19] 参见柏拉图：《斐多篇》，82D—83E；《理想国》第5卷卷末。文中希腊文的意思为"渴望知识的人"。

[20] 参见希腊历史学家色诺芬（Xenophon，公元前431—前350？）所著《回忆》（*Memorabilia*，色诺芬的三篇为苏格拉底申辩的著作之一），第4卷，第8章之6。他最著名的作品是《远征记》。

[21] 见《圣经·旧约·阿摩司书》，第6章，第1节："在锡安和撒玛利亚山安逸无虑的，有祸了。"（关于"锡安"，参见本章注〔9〕。）1852年4月27日卡莱尔有信给戴维斯（John Llewelyn Davies），表明收到了他译的柏拉图《理想国》。信中这样提到柏拉图（而不是苏格拉底）："神般的柏拉图……无疑是罕见的才情横溢的人间天才，雅典最高贵的尊者，然他'在锡安'也会无比的'安逸无虑'，这在某些时代可得算是过错啊！"见 C. L. 戴维斯编：《维多利亚的邮件袋》（伦敦，1926），第10页。英国批评家提洛逊（Kathleen Tillotson）教授发现了这段话，她认为虽然阿诺德写作时这封信并未发表，但阿诺德和戴维斯有书信来往，戴维斯曾在1867年3月30日那天去阿诺德家做客，因此阿诺德可能耳闻此说法。见提洛逊：《阿诺德与卡莱尔》，载《评注与存疑》（*Notes and Queries*），1955年3月，第200卷，第126页。

精神——下面要说的正是其了不起的力量之源——却始终浸淫在严厉的思虑中，始终存在着一种令人生畏的意识，即在锡安不可能感到安逸无虑；始终感知到阻碍人们去追求或达到苏格拉底所说的完美境界的重重困难。苏格拉底如此满怀希望地谈论完美，从希伯来的观点看，则几乎可以说他巧舌如簧。要说摆脱愚昧、看清事物真相、发现事物之美等当然不错，但是如何才能做到呢？有件事情在挫败人们的所有努力啊。

这件事情就是罪。与希腊文化相比，希伯来文化中罪孽所占的空间实在是太大了。阻止人们实现完美的障碍充斥着整个场景，背景中的完美显得邈远，似飘起又飞卷而去。"罪"成了困难的别名；了解自我、战胜自我的困难，阻碍人们走向完美的困难，在希伯来精神中变成了有形的、活跃的实体，对人充满敌意。那是一种神秘的力量。日前，我在皮由兹博士[22]的一次令人难忘的布道演说中，听到他将这神秘力量比作长在我们肩背上的丑陋不堪的赘疣，说我们要用终生的努力去憎恶之、阻遏之。《旧约》的训诫可总结为教导人们憎恨罪恶、逃离罪恶；《新约》则训导人们向罪而死。[23] 希腊精神将思想清晰、能洞察事物的本质和事物之美看作人所能取得

---

[22] 皮由兹（Edward Bouverie Pusey，1800—1882），牛津大学希伯来语钦定讲座教授，支持牛津运动，却不像纽曼那样改宗皈依罗马天主教。他一直是英国国教高教会的领袖人物，对一切削弱高教会权威的行为都加以猛烈抨击。
[23] "向罪而死"的原文是"to die to［sin］"。参见《新约·罗马书》，第6章："我们在罪上死了的人……他［基督］死是向罪死了，只有一次；他活是向神活着。"（第2、10节）有学者在比对希腊文、英文和中文《圣经》中对以上文字的表述后指出，希腊文更清晰地表达了"死"的两层意思，字面意思指"因……而死"，比喻的意思则是"弃绝，不再受……的影响"。因此，汉译中的"在罪上死"或"向罪死"两种表述都有"脱离罪""与罪决绝"的含义。参见刘锋：《〈圣经〉的文学性诠释与希伯来精神的探求：马修·阿诺德宗教思想研究》，北大欧美文学研究丛书13，北京大学出版社，2007，第76页注释2。

的伟大而宝贵的成就，而希伯来精神所提倡的伟大基业，则是对罪恶的清醒意识，是觉悟到人皆有罪。可想而知，顺着这两股不同的潮流走下去会形成多么巨大的差异。当人们一次又一次地走出希腊文化氛围，进入希伯来文化氛围，从柏拉图走进圣保罗，便不禁会搓揉双眼，发出疑问：人真的那么温良单纯，真的显现出高贵的神圣的品性？抑或人不过是上了枷锁的不幸的俘虏，用说不出来的叹息，拼命挣扎着想脱离这取死的身体？[24]

看来一定是希腊的人性论出了问题，世界不可能靠这样的规范生存。然而，把话说绝，称之为谬妄，便又落入其希伯来对立面通常所犯的错误。但是它在人类发展的那个阶段被提出，的确是欠妥的、不成熟的。人的德行、自制是完美之不可或缺的根基，只有筑起自律的台基，希腊人所追求的完美才会枝盛叶茂。然而做到自制对人类来说谈何容易，需要长时间的准备和训练，才能铺好达到完美的基石。于是，希腊精神中那辉煌的应许黯淡了，希伯来精神统治了世界。后来就见到了那令人惊讶的景象，对此人们常引用先知撒加利亚的精彩描述：说着不同语言的列国之民拉住一个犹太人的衣襟，说："我们要与你们同去，因为我们听见神与你们同在了。"[25] 如是，那接过了并统治着原先走了歪路、已经一无可取的世界的希伯来精神，正是而且只可能是后来发展阶段的、更加属

---

[24]《圣经·新约·罗马书》，第8章，第26节："我们本不晓得当怎样祷告，只是圣灵亲自用说不出来的叹息，替我们祷告。"第7章，第22—24节："按着我里面的意思，我是喜欢神的律；但我觉得肢体中另有个律，和我心中的律交战，把我掳去叫我附从那肢体中犯罪的律。我真是苦啊，谁能救我脱离这取死的身体呢。"

[25]《圣经·旧约·撒加利亚书》，第8章，第23节（属先知传达的第四篇信息，预见耶路撒冷圣殿竣工，万民喜乐）："万军之耶和华如此说，在那些日子必有十个人，从列国诸族中出来，拉住一个犹太人的衣襟，说，我们要与你们同去，因为我们听见神与你们同在了。"

灵的，也更加吸引人的希伯来精神，这就是基督教。基督教并不通过遵循律法的具体条文实现克己制欲，而是通过效法一个舍己的榜样，达到奉行克己自制、摆脱恶念的束缚从而得到拯救的目的。基督教为道德颓败的世界提供了神启的献身精神，面对人欲横流的世界，基督教示之以愿舍弃一切的人。"我的救世主弃绝欢娱！"乔治·赫伯特如是说。[26]希腊多神教如此喜爱丰饶之母维纳斯——那孕育生命、给人欢乐的自然力，但当其追随者陷入对自身境况的不悦和厌倦，而维纳斯已无力为之解脱时，使徒那番严厉的言辞确能令人清醒，精神为之一振："不要被人虚浮的话欺哄；因这些事，神的忿怒必临到那悖逆之子。"[27]时光流逝，一代又一代，我们的族类，或曰其中最有活力最先进的部分，都由受浸归入死亡，[28]通过肉体受苦，求得脱离罪孽。早期基督教为振奋精神而进行的苦修和肉体折磨，中世纪基督教令人为之动容的禁欲、苦行，都是这种洗罪赎愆的努力在历史上的壮烈表现。文学上的丰碑则见于圣保罗的书信，圣奥古斯丁的《忏悔录》，还有最富原创精神、最为朴实的头两卷《效法基督》。[29]

---

[26] 乔治·赫伯特（1593—1633），英国宗教诗人，重要的玄学派诗人，著有《圣殿：圣诗及个人抒怀》（1633）。引文出自圣诗《规模》（The Size），第25—26行："你的救世主为欢娱量罪 / 以血肉之躯宣告它失宜。"
[27] 出自使徒保罗的书信，见《圣经·新约·以弗所书》，第5章，第6节。又，此处以"希腊多神教"译原文中的the Pagan world。英语的pagan与heathen在中文中往往都译为"异教"，通常都指与信奉唯一神的基督教、犹太教、伊斯兰教相对的多神教。但前者往往特指（阿诺德更是用以确指）基督教诞生之前的、比较肯定人的欲望的希腊罗马宗教观念统治的世界，而后者一般指原始部落的偶像崇拜习俗。
[28] 《圣经·新约·罗马书》，第6章，第2—4节："我们在罪上死了的人（we who died to sin），岂可仍在罪中活着呢。岂不知我们这受浸归入基督耶稣的人，是受浸归入他的死么。所以我们藉着浸礼归入死，和他一同埋葬；原是叫我们一举一动有新生的样式。"
[29] 圣保罗（St. Paul, the Apostle, 10？—67？），基督教历史上的杰出（转下页）

两大精神准绳,一个注重智慧,另一个注重顺服;一个强调全面透彻地了解人的职责的由来根据,另一个则力主勤勉地履行职责;一个慎之又慎,确保不将黑暗当成了光(这又是威尔逊主教的话),另一个则是看到大的亮光就奋力向前——这两大准绳之中,自然是坚固人类道德力量、铸就必要的人格基础的准则处于优先地位。犹太人承担着宣告神的诫命的职责,强有力地阐明了"良知""自制"等词语所指向的境界,因此,"神的圣言交托他们"这句话所言十分精当。[30] 基督教紧随犹太教,对神谕做出更为深刻有力的阐述,产生的影响也广泛得多,因此,要说与基督教相比,古老的希腊多神教世界的智慧简直是愚拙,此言并不为过。这种向善的力提携了人类,使之能完成了解自身、把握自身的命定任务;对此,尤其是对它在紧要关头大大促进道德之举,无论什么样的虔敬赞美之词都无法充分表达人的感激之情。

然而,这些力如割裂起来看,如只以其中一方就事论事,那么无论哪种力的发展演化都不能代表人类整个的发展演化过程。仰慕者总不免以一赅全,可单方面的历史并不等于人类的全部历史。希伯来精神也好,希腊精神也好,都不像其各自的景仰者总爱说的那样,是人类发展的法则。应当说,两者都是对人类发展的贡献,是辉煌的、无可估量的贡献。依照人类历史上的不同时代,依照我们

(接上页)人物,在基督去世几年之后就改信基督教,成为基督教运动的主要使徒,在基督教由犹太教的一个小支派向世界性宗教的转化过程中起了决定性作用;他留下的书信(如《罗马书》《哥林多前后书》《加拉太书》《腓立比书》等),是现存的最早的基督教文献。圣奥古斯丁,参见第一章注〔50〕;他约在45岁时写了《忏悔录》,记述青年时代的放荡不羁,后出于宗教虔诚而吐露悔改谢恩之心。《效法基督》见本章注〔15〕。

〔30〕《罗马书》,第3章,第1—2节:"这样说来,犹太人有什么长处,割礼有什么益处呢;凡事大有好处;第一是神的圣言交托他们。"下面关于"智慧"和"愚拙"的说法可参看第五章注〔3〕。

与两者的不同关系来看,各自都出现过比对方显得更辉煌、更可贵、更优越的时候。现代诸国从打破希腊多神教天下的宏阔清新的运动中诞生,它们同希腊精神和希伯来精神的关系决定了它们不可避免地会俯视前者而仰视后者,会将希伯来精神当作人类发展的法则,而不仅仅当作对人类的哪怕是十分宝贵的贡献。但是,恐怕必须认识到,人的灵性其实比带动它向前的最珍贵的力还要宽阔,希伯来精神如同希腊精神一样,只是对人类整体发展的一种贡献而已。

有个伟大的理念深深地吸引了人的精神,并为之提供大好机会,出色地表现其崇高性和能量;或许,举出如何对待这样的理念的例子,会让我们对问题认识得更清楚。大家一定会觉察到,灵魂不朽作为一种普遍性的理念出现在精神面前的时候,比起对它的具体阐发显得更为宏大,更加真确,也更能使人感到满足。圣保罗在著名的致哥林多人的书信第15章中,柏拉图在《斐多篇》中,都殚精竭虑地想确立不朽的思想。[31] 大家一定会感到,希伯来使徒阐发这一伟大理念的证据和论述终究是混乱而结论不详的;那位希腊哲人则用相似和相等的类比方法来推断不朽,既显得过分的精细含蓄,又没有产生结果。希伯来和希腊的努力只得出一些不充分的解答,然而绵亘在不圆满的解答之上的,是灵魂不朽这个恢宏的问题,以及发出问题的人类灵性。这个例子可以提醒我们,在其他问题上也有类似情况。

但是,在整个过程中,希伯来精神和希腊精神互相更迭,人的智性冲动和道德冲动交替出现,认识事物真相的努力和通过克己自制得到平安的努力轮番登台——人的精神就是如此前行的。两种力

---

[31]《圣经·新约·哥林多前书》第15章专门谈复活的问题,谈耶稣基督死而复活的铁证和重要性,并详论基督复活是信徒在将来复活的证明。《斐多篇》对灵魂不朽做了四种论证。

各有属于自己的辉煌,各有一统天下的时光。如果说伟大的基督教运动是希伯来精神和道德冲动的胜利,那么被称作"文艺复兴"的那场伟大运动就是智性冲动和希腊精神的再度崛起和复位。英国人是新教的忠诚子弟,他们对文艺复兴的了解主要来自其从属的次要的一面,即宗教改革运动。宗教改革运动常被称作希伯来复兴,要回到基督教初创时期的那种热忱和真诚。[32]但是,宗教改革虽然无疑是文艺复兴的希伯来后嗣,是文艺复兴那炽热的激情的产物,而不是其理智的产物,然而研究新教以及各新教教会之发展的人士一定都会感觉到,文艺复兴中那洞微探幽的希腊酵母[33]也进入了宗教改革;研究者都会发现,要想在宗教改革运动中仔细地分出希伯来和希腊的因素是十分困难的。但我们可以确然说,凡是新教教会清晰地意识到的事情,凡是它能成功地用语言阐述出来的道理,都具有希伯来的而不是希腊的精神品格。宗教改革是强韧的,因为它真诚地回到《圣经》典籍,从内心里发愿,要按《圣经》明言的神的意旨行事。宗教改革又是软弱的,因为它从来不曾有意识地抓住或运用文艺复兴的根本思想,即希腊思想的那种在一切活动中都追求

---

[32] 阿诺德在《亨利希·海涅》(1863)一文中谈到海涅的犹太血统时说:"海涅怀着对待其他一切事物的自由精神对待自己的族裔,但他也从中获得了巨大的力量……他曾精彩地指出,16世纪出现了双重的文化复兴——希腊文化复兴(a Hellenic renascence)与希伯来文化复兴(a Hebrew renascence),从此两者均成为巨大的力量。海涅的身上既具有希腊精神也具有希伯来精神,两者都延及无限,即一切诗歌和艺术的真正目标——希腊精神通过美走向无限,希伯来精神则通过崇高走向无限。从他完美的文学形式,对清澈和美的热爱来看,海涅具有希腊魂;而他的激情,他的桀骜,他那'不可名状的渴求',则是希伯来的。但有哪个希伯来人像他那样对待希伯来的事物?"见阿诺德:《批评一集》,第185—186页。

[33] 《圣经》中也有酵母的比喻,参见《圣经·新约·哥林多前书》,第5章,第6—8节:"岂不知一点面酵能使全团发起来么。你们既是无酵的面,应当把旧酵除净,好使你们成为新团……(守逾越节)也不可用恶毒邪恶的酵,只用诚实真正的无酵饼。"

事物本相的法则和知识（柏拉图语）[34]的做法。不论新教比天主教有多么直接的优越性，那也只是道德上的优越，因为在对待心灵和良心的问题上，新教怀有更大的诚意和更加认真严肃的态度——至少在其初创时如此。它自命的智性上的优越一般来说只是幻觉。以希腊精神来看，或说从思索的人而不是行动的人的角度看，新教对待《圣经》的心态与天主教对待教会的心态并无二致。想象巴兰的驴子开口说话的人[35]和想象木雕或石雕的圣母会眨眼的人，在思想习惯上无甚差异。对于哲人来说，自称因神的教会而信者同自称因神讲的道理[36]而信者，都是一回事，因为他们并不明白自己所讲说的神的教会和神的道理究竟是什么，或如此讲说又论定了什么。[37]

话说到16世纪时，希腊精神重返世界，又一次同经过更新和清洗的希伯来精神照面。不过，17世纪发生的事情却尚未引起足够的注意。那时希腊精神的遭遇在某些方面类似它在我们时代初始阶段的遭遇。文艺复兴是希腊精神的再次觉醒，人性无可抗拒地向自然、向认清事物本相的方向回归，并在文学、艺术和自然科学等领域中结出璀璨的成果。但如同古代多神教世界的希腊风气一样，文艺复兴在道德上也是孱弱的，道德品格松垮，道德情感冷漠，其中以意大利的表现最为显著，但在法、英等国也很明显。精神失去平

---

[34] 即辩证法，或曰谈话艺术、问答艺术。柏拉图认为，辩证法是提问和解答事物本质问题的能力。见《理想国》，第7卷532。
[35] 《圣经·旧约·民数记》，第22章，第28—30节。以色列人因不信，结果在旷野里漂流四十年方走完本来十一天即可完成的行程。第22章写到摩押王巴勒邀请巫师巴兰到约旦河东诅咒以色列人，耶和华因巴兰受邀前往而发怒，派天使持刀挡路；巴兰的驴子见状躲闪，遭主人的打，驴子便开口说出所看到的；等巴兰明白过来，想转回去，使者又吩咐他前往；结果他到了摩押嘴巴不听使唤，本来要诅咒以色列人的，一开口却说出了祝福、爱戴以色列的话。
[36] 原文为God's Word，指《圣经》。
[37] 《圣经·新约·提摩太前书》，第1章，第6—7节："有人偏离这些，反去讲虚浮的话；想要作教法师，却不明白自己所讲说的，所论定的。"

衡，只顾感悟和认知而不及其他，忤逆自然地缺乏情感和德行，这些也再次引起了逆反作用。下面将从与我们密切相关的部分来追溯这种反动。

种族之间的差异有多大，差异之中蕴涵着多少意义，如今的科学[38]已让世人都看到了。种族差异成分使印欧语系的民族与闪米特民族在创造力和人文历史等方面都形成了举足轻重的差别。希腊精神长于印欧民族中，希伯来精神则是闪米特民族的产物。英国是个印欧语系的民族，似乎自然属于希腊精神运动。但是，我们都能感知到不同语族成员之间在一些方面的相似性与亲和力，还有什么比这种交融更能说明人在内质上的一致性呢？英国人及其大西洋彼岸的后裔美国人，同希伯来人之间存在着巨大的种族差异；尽管如此，双方同样有强烈而彰著的道德心，这种道德心以特殊的方式将双方的文化风气和人文历史扭结起来；这不就是人性相通之最强有力的标记吗？清教——那在英国，而且是英国中坚力量中如此强盛的清教传统——原本是我们的民族良心和道德意识在17世纪对于16世纪随文艺复兴而蔓延的道德情感冷漠、行为放纵的一种反动。那是希伯来精神对希腊精神的反动，很自然地，它在具有希伯来倾向，或说对希伯来生活的主要倾向很有亲和感的民族中，体现得强健有力。英国人有卓越的印欧民族的特点：我们富有幽默感，幽默的天赋给我们力量，让我们去想象并认可形形色色的多面的人生，从而能置身事外地看待自己过分的自信，笑对自己过分的坚执；尽管如此，在实际生活和道德行为方面，我们的民族仍然具有强烈的希伯来特性（这正是其力量所在）：自信，坚执，专注。清教精神便是这种

---

[38] 指人种学或民族学（ethnology）。法弗第（F. E. Faverty）在《人种学者马修·阿诺德》中全面讨论了阿诺德如何运用人种学（埃文斯顿，1951）。

倾向性的体现，二百年来，它大大地左右了我们的历史进程。毋庸置疑，清教阻遏了、改变了在伊丽莎白治下成就卓然的文艺复兴运动；中断了我们称之为希腊精神的思想体系的辉煌统治和直接发展，而将统率的位置给了一个不同的思想体系。从表面看来，就像我们谈到前一次希腊精神被打败时所说过的，希腊精神再次失利正说明其自身的不完善，说明那时它如占支配地位会对世界不利。

其实不然。一千八百年前基督教对希腊精神的胜利与清教挫败文艺复兴这两个事件有重大的区别，区别之大，从初创时期的基督教和后来的新教在力量、谐美、意蕴和效用等方面的差异，便很可掂量出来。一千八百年前，希伯来精神大获全胜，早期基督教合法地真正地成为当时世界上的支配力量，人类在基督教的大发展中前进。另一次人类的大发展始于15世纪，在一段时间内，人们在希腊精神指引的大路上向前走，清教主义不再是世界进步的主流，而只是斜里插入的、阻挡主流的支流。逆反和阻挡或许是必要的，也是有益的，但不会因此就抹去了人类前进的主流同旁支的本质区别。二百年来，人类前进的大潮一直奔向认识自我和世界，看清事物真相，以及意识的自发性；而对我国的大部分人，尤其是对社会中坚来说，严厉的道德心成为其主要的冲动。他们在错误的时刻将次要当成了主要，以对待次要问题的态度对待头等大事。背离正道一定会出问题，这种违拗自然规则的做法引起了混乱，出现了伪运动，现在，我们刚开始感到来自四面八方的麻烦。在所有方面，我们的常规做法似乎正在失去灵验和信誉，失去控制，不仅对别人，甚至对自己而言都如此。混乱的迹象已到处可见，而我们想找出头绪，建立健全的秩序和权威。要做到这一点，只有与实际主宰我们的本能和力量逆向而动，认识其本来面目，洞见它们与其他本能和力量的联系，以扩大我们的整个视域，扩大我们对生活的理性把握。

第五章

但是不可少的只有一件[1]

这里开了一个大题目，引出如此繁多的思绪，我们必得小心从事，将问题审慎地限定在与实际讨论直接相关的范围。当前局面不安定，充满了萌动纷乱的隐患。我们已经觉察到，问题的根子在于一种观念，在于人人都以声张自我，而且以肯定普通自我为首要权利和福祉，人人都想自由自在、随心所欲。我们已看到，从根基上看，我们缺乏对健全理智这个合法权威的信念。从我们的一贯做法和当前的情况看，要证实这一点并不难，但是要说明事情何以至此，那就必须扩大审视范围，进一步深入研究，否则是说不清楚的。国人多为好人，用心良善，精力旺盛，明白事理；这样的人何以如此小视健全理智，却又如此失当地倚重自己的一举一动，不管那举动是多么粗野？答案就是：因为他们专一不二地、过度地发展

---

[1] 第五章标题 Porro Unum Est Necessarium 引自拉丁文《圣经·新约·路加福音》，第10章，第42节，意为"但是不可少的只有一件"（But one thing is needful）。比起其他福音书，路加福音对耶稣最终走向耶路撒冷之旅有更详尽的记载。从第9章起的十章讲耶稣训练门徒的活动。第10章第30—37节讲慈悲为怀的撒玛利亚人（于是英语中 Samaritan 有行善者的意思）；第38—42节涉及女性在跟随基督的人中的重要地位：耶稣住在马大（Martha）和马利亚两姐妹家，妹妹马利亚坐在耶稣跟前听他的道，马大抱怨一个人忙不过来，要耶稣吩咐妹妹帮她，耶稣答道："马大马大，你为许多的事，思虑烦扰。但是不可少的只有一件。马利亚已经选择那上好的福分，是不能夺去的。"拉丁文《圣经》参见第1页注〔1〕。

了人性的一个方面，人类的一组力量——对此我们冠之以希伯来精神的总称，而没有适当地考虑时间、地点和环境的因素；因为他们的心目中，真正唯一值得顶礼膜拜的是那牵挂他们顺从与否，而不关心他们有无智慧的权能，是几乎只对他们的道德品质感兴趣的神。他们受到如此引导，便会感到那唯一的一件不可少的事，是严正的良心，是坚定地遵照我们已经明了的既定律法去行事，而不是自发的意识，不是去持续不断地扩展整个行为法则。他们幻想自己的宗教有雄厚的基础，足以永远维系整个既定的明确的人生，充分提供行为的律法，在需要思想的情形下还可提供思想的律法。而事实上，他们所有的只是管束行为的律法，是有无比大权的律法，使他们能向其肢体中的犯罪的律开战，使他们不至于沉迷淫欲，附从肢体中那犯罪的律。[2]那部他们称为《圣经》的书中就包含有宝贵的律法，我刚才说了——这也是被大家熟知的，他们认为这部书又宽广又深厚，能解决人性的全部需要。

假如人性不是那样一种复合体，假如人性只有道德这一面，只有可谓道德的一组本能，或者说人性中以道德表现最为突出，压倒了其他——假如是这样的情形，我们无疑可以说，《圣经》与人的全部需要一样宽大深厚。然而人性还有一个方面，而且是很显著的一面，那就是智性，以及可称为智力的一组本能和力量。毫无疑问，从总体上看，人类进步的方式总是一段时间内一组本能风景独好，另一段时间又是另一组本能蔚然成风。由于人的天赋能力都是

---

[2]《圣经·新约·罗马书》，第7章，第7—8节："这样，我们可说什么呢。律法是罪么，断乎不是。只是非因律法，我就不知何为罪。非律法说：'不可起贪心。'我就不知何为贪心。"第23—24节："我觉得肢体中另有个律，和我心中的律交战，把我掳去叫我附从那肢体中犯罪的律。我真是苦啊，谁能救我脱离这取死的身体呢。"

相连相通的,当道德的或可称为希伯来精神的势力占上风时,这一面多少能做到——或表面上能做到——满足智性的需要。当智性以及可称为希腊精神的势力占上风时,这一面也会或至少表面看来会满足人的道德需要。但是,如果人性的两面以交替占优势的方式,而不是相互理解、取得平衡的方式前进,那么问题迟早会暴露出来:占优势的一面并不会真正令人满意地解决劣势一面的需求,于是出现混乱的局面也只是时间的问题了。我们天性中的希腊那一半处于支配地位时,为希伯来那一半提供了其所需,但后来证明这种供给是很不充裕的。可希伯来一半处于支配地位时,也同样只为希腊一半提供了很不充足的给养。两种情况都不能使人性得到真正的平稳的发展。基督的使徒说,世人凭自己的智慧(也就是说,单凭孤立的优越智性)不认识神,[3]不明白事情的根本道理。虽然我们能欣然同意使徒所言,但建立其逆命题也是必要的,我们同样可以说(而且所说同样是真理),世人凭着清教主义不认识神。当下在我国特别需要的一件事,就是坚持使徒的命题之反命题。

  我们对美好与光明的赞扬遭到许多批评,而这就是我们的回答。美好与光明显然同人性中可称为希腊品性的倾向有关。显然,

---

[3] 使徒仍指圣保罗。保罗在《圣经·新约·哥林多前书》第1章中教育哥林多教会,人的智慧根本不是神的智慧,两者无法相比,然而神的智慧,亦即"十字架的道理,在那灭亡的人为愚拙"(第18节)。保罗接着说:"就如经上所记,'我要灭绝智慧人的智慧,废弃聪明人的聪明'。智慧人在哪里?文士在哪里?这世上的辩士在哪里?神岂不是叫这世上的智慧变成愚拙吗?世人凭自己的智慧,既不认识神,神就乐意用人所当作愚拙的道理拯救那些信的人。这就是神的智慧了。"(第19—21节)

  哥林多即科林斯,是地处古希腊中南部科林斯地峡地区的名城,在耶稣时代是罗马帝国的大都会之一,以淫靡之风著称。城内有希腊、罗马、犹太、东方各国人,即以外邦人为主。人口成分的复杂,阶级和从业背景的巨大差异,加之文化上崇奉希腊式智慧,以语言、文学、哲学和逻辑思辨自豪,这种种原因使保罗创立的哥林多教会面临"分争""分党"(第11、10节)的情况。

希腊智慧在本质上趋向于柏拉图所说的事物之真实、稳固并且是可理解的规律，[4]趋向光明的法则，追求认清事物真谛。在自然科学方面，希腊人受到时间和条件的局限，当时还不能充分发挥这种本能，而相比之下我们是大大跨前了一步；然而，就在我们做得好得多的自然科学方面，其全部成果的根基仍是求知的本能冲动。希腊人最显著地表现了求知欲，从这个意义上说，我们的求知本能主要是从希腊人那里学来的。希腊艺术，希腊之美，其根源同样在于认识事物真相的冲动，因为它们靠的是逼真地模仿自然——最优秀的自然——靠的是精密细致地辨别出最优秀的自然。因此，努力实现美好与光明同传播希腊精神是一回事，只不过提法不同而已。但是哎呀，许多人叫起来了，说仅有美好与光明怎么够呢，还须得加上力量或干劲，让美好、光明、干劲组成个类似三位一体的东西，[5]倒或许还可做些有用的事情。也就是说，我们要将希伯来精神——严正的道德良心，凭借最亮的光雄赳赳朝前冲的精神——同希腊精神结合起来，两者都要反复灌输，两边的赞歌都要唱。

或许还不如说，两面的好话都可以说，但要当心，必须大树特树希伯来精神才是。"文化散发的是美好与光明"，西奇威克先生说。他的批评虽然刻板了些，却不失尖锐："我并不小看这些好事，不过宗教施与的是火与力，比起美好与光明，这个世界更加需要火与力。"[6]需要解释一下，西奇威克先生说的宗教，其实是清

---

[4] 参见第四章注〔34〕。
[5] "三位一体"（Trinity）指基督教正统中"圣父、圣子、圣灵"合一的思想。阿诺德在此当然用了反讽笔法。
[6] 参见西奇威克（Henry Sidgwick, 1838—1900, 早年也曾就读于拉格比公学）的《文化的先知》，载《麦克米伦杂志》，1867年8月，第16卷，第274页；其实当时西奇威克对阿诺德在《文化及其敌人》一文中提出的观点大体上是赞同的。有研究者认为，《希腊精神和希伯来精神》是阿诺德对西奇威克的批评的回应。

第五章　但是不可少的只有一件　119

教；我对清教的种种不足之处进行了批评，他则说我的批评不公正。当然，人有可能狂热地只追求光明，只跟随推动我们走向光明的本能，盲目地与严厉的道德良心作对，盲目反对驱使我们具备良知的本能，乃至到走火入魔的地步。这狂热扭曲了已故的巴克尔先生的著名作品，使之变得庸俗，尽管它在一些方面很出色。[7]这种狂热带着自己的印记：它少了点儒雅之气，因为缺少儒雅，它最终会咎由自取，找不到光明。希腊人趋向美好与光明相结合的人性，透辟地阐发了事物之真必定也是事物之美的洞识。[8]他们竟然奇特地避开了狂热的弊病，而不论主张希腊风气还是希伯来风气的现代人，却往往难于幸免。尽管希腊人没有充分切实地满足人性中的道德需求，但是他们达到了一种认识，即应该全面地协调人性中的两个方面——人性不仅有智性的，而且也有道德的需求，应该充分地估量两者，使之达到和谐。这种认识在哲学上有至高的价值，对现代人也是最为有益的教育。如是，我们应不难承认西奇威克先生所说有理：不仅文化，不仅认清事物的真与美、追求美好与光明的努力有价值，而且凭借能得到的最亮的光——用他的话说是靠着火与力——就一往无前的精神也是极其重要的。然而，在不同的阶段，面对不同的人群，我们究竟应侧重赞扬火与力还是美好与光明呢，那必须因具体时代和具体人群的具体环境和需要而异。对于我们，对我们中最体面的中坚分子而言，清教势力现在是而且长期以来一直是主宰的力量，我们一直谈的就是这一点，而且只要朝周围看看就会一目了然。清教力量喜欢火与力，喜欢严正的良心和希伯来精

---

[7] 参见第一章注[44]。
[8] 阿诺德很可能有意借用英国浪漫主义诗人济慈（John Keats, 1795—1821）的名诗《希腊古瓮颂》的结尾："真即是美，美亦即真。"对这半行诗的阐释产生过许多歧见，而且不宜简单化地将其理解为济慈本人的观点。

神，而不关心美好与光明，不在乎意识的自发性和希腊精神。

既然我们沉溺于火与力而从不念及其他，那还用得着一日三颂，为其大唱赞歌吗？西奇威克先生泛泛地说，这个世界需要火与力甚于美好与光明，这时他不是也犯了笼而统之的毛病了吗？他不也是忘了世界并非铁板一块，而每一块组成也并不同时具有相同的需要？我们时代之初的罗马世界，宗教改革时期的利奥十世教廷，或者18世纪的法国社会[9]——说它们需要火与力更甚于美好与光明，或许确有道理。但是，那些当年横行罗马帝国的野蛮人，难道能说他们也更需要火与力而不是美好与光明吗？难道能说清教徒更需要的是火与力吗？能说那位到伯明翰演讲的墨菲先生[10]及其朋友也更需要火与力吗？

清教徒面临的最大危险，在于自以为掌握了那知会他 *unum necessarium*——唯一不可少的事——的标准。至于这条标准究竟是什么，知会他的又是什么事，他的脑子里只有很粗糙的线条，但他已十分满足了，觉得自己什么都懂了，从今往后只需干起来就行了。于是，在自信自满的危险状态下，他便放开手脚，让属于普通自我的本能力量大行其道。在那人生标准的指引下，他战胜了某些属于普通自我的本能；但另一些本能并未受到此标准的触动，他也

---

[9] 这里提到的都是世俗社会极度发达的典型。"我们时代之初"指基督教初创时期或公元纪元之初，如罗马皇帝尼禄（Nero，54—68）治下的世俗社会（第四章，第113—115页有希腊精神在17世纪与"我们的时代初始阶段"的遭遇的异同比较，明确提到"一千八百年前基督教对希腊精神的胜利与清教挫败文艺复兴这两个事件有重大的区别"）。利奥十世（Leo X，真名 Giovanni de' Medici，1475—1521），意大利籍教皇（1513—1521），13岁时就被封为枢机主教；1519年没有认识到抗罗宗兴起的重要性，1520年下令将马丁·路德驱逐出教会；利奥十世本人很有学问，赞助各种形式的艺术。18世纪的法国社会指路易十五（1715—1774）的宫廷。
[10] 参见第二章注[18]。"野蛮人"见第三章，第72—73页及注[8]。

就根本不觉得有加以管束的必要，认识不到它们只是低级自我的本能。他甚至以为，因为战胜了一部分自我，他便有权利和责任尽情尽兴地发挥自我的其余部分了。他是希伯来精神的受害者，那种培育严正的良知而不是意识的自发性的倾向损害了他。他所亟须的是更为开阔的人性观念，这种观念会向他指出，除了他所了解和关心的问题外，还有其他的方面，人必须在这些方面也达到最优秀的境界。不存在所谓的 *unum necessarium*，不存在能使人性摆脱责任、不去力争在所有方面做到最优秀的"唯一不可少的事"。我们真正的 *unum necessarium*，是必须在一切方面都臻至最优秀。现在我们的"唯一不可少的事"并不能证明我们的庸俗、丑陋、无知、暴力均属正当行为；相反，我们的庸俗、丑陋、无知和暴力等倒是试金石，能试炼出那唯一不可少的是怎样的事，从而证明，至少在我们目前的状态中得到的那一件，并不是我们全部想要的。如果说鼓励我们牢牢抓住现在的标准，促使我们坚定地站在现有的地基上的力量，是希伯来精神，那么，鼓励我们查看这种标准，检验我们脚下的所谓地基是否牢靠的力量，就是希腊精神，就是给予我们的意识以自由活动的空间、能扩展意识的范围的禀赋。我不是想说任何时候任何人都更需要希腊精神而不是希伯来精神；我要说的，是在眼下这个特殊时刻，对于墨菲先生而言，对于和他情况相同的大多数英国人来说，更需要的是希腊精神。

只有一件事是必不可少的，只有人性的一个方面才是最重要的，无视人性全面和谐发展的要求——这种狭隘的人性观念竟以如此多样的方式毒害了我们的思想和行为，看到这点确实让人无比惊愕。首先，我们依附于一种标准或准绳，仰仗它知会我们那唯一不可少的事，可是我们对那标准的理解却越来越离谱，越来越缺乏生气；我们对唯一不可少的事的构想也越来越显得呆板，越来越不像当初心智所设想的那回事了。清教传统对圣保罗著述的态度就是显著的例证。在圣保罗的著作中，尤其是在这位伟大的使徒最伟大的作品《罗马书》中，清教找到了似乎能告知它何为"唯一不可少的事"之最充分的根据，给了它有关绝对、终极真理的准则。前面已经指出，所有的著作，甚至最珍贵的、成果最丰硕的著述，必然都只是对人类思想和发展的贡献，而人类的思想和发展比任何著作都要宽广。圣保罗在我们提到的那篇书信中问道："谁知道主的心？"〔11〕意思是谁知道真正的神意的全部安排？确实，保罗表明他自己充分看到了这一点。我们在谈另一篇保罗书信〔12〕时指出，灵魂不朽是人类精神中一个伟大的富有生机的理念，可以说它超越并覆盖了阐述者能给予恰切定义和表述的能力。

圣保罗或其他任何人能否对真理做出圆满的最终的表述固然是问题，但还有另一个完全不同的问题，即我们是否正确地掌握和理解了他实际做出的表述。要完全懂得另一个人头脑里所想的意思并非易事，尤其当这个人如圣保罗那样，同我们之间存在着种族、教养、时代和环境的差异时，理解他的意思就更难了。但是理解可以有程度的区别。虽然我们不可能完全了解圣保罗头脑里想的究竟是什么，但我们可以尽量向他的意思靠拢。圣保罗以具有深邃力量和慧见卓识的分析，去领悟人类精神最为精细、复杂、朦胧且自相矛盾的运思和状态。然而他所运用的一套语汇，却被清教抽取出来、孤立起来了；凡是接近、靠拢圣保罗的意思的人，怎会不感到这一点？圣保罗的语言是相互关联的、灵活的，本来这是语言唯一

---

〔11〕《罗马书》，第11章，第32—34节："神将众人都圈在不顺服之中，特意要怜恤众人。深哉，神丰富的智慧和知识。他的判断，何其难测，他的踪迹，何其难寻，谁知道主的心，谁作过他的谋士呢。"

〔12〕《哥林多前书》，第15章。参见第四章，第111页及注〔31〕。

正当的用法；然而到了清教那里，语言却被割裂开来，变得僵化、机械，好像词语就是护身法宝一样。圣保罗的语言一经孤立、固定，他那真实的思想活动，他那自始至终的高超的分析，便不见了踪影，失去了本来的意思；凡是靠拢圣保罗的意思的人，怎能不痛感这一点？清教主义是一股强烈崇尚希伯来精神的力量，它认为圣保罗的著述讲的是绝对的、终极的道理，其中就有那唯一不可少的事。凡是观察过清教的人，凡是看到清教如何运用诸如主恩、信、拣选、义等词语[13]的人，怎能不感到这些词语都用错了，误导了清教的思想？非但如此，他们还一定会感到，清教的理解极其荒谬地、怪诞地歪曲了圣保罗的意思，他的真意恰被崇拜他的语词的人完全丢弃了。

　　关于机械的词语崇拜另有一个突出的例子，它能证明不只是清教，而且可以说整个宗教界都因为机械地对待圣保罗的著作，而无法看到圣保罗的真意，或篡改了他的真意。复活是信奉宗教者挂在嘴边、萦回在脑际的一个词，也是他们在圣保罗的作品中经常看到的词。但可以说，现在整个宗教界只在一个意思上使用"复活"一词：他们用以指肉体死亡后的复生。确实，圣保罗是在这层意思上提到了复活，他试图描写、解释这个意思，并谴责那些怀疑、否认复活的人。[14]但同样真确的是，圣保罗在思考和言说复活的时候，他十之八九所想所说的是另外一个意思。他指的是在肉体死亡之前而不是之后获得新生。我们曾谈到受浸归入死亡的深刻思想。我们借着浸礼归入自我献身、自我灭绝的伟大典范，凭借与典范的合一，便也在自身中重行了他的自我献身、自我灭绝的路程，由此

---

〔13〕 恩惠或主恩（grace）、信（faith）、拣选（election）、义（righteousness）这些词涉及基督教的基本概念，在《圣经》中反复出现。
〔14〕 如《哥林多前书》，第15章。参见第四章，第111页及注〔31〕。

在此生中得到新生；在新生中，就像在此前的死中，我们同伟大的典范是合一的。[15] 以上就是萦绕在圣保罗心中的与基督同复活的观念，是内涵丰富、极具创见的思想；圣保罗那些饱蘸感情的、雄辩的教诲全都围绕着这样一个中心展开。在他看来，人在走向坟墓前的此生中所获得的新生有取之不尽的能量，所谓肉体消亡后的复生主要是这种能量的后果和延续。圣保罗关于基督徒复活的宏大思想在祈祷书最为崇高的一篇短祷文中得到了相称的吟诵；[16] 毫无疑问，这个思想在未来的基督教中会占据越来越重要的地位。虽说这一独特的思想显著地成为圣保罗教诲中的精髓，但与此同时，另一种倾向也是显而易见的——那些崇拜圣保罗的语汇的人，那些将他的话当作救赎真理之绝对、终极表述的人，竟然完全彻底地丢弃了这个根本，用一个机械的邈远的来世复活的观念，替代了使徒所说的现世的可以企及的复活观。

总之，以为在哪怕是最珍贵的语言或标准中就具有"那唯一不可少的事"，以为这些标准就已经一劳永逸地提供了指引我们的充足的光亮，以为我们只需要在行动中完全照着标准去做，除此以外就没有其他的责任了——这样的观念是极其有害的。它严重妨碍我

---

[15] 参见第四章，第109页及注〔28〕。又《罗马书》，第6章，第4—8节："所以我们藉着浸礼归入死，和他一同埋葬，原是叫我们一举一动有新生的样式，像基督藉着父的荣耀，从死里复活一样。我们若在他死的形状上与他联合，也要在他复活的形状上与他联合；因为知道我们的旧人，和他同钉十字架，使罪身灭绝，叫我们不再作罪的奴仆；因为已死的人，是脱离了罪。我们若是与基督同死，就信必与他同活。"亦参见第四章注〔23〕关于"向罪死"的讨论。
[16] 指安立甘宗《公祷书》(*The Book of Common Prayer*) 中的复活节晚祷文："啊主，正如让我们藉着浸礼而归入圣子、我们的救世主耶稣基督的死一样，让我们藉着不断的苦行，克制我们败坏的感情，而与他一同埋葬，让我们经由坟墓和死亡之门，来到欢乐的复活，让我们具有为我们死，为我们埋葬，又为我们复活的你的儿子，我们的主耶稣基督的美德。"

们正确地把握、理解所使用的语言或标准,不可避免地导致对标准的怪异扭曲和滥用。假如我们不揣冒昧询问人家懂得些什么,那得了希伯来精神的便会一下子拿出一句套话来噎我们——那话既贬斥了我们所说的文化,又赞扬了坚守"唯一不可少的事"的态度——他说的是,他懂得他的《圣经》!每当听到这样的说法,我们无须再为文化做详尽的辩护,只消简单地回答一句便足矣:"一个除了《圣经》什么都不懂的人,是连他的《圣经》也不懂的。"

现在来看希腊精神。对这股力我们是很不在意的,它或许比较缺乏道德力量和认真热切的态度,然而其根本的法则却使它反对割裂整体(同一法则有时也会使它在需要拿出激烈态度时达不到火候)。它反对抬高一部分,不理睬另一部分;反对将那惦记着"唯一不可少的事"的部分视为有尊严的部分,却让另一部分自生自灭——而这样的态度正是希伯来精神的沉疴。希腊精神的要义在于造就完人的冲动,它要将人的一切方面联系起来,使之和谐地发展,使各个部分都尽善尽美,不让任何一个部分只靠碰运气侥幸生存。

希腊精神的突出倾向是要找到事物可以理解的规律,看清事物的本质和真相。但是有许多事情,如果看不到它们是美的,也就看不到其本质和真相。不属于美的行为会令人费解,它无法对思想做出明确的解释,说明自己存在的必要。演讲、歌唱、礼拜也同样,人们借用这些形式进行活动,表达自己的意愿和情感。设想一下这样的情形:有人用这些形式搞低俗丑陋的活动,这时却还允许他辩诉,说他真正重要的东西深藏在内里无法表现出来;[17]设想一下,所谓掌握了能够让人性的一部分受益和得到满足的东西就意味着允

---

[17] 参见第二章注[35]。

许墨菲先生那样的人做演讲,放任赞美诗那样的诗歌充斥我们的耳朵,或是以宽容之心对待比比皆是的不从国教者教堂那样的礼拜场所——就希腊精神的本质而言,要认可诸如此类的行为会是一件极其可憎的事情。要像那位深受尊敬的,而且确实有理由深受尊敬的法拉第先生一样,一方面是伟大的自然哲学家,另一方面又是桑德曼教的信徒,[18]这件事要让阿基米德来看,也是根本不可能的。

  希腊精神要求人所做的一切事都必须令思想满意,显然,这样的要求很适宜用来推动我们的民族向前走,使我们在许多方面的能力和活动都达到完美。这种要求也有危险性,我们对此已说得很充分:对人的行为方式等量齐观的观念有可能会导致道德的懈怠,那没有被当做"唯一不可少的事"的,可能会得不到足够的重视,不会被当作必不可少的事来对待,尽管它确实是必不可少的,也是难以做到的事。可话又要说回来,我们身上哪个部分不面临问题?推着我们向前的动力中,有哪个能像护身符似的保佑我们,让我们一蹴而就成为完人,而不是仅仅起了帮助我们达到完美的作用?和希腊精神一样,希伯来精神就没有自己的问题吗?难道我们已经让自身中希腊精神所诉求的那些秉性发展过度了,现在为此大吃苦头了?情形难道不是正好相反,我们恰恰是因为没有足够的调动这些人性

---

[18] 法拉第(Michael Faraday,1791—1867),英国物理学家,父亲是约克郡的工匠,父母和亲戚多为格拉斯(John Glas,1695—1773)及其女婿桑德曼(Robert Sandeman,1718—1771)所立教派的信徒(教派因其创始人而得名,称"格拉斯教"或"桑德曼教")。该教派脱离苏格兰长老会,严格奉行加尔文教义,认为政教合一的俗世的宗教机构并未得到《新约》授予的权柄;坚信赎救是主的恩惠,在仪式上也较多地保留《新约》所描绘的原初教会的习俗,例如不吃不放血的肉等。1764年桑德曼去美国,在新英格兰的城镇组建教会。法拉第于阿诺德此文发表前十个月逝世,生前始终是桑德曼教会的会员和长老。另外,在阿诺德的时代,"自然哲学"(natural philosophy)指自然科学,尤其指物理学。

的倾向,以推动我们走向完善,现在才吃苦头吗?

这么说是因为我们看到了长期以来占绝对主导地位的希伯来精神将我们带到了什么样的境地。希伯来精神坚持让我们天性中的一个方面而不是所有的方面达到完美;它单单提出道德的一面,服从和行动的一面,它只强烈地关注这些,使严厉的道德良心成为几乎唯一的大事;至于各方面达到完美,让人性得到全面和谐发展等,则可推迟,留待日后到来世再关心。我们并不关注柏拉图所说的那种欲望,我们不会紧随其后,循着这种欲望的路径,"永远通过天下一切形体趋附可以倾心爱慕的对象"。[19]我们认为这世界已将那种欲望搞得一清二楚,同它算了明账,懂得了它对大家的要求;我们以为,普通自我的一切冲动,只要不冒犯我们狭隘的眼光看到的那本账的规定,便都可以无拘无束地,而且是在经文认可下追随之,例如"殷勤不可懒惰","凡你手当做的事,要尽力去做",[20]等等。我们很快地就将普通自我的动力当作了律令,赋予其一成不变的绝对律令的品格,如同我们将宗教当作一成不变的绝对的律法一样。如同对待宗教一样,我们将这律令当成了严厉的良知所追逐的目标,而不是自发的意识所作用的对象;我们仅为其自身的缘故紧随不歇,而不是追本求源,认识它与其他事物的联系,并随情况的变化而做出调整。总之,和我们对宗教的态度一样,我们僵硬机械

---

[19] 参见柏拉图:《会饮篇》,197B。

[20] 《新约·罗马书》,第12章,第11节,《旧约·传道书》,第9章,第10节。在此处和下面第130页中,阿诺德两次用"清算"和"结账"的比喻,讽刺英国人机械地追求的、变得无比世俗化了的宗教信条。关于清教与普通自我,与后者的道德关怀和世俗成就两个层次的关系,参看第一章,第16—22页,第五章,第131—133页。另外,关于结账、清算的商业性比喻在加尔文教和近代天主教中的流行(而非旧时宗教以及路德宗所惯用的法庭比喻),以及如班扬、富兰克林的道德账簿等典型例子,见马克斯·韦伯:《新教伦理与资本主义精神》,于晓、陈维纲等译,三联书店,1987,第4章,第95—96、203页注99—102。

地对待这条律令。野蛮人就是这样对待健身活动的,非利士人就是这样对待经营活动的,斯柏靳先生就是这样对待自愿捐助的,布莱特先生就是这样张扬个人自由的,比尔斯先生就是这样对待在海德公园集会的权利的。[21]这些事例中所需要的应是以自由活跃的思想来衡量所追求的对象,可希伯来精神却是重视坚忍不拔、认真热切甚于重视意识的自由、让思想整个地从属于行动;是希伯来精神导致了对事情错误的或具有误导性的处理方式。

不久前,报纸报道了某保险公司的总务秘书史密斯先生的自杀事件,据说他"焦虑不安,害怕自己会一贫如洗,深恐自己已万劫不复"。[22]我读到这一段,不禁感到这位下场悲惨的可怜的先生事实上是我们民族的中坚力量之典型:就凭他单挑出两大关注目标,将两者并列而与所有其他的事物割裂的态度,他就是英国最强大、最体面、最有代表性的那部分人的缩影。"他焦虑不安,害怕自己会一贫如洗,深恐自己已万劫不复。"整个中产阶级的人生见解同这位可怜的先生差不多,也正因此我们称他们为非利士人;当然,这种见解使事情如此急转直下,像在他身上那样产生了如此令人沮丧的、带有强烈病态色彩的致命的变化,却也因其不同寻常而令人震惊。然而,生活中只剩下两大关怀——一是赚钱,二是拯救灵

---

[21] 阿诺德对英国人的"机械"(machinery)或工具崇拜的批评,集中见于第一章,第13—25页,此处的意思相同,指人们将本应是工具和手段的事物当作了宝贵的目的和信仰的对象。另参见第一章注〔35〕,第二章注〔34〕(斯柏靳及自愿捐助);引言注〔1〕,第一章注〔34〕,第二章,第40—41、54—56页及注〔7〕、〔34〕(布莱特及功业);第一章注〔30〕(比尔斯)。
[22] 1868年3月3日和3月4日的《泰晤士报》(第7版、第10版)报道了史密斯(Frederick G. Smith)自杀事件。2月29日,担任苏格兰联合火灾与人寿保险公司伦敦分公司高级职员的史密斯离开办公室,买了一把左轮手枪,回到办公室后朝头部开枪自杀。阿诺德所引为验尸时的证词。以下所说的社会中坚等,参看第二章,第55页及注〔33〕。

魂——这情形却多么普遍，道出了我们中多少人的状况！对待世俗事务的狭隘、机械的观念，不正是全部源自对待宗教事务的狭隘、机械观念！这两种观念结合起来给我们的人生造成何等的破坏！上述第二大关怀让我们看到的"唯一不可少的事"是那样的一成不变，那样的狭隘和机械，正因为此，才会出现那低等的即前面提到的第一大关怀；它一经认可，也就与后者同样，具有了僵化、绝对的特点。

可怜的史密斯先生不但有低俗的关怀，他同样真诚地具有高尚的关怀，也就是说，他除了关心挣钱，还关心灵魂的救赎问题（当然是按照清教的狭隘、机械的观念所能理解的拯救）。但大家要注意，有许多人（特别是史密斯先生所属的严肃认真的中产阶级圈子之外的人）抱有低俗的主要关怀——如追求欢乐，做野外运动，参与健身活动，做生意，或在大众中进行宣传鼓动，等等——有多少人专门做其中的一件事，而根本不理会史密斯先生的那种更高尚的关怀？这是因为希伯来主义将高尚的关怀变成了机械的形式。我们已看到，希伯来精神将它变成护身符，将它孤立起来，似乎有了它便万事大吉。如果我们同这高尚的关怀已经两清了，不欠什么了，那么我们便有理由尽情让普通自我从事健身、经营和宣传鼓动活动。如果账未付讫，那希伯来精神就让别的事情变得无关紧要，只让我们一心一意、劲头十足地追随普通自我，直到我们不再亏欠。然而，我们的另一种思想倾向则要求在一切方面达到完美，鼓励我们发挥意识的自发性，让自由活跃的思想注入行动，环绕一切行动，不愿意突出我们活动的某一个方面，使之变得绝对重要，似乎只此便足矣，而让别的方面变得可有可无——我们的这种思想倾向不但可以把住关，使我们不至于毫无节制地去追随任何形式的低俗关怀，甚至还可以在希伯来精神全力关注的那个方面注入新的生命力,引发新的动向,唤起比较健康的、不怎么机械刻板的行动。如此,希腊精神事实上还可以促进希伯来意图的实现。

在基督教初创时期,希腊精神无疑起了这样的作用。我们已说过,基督教和希伯来精神一样,只关心道德的一面,关心道德感情和道德行为;在这点上,基督教只是希伯来精神的延续。然而基督教也改造了、更新了希伯来精神。它批判了后者所奉行的,已变得十分机械因而失去了强健动力的僵化准则;它让思想自由地穿越环绕古老的传统,看清其不足之处;它逐渐生成新的动力,使道德意识有了活生生的榜样,并与新的动力共振。这不就是在希伯来精神中输入了我们所定义的希腊精神吗?犹太人和圣保罗都将道德情感、道德行为的一面视为人生的全部,但圣保罗抓住犹太人言行不一的矛盾,指出后者在道德情感和行为方面的缺陷:"你讲说人不可偷窃,自己还偷窃么?你说人不可奸淫,自己还奸淫么?"[23]圣保罗用言与行的矛盾指出犹太人对于古老准则的机械见解是有缺陷的。他让思想自由地回环于准则的周围,也就是说,在这点上他是用希腊精神对待之。如今我们经常听到人们说,严肃认真的中产阶级在商业活动中的不道德行为呈上升趋势,过去刚正不阿的习惯因不敌迅速致富、崭露头角的诱惑而被销蚀;至少我们看到的,是我国伟大的表率阶级在思想和实践中的混乱局面。那么,我们现在难道不可以说,这混乱表明基督教关于主恩和称义的新动力到了清教这里又成为机械的了,就像旧的律法动力管不住犹太人一样,新的动力在管束清教徒的实际行为方面也未能奏效?我们难道不可以说,挽回局面的办法就是圣保罗用过的办法,将我们称为希腊精神的思想和做法引入希伯来精神,让思想自由地作用于朽坏的人生准

---

[23]《罗马书》,第2章,第21—22节。

则，使之获得新生？区别只有一点：圣保罗只是在道德范畴内引入希腊精神，道德层面在圣保罗仍是问题的全部；就引进希腊精神，专门对付道德层面的问题而言，可以说几乎所有能奏效的可能性都已被圣保罗穷极，并发挥到了极致。现在我们应该在一切方面引入希腊精神，以全面和谐发展的完美人性的理想指导我们的人生，只有这样才能正当地激活、更新那些希伯来精神所诉求的、当下正大受挫折的本能倾向。

但是，倘若目前已明显地表现在我们的思想言行中的混乱仍不能使我们有所警惕，使我们认识到我们犯了路线的错误——如此单一地发展希伯来精神的一面，而对希腊精神的一面却不在意，使之如此虚弱无力；如此热衷于一成不变的行动规则，对可以用心智去理解的事物规律却少有兴趣——倘若我们现在还看不清自己的误区，那么就让我们听听周围世界的舆论做了怎样引人注目的表态。现在全世界都看好，而且越来越注重我们长期以来就十分热爱的三件事，世界正以自己的方式追求之，或试图追求之。这三件事就是办工业，锻炼体魄和自由。我们对这三件事投入了巨大的热忱，也取得了很大的成功；与邻国相比，我们确实早走了一步，也领先于它们，这是我们的邻国不得不承认的事实。当它们也想致力于这几样事情时，当然必须以我们为榜样，从我们的做法中汲取经验。

一般来说，人们对追求的对象感兴趣时，就不可避免地会对那些走在前面、已经取得成就的人以及他们的成就本身产生热情。他们不仅研究后者，而且会滋生对其的爱慕景仰之情。如是，喜爱战争术者不仅会研习军事将领的事迹，而且一定会仰慕他们，对他们满怀热情。同样，想成为画家或诗人者不可能不热爱、不仰慕走在他前面、为他指了路的大画家或大诗人。

但是，就在我们的自由、体格锻炼和工业才能开始得到世界的瞩目时，世界却没有因为看到我们的这些长处而表现出热爱、钦羡或狂热之情，这难道不是怪事吗？原因难道不正是我们那种机械的行为方式吗？我们将自由、强健的体魄和工业技术本身当作了目的来追求，而没有将这些事情同人类臻至完美的总目标联系起来；难道不正是这种做法引不起人们的兴趣，而且它也并非世人真正的需要？在他们看来，我们能了解并教会他们去崇拜的只不过是工具和手段而已——只是拜物教。英式的自由，英式的工业，英式的强健，我们一概都在盲目地推进，我们把握这些事物时根本没有适度感、分寸感，因为在我们的头脑里缺乏人类和谐发展、达到完善的理想，我们并不是在这理想的促动下开始行动，不是用理想来指导我们所做的工作。在英国以外的地方，人们渴望工业、自由或强壮的体格，但却不会像我们那样将之绝对化，而只会以此作为追求其他目标的工具和手段；他们确实将我们的实践中看来对他们有用的东西学了去，然而，他们虽模仿了我们的做法，却好像对我们既不热爱也不钦佩。

再让我们看看同样努力追寻这些事物的其他人是如何激发爱与热情的。我们所说的兴办工业的精神恐怕在从前不易找到，但是我们可以考量希腊自由、希腊体育如何激起了人类的热爱和赞扬，而人类却并不热爱我们、赞扬我们。两种态度泾渭分明，原因何在？当然是因为希腊人并不机械地追求自由和从事体育锻炼，他们始终将这些同人类全面达到完美和幸福的理想联系起来。[24]因此，尽管他们有缺点，也遭遇了失败，但他们的追求却仍吸引了人类大家庭的其他成员，使人们感到愉快。人们直觉地感到，只有为实现理想

---

[24] 体操（体育）和音乐（包括文学）是古希腊初等教育的两种基本训练，柏拉图的《理想国》中有苏格拉底对此的描述，见II.376E—III.412B，尤其是403C—412B。

而追求的事物才是有价值的事物。

刚才说过,我们中间甚至最坚定的阶级,其思想和行动也已开始陷入混乱局面,为我们敲起了警钟。[25]那么现在,我们从周围世界的态度中似乎又一次得到警告,看清我们的问题正是过于片面地培植崇尚希伯来精神的本能,过于专一地褒扬热切的行动而不重视细致灵活的思想,乃至希伯来的本能倾向已发展过度,使我们陷入机械的无果的成规。我们似乎又一次受到教育,认识到目前最需要的是培育崇尚希腊精神的本能倾向,热忱地追寻事物之可知的规律,让鲜活的思想之流自由地冲击既定的观念与习惯。

那么可以说,深入了解事态后,我们就会发现,其实四面八方的潮流似乎都已汇集成一股力量,推着我们奔向文化。看一看我们置身于其中的世界,就会发现少了可靠的权威,这种状况令人不安。我们发现只有健全理智才能成为可靠权威的基础,而带领我们走向健全理智的正是文化。只要我们审视内心世界,就会发现各种混乱迷惑都源自不动脑筋按老套办事、只顾一头发展的习惯;一味崇拜火与力,崇尚认真与行动,正是造成这种习惯势力的原因。我们需要的是更充分、和谐地造就人性,让思想自由地作用于习以为常的观念,我们需要意识的自发性,需要美好与光明。文化所产生的、所培育的正是这些。大家不必为一个名词争来争去,如果反对者不满的是轻浮的学究气的文化,而内心深处所需要的同我们一样,那么要我们放弃使用文化这个词也不是一件难事。只是他们必须小心,不可以在反对、贬斥虚假文化的同时,无意间也在原本对文化没有多少恭敬的人群中贬损了真正的文化。我们关心的应是事情本身,而不是名称;这件事无论我们如何去命名,都是指通过

---

[25] 应指上面说过的商业活动中不道德行为呈上升趋势的现象。参见第133页。

阅读、观察、思考等手段，得到当前世界上所能了解的最优秀的知识和思想，使我们能做到尽最大的可能接近事物之坚实的可知的规律，从而使我们的行动有根基，减少了混乱，使我们能达到比现在更全面的完美境界。

如是，当有人对我们倍加指责时，我们并不会因此大惊失色，不知如何应答才好。有人说，我们赞扬有涵养的坐视不理的精神，激怒了认真热切地投入行动的人们，说我们拒不为根除某些明确的罪恶助一臂之力，还对找到诊治时代精神疾患[26]的恒久真理表示绝望，等等。对此，我们有胆量回答说，我们根本没有对找到诊治时代精神疾患的永恒真理感到绝望；但是我们发现的找寻真理的最佳方法，却不是为我们的朋友、同胞助一臂之力，参与他们根除某些明确的罪恶的实际行动，而是让朋友们、同胞们去寻找文化，让他们的思想意识自由无羁地回环于其行动以及作为行动基础的既定观念之间，揭示这些是怎么回事，它们与事物的可知规律之间的联系，以及它们在达到真正的人类完美境界的过程中所起的辅助作用。

---

[26] 原文 "...to minister to the diseased spirit of our time" 取自莎士比亚的悲剧《麦克白》中的一句台词。麦克白要求医生替夫人治好她的精神错乱，他说："你难道不能诊治那种病态的心理？"（Canst thou not minister to a mind diseased？）（第5幕，第3场，第40行）

第六章

自由党的实干家

不过,一个不装腔作势的作者,一个没有构筑在互相依存的、从属的、连贯的原理之上的哲学体系的作者,[1]是不可以胆大妄为,奢谈什么普遍规律的。他必须贴近水平面,贴近平常的事情,那是没有科学理论装备的知性唯一可以安全活动的地盘。因此,我既然已出言不逊,对朋友们同胞们现时从事的根除罪恶的实际行动表示了不敬,也就必须在结束文章之前,举出一些这样的行动计划,并用它们来说明我提出的看法是有道理的。

我承认自己在推理和论证方面很不老练,或许下面我要做的事情再好不过地证明了这一点。我要举的第一个革除罪恶的行动实例,就是当下我们正目睹的撤销爱尔兰圣公会国教地位的进程。[2]看来很清楚,这肯定就是自由党朋友们从事的一项根除某种有形罪

---

[1] 参见第二章,第53页及注[6]、[28]。
[2] 指1868年阿诺德写这部分文字的时候。16世纪宗教改革时期,爱尔兰的安立甘宗(the Anglican church)或曰圣公会成为国教,从而使爱尔兰居多数的罗马天主教信徒在公民权益方面受到很大限制。1800—1801年英格兰议会和爱尔兰议会实行政治联合,爱尔兰的圣公会也并入英爱联合圣公会,成为英国国教的一个分支。1829年议会通过法案,取消对天主教徒公民权的种种限制,1838年起免于向天主教徒征收引起他们强烈反抗的国教的什一税。1868年3月,当时任财政大臣的格莱斯顿提出撤销爱尔兰圣公会国教地位的议案,同年12月,格氏任首相(参见第二章注[16]),1869年通过法案,1871年生效,爱尔兰教会独立于英国教会,实行自养。下文中"眼下这个时刻"也指1868年。

恶的活动；假如对他们不助以一臂之力，他们是有理由发牢骚、发脾气的，他们有理由对不帮忙者横加指责，称后者在玩弄保守党精细的怀疑主义，保持有涵养的冷静而不采取行动。[3] 情形好像的确如此。不过，眼下这个时刻，此项行动已是声势显赫，不由人不关注，如果不正视之，倒会显出自己的怯懦了。那就让我们斗胆来看看，这一显眼的行动是否也需要让我们的思想意识自由无羁地回环其间，揭示出这行动所奉行的是何种精神；或者看看我们的道理是否对它完全无用，反倒是我们应该立即助以一臂之力。

一

现行的爱尔兰国教违背了理智和公正，因为在爱尔兰人口中占极少数的人的教会[4]占有了爱尔兰人民的全部教会财产，这一点看来是十分清楚的。人们会想到，教会分得财产是为了赡养人们进行礼拜的教堂会所，那么当原先一种形式的崇拜分裂为几种形式时，国家就应将财产按比例在几种教会间进行分配。但分配应根据实际情况酌情而定，所应考虑的是重大的、很可能会持续下去的分歧，以及具有相当规模的教派，即那些很可能代表了深刻的广泛的宗教特征的宗派。并无重大理由能持久存在的小分支，不具备一定

---

[3] 1867年11月9日的《文化和行动》一文（《星期六评论》，第24卷，第592页）提到："大家都在确立的思想体系中接受教育，但对某些人来说，不信仰这些思想似乎是导致了一种精细的保守的怀疑主义……[一种]有教养的无行动精神。"亦参看第二章，第37页及注[1]。

[4] "根据1861年的普查，圣公会信徒在爱尔兰总人口数中占比不足1/8，而天主教徒则占4/5。"见《大不列颠百科全书（国际中文版）》（1999），第8卷，第429页。

规模、没有理由认定它们表达了共同人性中广为存在的必然的宗教特征的宗派，在重分财产时就不应加以考虑。这道理与我们不止一次用过的关于国家准则的格言精神是一致的：国家是全体公民的宗教，却不具有任何公民的热狂。[5]反对这道理的人要么很看不起国家，不愿意让宗教屈尊去碰国家，要么很看不起宗教，不愿意让国家屈尊去碰宗教。但是一个好的政治家就不会轻易地藐视国家或者宗教。

可以说，现在两党的政治家都倾向于自然而然地顺从国家职责的思路，对爱尔兰的教会财产进行重新分配，公平地使大的有根本分歧的教派都得到自己的份额。但这时人们发现大不列颠的所谓"国民意见"对资助宗教越来越反感，再也不想进行任何新的资助了。这本身看上去就够普遍、够严肃的了，却还有政治哲学家[6]跑

---

[5]《法国的国民教育》，参见《马修·阿诺德散文全集》，第2卷，第198页。
[6] 第一次发表时，阿诺德点名道姓地说"诸如巴克斯特先生和查理·巴克斯顿先生那样的政治哲学家"。巴克斯特（William Edward Baxter, 1825—1890）是苏格兰人，在1855—1885年间任自由党议员。1867年10月5日的《每日新闻》(第3页)刊载了10月3日他对蒙特罗斯选区的选民的演说："在一切情况下实行[教会和政体的]分治只是时间的问题。美国的榜样，我们自己的拓居地中宗教捐助的历史，苏格兰'自由教会'，持宗教异见的团体，以及城乡地区英国国教自身的大量慷慨资助等，似乎渐渐改变了我们的政治家甚至是教会的上层人士的思想……使他们认识到国家性宗教建制的时代已成为过去，现在必须让位于自愿捐助式的自由教会。当然，现在还没有到能够全部切实地解决问题的时候。不过，爱尔兰教会则不同，我希望而且相信解决它的问题的时候已到……立即撤销爱尔兰教会，将它的税收财产用于世俗的事业。至于有人提出将其中一部分收入用以赡养罗马天主教教职人员，那就请罗素勋爵听清楚了，下院有许多赞成自愿捐助者，足以挫败诸如此类的提议。……那些看不到不加区别的资助的时代已一去不复返的政治家，还是让出位置给年轻人为好。"查理·巴克斯顿（Charles Buxton, 1823—1871）自1857年至逝世之日一直担任独立派（参见第一章注[19]）自由党议员，他的家族几代人均以参加慈善改革活动而著称。

　　随着不从国教势力在自由党内的壮大和世纪中的宗教复兴运动，英国对国教权力的质疑越来越强烈；在19世纪上半叶根本做不到的事情，（转下页）

出来说话，使之显得更加具有普遍性和严肃性。他们发挥娴熟的修辞能力，使用强有力的美妙的辞藻，将这种所谓不列颠国民意向的敕令抬高为一种通行的定则，说它表达了全世界宗教转型和进步的普遍规律。

但是，缺乏连贯的哲学体系的我们是不可以随便进行哲学推理的，所以我们只看到英格兰和苏格兰的不从国教者对于由国家确立、政府资助的宗教十分恐惧，他们宣称耶稣基督曾以一句"我的国不属这世界"[7]而明令禁止此类建制；我们只看到不从国教者很乐意帮助政治家拆除任何国立教会，但只要他们力所能及，便一定要阻止任何教会得到国家的确认和资助。接着我们看到，下议院中不从国教者成了自由党的实力派，因此，为首的自由党政治家为了赢得不从国教者的支持，便放弃了在爱尔兰的主要教会之间公平地分配教会财产的想法，宣称"国民意见"反对进行新的资助，并提议只要撤销目前的爱尔兰国教、停止对它的资助便可，而不再确立并资助任何别的教会。简言之，下院自由党做撤销爱尔兰圣公会国教

（接上页）现在"进步"的自由党一件件地都做起来了，1869年通过立法，使爱尔兰教会从联合圣公会中独立出来，自由党视之为一项大成就；1914年，议会还通过了撤销威尔士圣公会国定教会地位的法案。这类行动，在英文中用的是disestablish/disestablishment，与此相反的行动，则是establish (ment)。阿诺德在第六章和序言中，数十次使用这些词及相关搭配，其中需要特别注意的是有关"自愿捐助"的概念。也就是说，establishment不仅有得到国家权力认可、批准，是已确立的宗教组织、正统或官方教会等意思，还涉及办教会、建立和维护教堂、教牧人员的薪俸等资金来源的问题；国立的（或称确立的、正统的、官方的）教会是得到国家资金的资助的。在英国历史传统中，the Establishment就是英国圣公会。而自由党的一个重要思想就是"自愿捐助"(voluntaryism)，教会和教育都不应由国家来管，国家管得越少越好。上面所引的巴克斯特的讲话，注〔8〕中所引的格莱斯顿的讲话，都在强调不应由国家资助办教会；从宗教的争执中也可看出英国自由主义的风气和复杂的政治生态。关于"自愿捐助"和"自由教会"，另参见第二章注〔34〕和〔36〕。

〔7〕《圣经·新约·约翰福音》，第18章，第36节。

地位这件事所凭借的，并不是理智和公正的力量，而是不从国教者对国立教会组织的仇视情绪。

事情显然是这样的。这是因为，以理智和公正的力量为指导的自由党政治家曾提出过很不同的方案。[8]现在的自由党政治家提出目前的方案，拿出什么国民意见的裁决等，只因他们不得不依靠英格兰和苏格兰的不从国教派。显然，不从国教者们所厌恶的是国立宗教，而不是目前爱尔兰教会财产配置的不公正不合理性，因为斯柏靳先生在他那封滔滔雄论、令人过目难忘的信中明确无误地宣称，他宁可让爱尔兰维持现状——也就是说，他宁可让现在不公正不合理的财产分配状况继续下去，也不情愿做什么事情来扶植罗马的形象——也就是说，不情愿让天主教徒公平合理地得到教会财产中他们应得的那一份。[9]故而我们可以毫无争议地断言，自由党现

―――――――
[8] 1868年4月3日，格莱斯顿在关于爱尔兰国教问题的阶段性辩论结束时说："[保守党]政府的意图和愿望……是除了既定的教会建制外，还要同时确认另外一些教会，如长老会、罗马天主教会和其他小教会，所有确立的教会都从统一基金（the Consolidated Fund，即由税收中拨出的基金，用以支付国家债务利息等）中拨款资助……我要问，国家对这样的政策有充分准备了吗？……前一代的自由党政治家曾经热切地希望这样做……[但是现在]国民却不可能也不愿意采取这样的做法。苏格兰讨厌这种做法，英格兰不愿意这样做，爱尔兰亦厌恶、拒斥之。"
[9] 1868年4月22日，布莱特（见引言注[1]）主持会议，支持格莱斯顿有关最终撤销爱尔兰圣公会国教地位的决议。斯柏靳的"大都会礼拜堂"聚合了7000多会众（参见第一章注[35]），他本人因犯了痛风病没有出席上述会议，但他致函布莱特说："我主的国不属这世界。这条真理是我们不从国教的基石……英国的不从国教者所怕的只有一点……那就是教会财产分到可恶的天主教徒手中。我们大家要一致反对这样做。现行的制度固然坏，我们却宁可任其所以，也不愿见可恶的天主教得到国家的财政资助……我们不是无事生非，为了'天主教甭想出头'这不成问题的问题大动干戈，但我们有坚定不移的态度，那就是绝对不让后人戳脊梁骨，说我们名义上要解决爱尔兰的冤屈，实际上却换了别的教会上来，拉下了圣公会，却扶起了罗马的形象。"（载1868年4月23日的《泰晤士报》第5版）

斯柏靳的原文中，对天主教和天主教徒都用了充满敌意的贬义（转下页）

在采取推翻爱尔兰国教的行动,其真正的动力是不从国教者对国立教会制度的反感,而非出于理智或公正意识,只不过这种反感情绪中也可能包含某种理智和公正。这就是当前的事态。

那么,我们肯定都看到了,以如此方式实施铲除罪恶——即爱尔兰国教的地位——的行动,必有诸多麻烦。我们谈到工业、自由和强身运动时就说过,这样的行动方式是不会唤起爱和感激之情的,因为追逐这样的行动并非出于理智、公正、人的完美、激起人的热情等等的考虑,而只是按照不从国教者的某种固有的观念或盲信,去一味地排斥国立教会。然而,显而易见的是,对爱尔兰教会采取行动本应得到的重大好处之一,就是赢得爱尔兰人民的好感。再者,与明显地受到理智和公正意识驱动而采取的行动相比,基于某种刻板的规则或拜物教似的盲信而采取行动,诸如认定英国国民意见反对新的资助等的做法,则不容易引起对立面的尊敬之心,不容易使之抵抗无力、难以为继。这是由于理智和公正自有难以抗拒的说服力,而像不从国教者特有的盲信或刻板的信条,却根本不能赢得好感,也无法争取理解。非但如此,那还会激发对立面去盲目搬用别的刻板信条,使本来就已十分对立、混乱的局面更变得剑拔弩张。只能这样来解释为何保守阵营已经开始出现盲信的幽灵,他们用以对抗不从国教者的盲信的,是另一些口号:国家政体岌岌可危!英国自由的堡垒危急!改革之灯灭了!天主教甭想出头!诸如此类的叫嚷甚嚣尘上。抬出这些来反对依据理智和公正而采取的行

(接上页)词Popery,papists。第142页谈到保守阵营也用了"天主教甭想出头"等口号。自亨利八世脱离罗马教廷后,英国基本上一直是政教合一的。1829年起英国对天主教的种种限制逐渐放宽、撤销后,天主教势力大了起来,50年代罗马在英国恢复设立教区,任命主教等各级教士,引起保守派的恐慌,故有英国政体告急、宗教改革成果丧失、天主教抬头之说。

动是不大容易的，或者说，就人性的弱点而言，用这些言论去反对理智的行动并没有多大的诱惑力；然而，抬出它们来反对不从国教者因厌恶国立教会而采取的行动，却容易多了。毕竟"天主教甭想出头！"和"不要国立教会！"都是一呼百应的标语口号，它们在触动人的灵性方面所起的作用是一样的——也就是说，两种口号本身都不可能深深打动人的心灵，提高人的精神境界。

那么，假如我们说，哪怕为了他们的行动本身，哪怕只是为了让行动取得满意的成果，重要的并不在于直接助以一臂之力，而是要让意识自由地回环作用于行动所依据的固有观念或习惯——假如我们这样说，那些信奉行动的人士该不该很不耐烦呢？显然不应该。这是因为理智与公正意识比其他任何东西更能使行动奏效。思想的自由活动会使理智和公正意识从它们藏身的不从国教者的信条中解脱出来，使其发挥效用；或者可以说，思想的自由有助于清除盲信，使政治家不受羁绊地为理智和公正意识所接纳。

设想一下，我们拿来斯柏靳先生和不从国教者的绝对规则或曰刻板信条——国立教会是坏东西，因为耶稣基督说过"我的国不属这世界"；设想一下，我们力求用意识来浸泡、冲刷这石化之物——它确已变得如此僵硬了——我们将之送入鲜活的思想激流，使之与事物全部可知的规律发生关联。一个敌对者和好争论者也许会说，不从国教者自己采用的许多方法和手段——如已经成立的解放社，[10] 还有斯柏靳先生十分希望能成立起来的不从国教者联合会等——本来不但属于基督所说的范围，也符合国家确认的教会的做法。然而，这仅仅是以否定的、争议的方式来对待不从国教者的信

---

[10] 全称为"解放国家资助和控制下的宗教协会"，1853年由爱德华·迈耶尔（Edward Miall）成立；此前，迈耶尔于1844年曾建立"不列颠反国教会"。

条。我们希望做的，则是将此信条置于积极的活跃的思想运动之中。因此我们说，耶稣基督所言，意思是基督教系作用于灵魂的内在信仰之力，而并非外在的、对肉身的约束力。不从国教者反对国立教会和国家资助教会，倘若依据的是基督的这层意思，那么他们的信条就是正当的、合适的，尽管像成立解放社这样的做法与他们的信条或许并不相符。

说到这里，我们自然想起了以前谈论过的宗教，科布小姐和新道路上的英国健康学会。[11] 宗教有两部分，一部分管沉思默想，另一部分管崇拜和奉献活动。耶稣基督当然希望他的宗教——那作用于灵魂的内在信仰之力——在两方面都尽可能做到尽善尽美。说来，沉思默想是十分个人化的事情，而崇拜和奉献则是集体的事。数千人持有同样的想法这一点并不能帮助我将问题想得更清楚，但是，若有数千人与我一起做礼拜，我却会受到感染，从而以更大的热情进行礼拜。对宗教崇拜来说，最重要的是一致赞同、年代悠久、公众性建制、世代沿袭的仪式、民族的标志性建筑等，这些在崇拜活动中有神圣的地位。于贝尔说："崇拜活动的公共性，其外在的表现，其音响与华美，及其尊奉的仪式，它以普遍奉行的显而易见的方式带领信众走过外部和内心生活沟沟坎坎的全部历程——正是这些使崇拜活动给人以至深印象。"[12] 因此，礼拜活动应尽可能

---

[11] 参见阿诺德的《当今批评的功用》(《马修·阿诺德散文全集》，第3卷，第278—280页)。科布 (Frances Power Cobbe, 1822—1904)，生于爱尔兰的英国慈善家，著有宗教和社会事务的书。"英国健康学会"(British College of Health) 是"新道路"(New Road，现在的King's Cross Road) 上汉密尔顿广场的一幢建筑物，门口饰有狮子和健康女神许革亚 (Hygeia) 的雕像，由自称"健康神信徒"(Hygeist) 的莫里森 (James Morrison, 1770—1840) 在1828年成立，主要为了配制他的素菜药丸。
[12] 于贝尔 (Joseph Joubert, 1754—1824)，法国文学家、道德家，法国文豪夏多布里昂 (Chateaubriand, 1768—1848) 的朋友，后者选编了他的 (转下页)

减少造成分裂的因素，应尽可能地成为共同的公共的活动；正如于贝尔所说："最理想的祈祷文不含有独特的内容，因而其本质是朴实地表达敬慕之情。"在另一处他又说："就凝聚力而言，怀有同样的虔敬之心比具有同样的思想和知识所起的作用大得多。"前面已说过，思想和知识显然是属于个体的，是我们自己的事情；越是将它当成自己的事，它对我们的影响力就越大。所以说，人与自己的社群一起礼拜才是最有效的崇拜，而唯有独处时，人才能进行最有效的哲思。

事情似乎就是这样的，无论何人，他若认识到耶稣的宗教是内在的信仰，是作用于灵魂之力，并想真正按照耶稣基督的宣言行动，那他就会在思考基督教智性方面的问题时尽量保持个性，但在基督教的崇拜活动中尽量维护其集体性。所以说，崇拜似乎完全是公共的、国家确立的教会的事务，就连站在斯柏靳先生的大都会礼拜堂里对之欢喜、赞叹不已的布莱特先生，[13]恐怕有一句话也说不出口：他多半不会说，作为宗教崇拜殿堂的大都会礼拜堂及其礼拜活动，同作为公共的、国家级殿堂的威斯敏斯特教堂或巴黎圣母院举行的崇拜仪式一样，既令人敬畏又感人至深。看了大都会礼拜堂后，当我们如跌落坠地般的见到一大批私立的、个人办的礼拜场所时——就像新道路上的英国健康学会一样，那些会所与公共的、国家级殿

（接上页）《思想录》（*Pensées*）。阿诺德的引文参见雷纳尔（P. de Raynal）编：《思想录》（第7版，巴黎，1877），第2卷，第29、28、24页。

[13] 1868年4月23日，《泰晤士报》第5版报道了布莱特在斯柏靳的大都会礼拜堂代表撤销爱尔兰国教派的讲话："[自愿捐助]可以做什么，又建成了什么样的丰碑？如果我们想要见到物证，那就让我们朝上下左右好好看看吧。（欢呼声雷动。）自愿捐助为新教做了多少事？我不想担保说，一代人以来，爱尔兰圣公会所有的自愿捐助加起来所做的，和每个星期聚集在这个礼拜堂的盛大会众会所做的事情同样多。（再一次欢呼声。）"

堂的差距是一目了然的——这时，我们不可能不感到，就信仰的一大动力而言，耶稣基督要让宗教成为转变心灵的信仰之力的律令，是完全被丢在了脑后。

不过，不从国教者的礼拜之所以毫无感人的力量，或许是因为他们对思想推理过于起劲了？是因为他们让宗教中的一部分从属于另一部分，让全国性的公共的崇拜活动服从于个人的思想和知识了？然而，他们的会众组织情况却不允许我们得出这样的看法。他们都是会众组织的成员，不是各自独立的思想者；小会众组织的成员对个人自由思想的阻碍丝毫不亚于大教会的成员。其实，对于自由思想来说，五十个人一起思想和上千人一起思想同样是十分有害的。我们已有机会注意到，相形之下，不从国教派并不是因为对神和世界的运作秩序有了比国教更值得赞赏的或更加哲理性的见解，而与国教产生了什么本质的不同。它与国教在这些问题上的想法是相当一致的，不同的只是其礼拜活动涉及的群体规模小得多，绝不是什么全国性的礼拜。

基督所说"我的国不属这世界"的真意是什么，看来斯柏靳先生和不从国教者在理解上出了偏差。基督的意思是他的宗教应作用于人的心灵。宗教在两个方面对心灵起作用，一是思想求索，二是情感和想象。这两部分中，不从国教派在思想求索这一点上不见得比国教做得好，基督的话却被它认为是在谴责国教。而在情感和想象方面，不从国教派做得大不如国教。如此看来，两相比较，还是国教教会比较有优势，它们理解了基督的话并在实际中运用。如果说它们做得不充分、不够好，至少相比之下，不从国教派做得更不尽如人意。

现在我们面对着铲除爱尔兰的国立教会的行动，这行动凭借的力量是不从国教者对国家公开确立并资助宗教崇拜的仇视心理，那

第六章 自由党的实干家　　145

么这时是否可以强调，做好事的最佳途径并不是直接对此行动助以一臂之力，不是同不从国教派一道为希伯来精神摇旗呐喊？就眼前的事而言，就是不要不加任何分析地拿了《圣经》上的某些话当作行为的绝对准则？像斯柏靳先生那样的天生的希伯来主义者，当然可以由他们去搞希伯来那一套，但是，自由党的政治家也来崇尚希伯来风气，那就十分危险了。可怜有些自由党的老政客，按其本性来说可算是消极的希腊主义者，即道德上冷漠，却也缺乏理性的热忱；现在看到他们也为希伯来精神摇旗呐喊起来，简直是令人痛心。一味地推崇希伯来精神，其结果是不去做政治家在头脑清醒时认为应该做的事，也不会博得我们想安抚的人民的好感，更不会缓解对立面的敌对情绪，反而只会使得他们更起劲地作对。这种时候，稍微讲一点希腊精神，该是不无道理的吧。应让思想意识自由地检验我们提出的行动及其动机，如果动机目的不合适——现在的这个行动无论怎么看，都难逃动机不纯的印象——就应化解不正当的动力，并提供更妥适更有说服力的目的，以指导更实在的行动。提倡这种做法的人，难道不是在寻找恒久的真理，因而为诊治时代的精神疾病做出最好的贡献吗？难道他真的值得让信奉行动的人那么不耐烦？

二

现在谈谈另一个行动。眼下这个时刻，它不如撤销爱尔兰国教那样激动人心，但我以为那也应确切地称作一项简单切实的、通情达理的改革，目的在于铲除某种具体的弊病，并严格地限定在这一目标内。对此，自由党人理应助以一臂之力；假如他坐视不理，那么别的自由党人当然要对他失去耐心。[14]我有幸在议会下院亲耳聆听有关这项行动的讨论,那位著名的演说家布莱特先生发表强有力的讲话,力荐此计划。于是,据说我对此类切实的改革所怀有的妇人似的恐惧,也被抖搂出来,好好地掂量了一番。但假如恐惧仍然延续,那我们会认为它总有这样或那样的存在理由,因此给它套上目前那个耻辱的名称也就不应该了。

我指的是处理无遗嘱不动产的议案所要采取的行动,我在议会下院听到的就是关于这项议案的讨论。[15]众所周知,该议案提出应改变现行的规矩,不再将未立遗嘱的死者的田产传给其长子。现在本国土地几乎全部由我们称为野蛮人的那部分人占有;因此,赞成者和反对者都认为,议案朝着终止这种土地占有的状况进了一步。布莱特先生和那些赞成他意见的发言人似乎认为,天下有一种自然法则或自然的适宜性;按此法则,一个人死后,他的所有子女都应

---

[14] 阿诺德是在回敬别人的攻击。1868年1月4日,《伦敦插图新闻》(第52卷,第10页)谈到阿诺德《无政府状态与权威》的第一篇文章时称:阿诺德"对于目的在于铲除某种具体的弊病,并严格地限定在这一目标内的简单切实的、通情达理的改革,怀有真正的妇人似的恐惧"。

[15] 英国议会中,一项议案在正式成为法案之前,要经过三次宣读。1866年6月6日,议会二读处理无遗嘱不动产的议案,阿诺德就是在这次听到布莱特在辩论中的发言。此项动议由金(P. J. Locke King)和阿诺德的朋友柯尔律治(J. D. Coleridge)提出,内容是在死者未立遗嘱的情况下,他的不动产不应全部传给关系最亲近的男性继承人,而应由其寡妇和子女分得固定的份额。在6月6日二读的辩论会上,金向下院的议员保证说,这项议案只会影响最小的庄园,因为大一点的庄园都是限定继承的(entailed),而上层阶级相对来说也比较懂得立遗嘱或正式赠予的必要。他还告诉下院,现在的继承法律来自诺曼封建制度,为的是让人民变穷,而他的目的是要让人民富裕起来,并分担政府的责任。这个议案未获通过。阿诺德对法国的遗产法做过仔细研究,他希望对英国法律进行远为彻底的修改,可是这个议案则连极其微弱的姿态都算不上(在《花环》第二封信中,阿米尼乌斯提到"百万分之一的情况"下可以不按继承法做),布莱特的提议不过是仿效美国的做法,肯定无法实行。

有权平等地分享他的财产。议案并不剥夺英国人随心所欲的首要权利，人尽可按自己的意愿立遗嘱；议案所规定的是，在他没有立遗嘱的情况下，他的土地应在家族成员之间平分，这样，法律的约束力就被交付给了自然的适宜性，对现在野蛮人违反自然法则的做法加以限制。

看到布莱特先生及其朋友们如此论说时，我不禁想到一个问题。如果说，国家的土地几乎全部为野蛮人所有是件坏事，那么，自由党要采取的这一实际行动，他们所依据的固有观念，即父亲去世后，子女有平等享用其财产的自然权利——这些是否就是最好最有效的处理方法呢？或许，让思想意识自由地、自然地发挥作用，检验野蛮人，检验自由党的行动及其所依据的那一套观念，在这些方面都尽可能地逼近事物可知的规律，才是解决问题的最好办法？

当一个人纯粹而自然地审视自己的意识时，他会发现自己拥有任何权利吗？就我而言，我越是深入意识，越是将自己整个地交给意识，意识就好像越会明确地告诉我，我根本没有什么权利，有的只是责任和义务。所谓权利的观念根本不是来自意识的直接见证，而是人们从抽象推理的过程中得出来的；人们意识到自我对他人的责任和义务，于是推定他人也一定意识到对我的责任和义务。但是，显而易见，如此得出的权利观很有可能只是形式上的，是僵硬的概念，容易产生欺骗误导作用。我们应让直接来自于意识的观念影响和抑制这种僵化的观念。因此，所谓我们的子女有权反对我们的说法是危险的、错误的；真确的稳妥的提法是，我们对子女应尽责任。然而，谁能从我们的意识中找到根据，说我们有责任和义务将自己的财产让子女平均分享？换句话说，尽管意识告诉我们应抚养子女，应为其福祉着想，但谁的意识指示说，享有财产本身就是福祉呢？让子女平均分享我们的财产是否就是为其福祉着想的最好办法，那必须视我们生活于其中的社会的情形而定。例如，罗马帝国灭亡时，留下了一副烂摊子，如果来个均分，当时的社会就不可能从混乱的状态下挣脱，重新组织起来。对于孩子来说，当然是生活在井井有条的社会比分得一份父亲的遗产更有利于他的福祉。

于是我们看到，作为处理无遗嘱不动产的议案之依据的僵化观念是没有什么说服力的。所谓子女理所当然应均等分享遗产的观念并不可信，因此，它也就必然不可能说服和争取那些有不同的习惯和利益，因而不大愿意这样做的人。另一方面，所提议的行动能否有效地改变野蛮人现在的实践，完全要看被提议奉为神圣的观念是否具有真理的说服力；因为，除非我们所看到的没有强大效力、不能抓住意识的那个主张一经颁布，确实能对野蛮人起到遏制作用，否则他们的一切习惯和利益都会使之乐意走原来的路，他们也有充分的自由继续走下去。

仅仅因为这样的行动计划提议要做点什么事情，我们就应该为它添枝加叶吗？就该用好听的辞藻加以修饰，赞誉说那是简单切实的、通情达理的、明确的行动吗？就该为之争取信奉行动者的全部热情支持，就该指责冷淡的态度，说那是对有益的改革怀有妇人似的恐惧吗？在我看来，让思想自由无羁地、公正客观地审视野蛮人及其占有土地的情况，比这种行动切实一千倍，而且大大增加了产生预期效果的可能性。情形难道不是这样的吗？甩开陈腐的观念、机械的行动，悉心去发现事物可理解的规律，认真查看拥有土地的阶级究竟是怎么回事——如果这样做了，意识很快就会告诉我们，这个阶级的延续对它自身和所在的社会是否真正有利，是完全要依该阶级和该社会的具体情况而定的。难道意识不是立即就告诉我们，财富、权力、尊位等——尤其当这些东西是继承的，而不是自己挣得的时候——是十分令人烦恼的、危险的事物？威尔逊主教说得好:"在没有特别恩许的情形下,财富几乎总是被滥用。"[16]然而,对财富的特许在很大程度上是封建时代形成的,拥有土地的阶级及其继承制度,都是在封建制度的条件下产生的。一个粗野的、新生的、搏击的社会,其艰辛与竞争的环境支撑了土地所有阶级,磨炼、鞭笞、锻造了土地所有阶级,当时的社会需要它占优势地位,这样社会才有凝聚力;况且,占有主宰地位对这个阶级自身也无多大害处,因为其成员经受着严厉的考验和磨难。然而,在一个和平稳定、安逸舒适的社会中,财富极大地丰富了享乐方式,挥霍财富的诱惑也空前增加,同时,又不再需要像原先那样磨炼身心,处处受到约束;于是,封建阶级就真正置身于一位法国道德家一针见血所点出的自然法则之中了:没有理智的权力是极其危险的。从我本人来说,观察这个阶级的青年时令我感受至深的,是他们的生活环境对其幸福所造成的磨难和毁灭性影响。他们如能走自己的路,闯自己的世界,而不是在没有得到必需的特别恩许而领受下来的环境中受折磨,那他们中的绝大多数会成器得多!

我们就野蛮人的福祉问题虚心请教意识;意识回答的,看来就是上面的意思。接着,又请教野蛮人对社会福祉的影响。意识说,一个阶级凭借其所占有的财富、权力和地位,成了社会其他成员的榜样和典范;假如考验、试炼这个阶级的,是它自身都难以消受的闲适和欢娱,假如这样的享受使之无法抗拒地远离了优秀和善德,那它还能于社会有何裨益?所罗门说:"将尊荣给愚昧的人的,好

---

[16] 见莱尔顿编:《格言集》(伦敦,1898),第131页。威尔逊主教当然是在基督教义的层次上说到"特别恩许"(a very extraordinary grace),意即应在宗教精神的指引下使用财富;阿诺德则在民族历史的意义上分析财富的占有和挥霍问题。

像人把石子包在机弦里。"[17]

任何人都能觉察到,尊崇虚假的典范,不是以智慧和善德为理想,而是尊崇财富地位、安逸享乐,那无异于将石子包在机弦里,去射杀伟大的中产阶级、我们非利士人心中追求美的欲望——前面已说过,这欲望的特征是永远推动所有的人向着美好的境界前进。尊崇虚假的典范射杀了追求美好的欲望,只让我们也盲目地等而下之地追逐虚假的理想。对有些非利士人来说,他们心中追求美好的欲望并未完全泯灭,但是没有优秀的典范提供养分,不断巩固这欲望,它遇到的只是追逐低下趣味的倾向。追逐低下趣味与追求美好都是与生俱来的、由老天植入人心的倾向;[18]前者扭曲了后者,推着后者走上歪路,使其随波逐流、东奔西突,最后撞上了种种丑陋可怕的大众宗教,而我们非利士人中间那些有头有脸的体面人物还以为,这些就是心中那追求一切美好事物的欲望之真正的目标呢。至于群氓,他们心中追求美好的欲望甚至尚未成形,虚假典范的石子就已将它射杀。按照这种典范所树立的理想,美好的条件太苛刻了,几乎是不可能企及的,极少数人达到目标几乎必然以极大多数掉下来为代价。因此,我们或许可以说,在很大程度上,那种虽早就不合时宜却延续至今的野蛮人及其封建的继承惯例,已于不知不觉中造成了非利士人的低俗和群氓的粗暴;野蛮人的继承习俗不仅对自身的福祉是一种侵害,而且同时也危害了社会上其他阶级的福祉。

我们已知道,文化要通过客观的主动的阅读、思考、观察等手段,去了解最优秀的知识;在文化的感召下,我们经过思考,得到

---

[17]《圣经·旧约·箴言》,第26章,第8节。
[18] 参见第五章,第128页及注[19];第三章,第79—80、86页及注[17]—[19]、[33]。

了上述的想法。现在我们要问，在结束封建土地继承制的习俗和规矩这个问题上，同无遗嘱不动产议案之类的行动计划相比，同所谓子女有平均分享父亲遗产的天然权利的固有观念相比，我们的考虑难道不是有效得多吗？我们已经看到，所谓天然权利的说法是刻板的信条，缺乏根据，那么，依据理由不充足的信条搞起来的行动当然就不可能奏效了。我们相信，人的思想会自然地不可抗拒地受到真理和理智的影响；如真是这样，我们的上述考虑定会比议案有效得多。文化唤起种种应考虑的因素，让它们在头脑中自由运作，这样它们便会活跃起来，产生效力。那无疑是个渐进的过程，而且这种种思考也不会就此将我们自己拉到前台，登临高位，将其付诸实施；但是，唯其如此，它们才会更加有益。所有的事情都在教育我们，自然中一切深刻的变化都应是渐进的过程；我们甚至还可以看到，突如其来地、一刀切地终止封建习俗，已在一些地方造成了危害。但诉诸真理和理智的思考无疑会触及、感动野蛮人阵营中的出众者，即他们之中所有那些对真理和理智十分敏感的人士（非利士人中也无疑会有超越本阶级的人士，群氓中也有这样的人）。这的确是美好与光明胜于火与力之处。[19] 美好与光明能使封建阶级不动声色地、渐渐地摈弃封建习俗，因为它认识到这些习俗不符合真理和理智；火与力则要以激烈的方式革除封建阶级的旧习，要知道在骆先生斥责（或人们以为他在斥责）劳工阶级烂醉如泥、贪婪腐败的时候，[20] 这个阶级是为他鼓掌叫好的。

---

〔19〕 参见第五章，第118—121页及注〔6〕。
〔20〕 参见第三章注〔32〕。

三

我们谈到自由党朋友铲除有形罪恶的实际行动计划,假如我们不投身其中,朋友们是很容易对我们丧失耐心的。然而一旦开始列数这些行动,我们又怎能忽略那个争取男人准娶亡妻之姐妹的有趣议题?正如我有幸聆听终止封建土地继承习俗的讨论一样,这次我也亲眼见到、亲耳听到自由党友人们是怎样为议案辛劳的。

钱伯斯先生在下议院提出准娶亡妻之姐妹的议案时,[21]我有幸在场听他的申诉演说。头一条理由讲的是上帝之法——他总是称《利未记》为上帝之法——并未禁止男人娶亡妻的姐妹。既然上帝之法没有禁止,那么就应该立即奉行"随心所欲为人之首要权利和幸福"的自由派信条,取消对声张个人自由的任何限制,诸如不准娶亡妻姐妹的禁令等。提出议案后的辩论中,一位支持钱伯斯先生的著名自由党人以美妙工整的语言,简洁地表达了自由党在这个问题上的看法:"自由为人生之法。"于是,一旦确定上帝之法典亦即《利未记》未有阻遏之说,那么人之法,即自由之法,就要声张自己的权利,使我们获得娶亡妻姐妹的自由。

这简直和海普沃斯·狄克森先生所描述的美国同胞的态度和做法如出一辙。狄克森先生几乎可以叫作专讲爱情婚姻的科兰索[22]:

---

[21] 钱伯斯(Thomas Chambers)议员在1866年5月2日动议二读他的准娶亡妻之姐妹的议案。他说:"[议案的支持者]所希望的只是法律不应该根据一些人的良心去限制另一些人的行动自由。"议案未获通过。辩论记录中未查到有人在发言中说"自由为人生之法"。另参见第二章注[34]。

[22] 关于狄克森参见第三章注[21]。科兰索(John William Colenso,1814—1883),生于英国的康沃尔,毕业于剑桥大学,1853年任南非共和国纳塔尔省(Natal)的主教,编撰了祖鲁语语法和词典,将《新约》译成祖鲁语。1862年时因要求一夫多妻制的祖鲁人在皈依基督教后同妻子离婚,挑战永久惩罚的教义,宣布《摩西五经》系流亡之后的伪作等,引起论争,(转下页)

他在这些问题上给我们的观念带来了革命性变化,就像科兰索在宗教观念方面所做的一样。我们的民族同希伯来民族在精神气质上很有亲和感,这我们已注意到了;[23]我们对自由有强烈的信念,只要《圣经》——那是良心之定型的、完美的、至高的准绳——没有明言加以限定,那么自由便是人生的律令了。海普沃斯·狄克森先生说了,我们的美国同胞怀着同希伯来精神的亲和感,怀着强烈的自由信念,又重读了《圣经》:摩门教徒读的是早期教会领袖和《旧约》,诺伊斯教友则读圣保罗和《新约》;他们以前除了《圣经》就没怎么读过别的书,现在重读《圣经》,竟然又有了各种各样的伟大发现。[24]所有的发现都对自由有利,都能满足双重渴求。这双重渴求——既渴望吃到禁果,又渴望有合法性——是我们非利士人的特征,其杰出的典范就是贵为君王的非利士人亨利八世。

海普沃斯·狄克森先生文笔流畅,他在此地播扬了美国同胞的重大发现。于是,在爱情婚姻的问题上,我们仿佛扬起风帆,驶入了哥特风气复兴的时代。海普沃斯·狄克森先生称之为哥特复兴,[25]他是哥特教的使徒和传播福音者;然而,在众多大力推崇海

（接上页）1863年被开普敦主教逐出教门,但后来仍保住了圣公会的俸禄。1875年曾带领当地人反对布尔人（南非的荷兰后裔）的压迫。当时英国的自由思想人士很推崇他证明《摩西五经》中数字不一致的研究,但阿诺德写了《主教与哲贤》一文挖苦他的天真无知（《马修·阿诺德散文全集》,第3卷,第40—55页）。

[23] 参见第四章,第114页。
[24] 狄克森的《新美洲》一书（第3版,费城,1867）,第154—155、179、184、213、387页。
[25] 狄克森的《精神之妻》(*Spiritual Wives*, 1868) 的最后一章题为"哥特复兴"。他写道:"条顿族的先知和文士多少都有高于普通婚姻的性爱的神秘意识。……从斯德哥尔摩到伦敦,从柏林到纽约,在所有的哥特人都城,我们都看到老式的婚姻纽带在迅速地松弛、松绑。……或许我们还没有真正认识到,这奇特的新生活的开端起因于哥特人血脉的突又激荡……或许,自我们的祖先走出松树林,站到历史的前沿以来,哥特人的家庭从未像（转下页）

普沃斯·狄克森先生那柔韧而强健的文风,并跟在后面亦步亦趋的报纸中,有一家则用了更加直露的惊人之语,称之为"盎格鲁-条顿民族的伟大性爱叛乱"。[26] 为了性爱崛起这个目的,我们必须将目光移开,不去管任何希腊式的奇特想象,而只盯着《圣经》和自由这两个基本点。刚才已看到,自由党搞起来的、召唤大家投身于其中的一项切实行动,其全部的注意力只在这两个基本点上;几乎可以说,盎格鲁-条顿民族的伟大性爱叛乱刚交了头款,或说公众和议会刚为之做了担保。[27]

但在这个问题上,如同其他问题一样,我们所寻求的是使非利士人臻至完美,是培养他最优秀的自我,而不是只让他的普通自我得到自由。我们认为,无论是非利士人那句现成的格言"自由是人生之法",还是正好相反却同样是言之凿凿的格言,"克己制欲是人生之法",[28] 都没有什么绝对的合法性。因为我们懂得,正如宗教所

（接上页）现在那样经受过高尚激情的风暴冲击。"1868年1月30日的《蓓尔美尔报》刊登了对该书的苛评（第410—411页）,认为以风格论,"狄克森先生充其量也就是日报的'特别记者'的水平"。数年后,狄克森因该报一位作者说他"以写下流文字最为著称",提起诉讼,后来胜诉,赢得四分之一便士的赔偿（参见乔治·史密斯:《合法的愉悦》,载《考恩希尔杂志》,1901年2月,第194—195页）。

[26] 1868年1月30日的《每日电讯报》第7页有重要文章赞扬狄克森的《精神之妻》在风格上"光彩照人",是"公认的行家";还说,"他使我们看到,在德意志、英国和美国这三大盎格鲁-条顿族的国度中,可以称之为性爱叛乱的那种动向的实质和发展程度"。不过,阿诺德读到的,是对该书大肆吹捧的广告词。广告一条条摘引报上的赞美,在引用《每日电讯报》的一段后,是《伦敦评论》上的话:"风格上柔韧强健,形象地掌握了最有吸引力的各种文学形式,这些使狄克森先生在处理题材时做到了既风趣又有教育意义。"

[27] 这一段中所说的两个基本点以及付款、担保（installment, pledge）的比喻同第五章中论述的两大关怀及付账、结算的比喻有关（参见第128—130页）。

[28] 卡莱尔从歌德的小说《威廉·迈斯特》（*Wilhelm Meister*）中获得灵感,以此命题作为他的《旧衣新裁》（*Sartor Resartus*）中《永久的肯定》（The Everlasting Yea）的论点。此外,卡莱尔和阿诺德一定也是指浮士德所说的"人要学会放弃!"[《浮士德》,第1部,书斋（2）]。不能什么都要,（转下页）

第六章　自由党的实干家　　155

说，完全的自由只存在于尽心侍奉，[29]并不是为任何现成的信条去尽心侍奉，而是提炼出最优秀的自我，将普通自我大量的躁动、盲目的冲动协调起来，使之服从于优秀自我，服从于完美人性的理念。非利士人有个大毛病，就是缺乏精妙细致的眼光；因此，培养他的细腻感觉，使之独立于外部的僵硬的规矩，成为自身的律令，这就是最大限度地帮助他达到完美和真正的人性。在爱情和婚姻关系中，真正的人性和幸福就在于能够敏感地体会其中细腻的感情，以得体的同情心悉心感受与之结合在一起的生命中那不易觉察的、本能的好恶倾向，好对方之所好，恶对方之所恶，学会控制和管束个人任意的行动，使自己的行为与对方的好恶协调起来；这样做了，便能获得更为宽广的精神生活、思想生活以及自由。反过来说，如果对细腻微妙的感情差异和精细的同情麻木不仁，自己则尽兴行个人之事，除了受到一点机械的外部律令的限制外，对个人行动不讲限度、不加管束；如果为了满足普通自我而这样下去，便会真正使他的精神生活和思想生活越走越窄，自由越来越少。

如果说，在具体的爱情婚姻问题上，那个给他提供固定的永恒的规则或曰上帝之法的源头不怎么适合提供终极的绝对的训诫（它或许可以提供处理人类生活其他关系的法则），那么上面说的走向狭窄的情形必定更为突出。威尔逊主教举过大量事例，说明在希伯来精神的疆界之内运用希腊精神会结出丰硕的果实。许多事例说明，让鲜活的思想意识之流冲洗僵硬刻板的希伯来观念，能使这些观念得到更新；我们注意到圣保罗就是这样做的。威尔逊主教也

（接上页）不能永不满足，甚至要"断念"，放弃自己喜欢的东西和人——这是贯穿歌德作品的思想。
[29] 安立甘宗《公祷书》(*The Book of Common Prayer*) 集祷文之二，晨祷："啊主，侍奉您就是完全的自由。"

给钱伯斯先生那样死板地信奉希伯来教条的人上了令人赞叹的一课。这些人问道,上帝之法(指《利未记》)可禁止我们娶亡妻的姐妹?又问,上帝之法(还是指《利未记》)可应允我们娶亡妻的姐妹?威尔逊主教说:"基督徒的责任建立在理智之上,而不是以神至高无上的权威为本;神不凭自己所欲对人发号施令。神不可能命令我们相信不应相信的,或去做不应做的事情;他的诫命都来自我们人性之需。"[30] 我们承认,希伯来民族及其风尚对我们产生了巨大影响,希伯来精神对人性一些极其重要的方面的看法无可争议地具有权威性,由此完全可以认为,在这些方面它喊出了人性最深刻的需求,代表了事物之神圣的永恒的秩序,是上帝之法的声音。尽管我们承认这些,但只要不是被希伯来主义绑住了手脚、蒙蔽了眼睛的人,有谁会相信,在爱情婚姻的问题上,我们的理智和人性的需求,竟然要由希伯来这种一夫多妻制的东方民族来表达,竟然是这个东方民族的声音表达了理智和人性需求之真正的、充实的、神圣的法则?哪个认真考虑这个问题的人会相信,当人们对女性的本质,女性的理想,以及我们与之的关系提出问题时,我们印欧民族——敏感细致、领悟力强的印欧民族的心灵,那创造了缪斯女神、骑士精神和圣母马利亚的民族,竟然要从闪米特民族的习俗中找到最终解答,而他们最有智慧的国王娶了七百个妻子,三百个妾室?[31]

---

[30]《格言集》,第19页。
[31]《圣经·旧约·列王纪上》,第11章,第3节:"所罗门有妃七百,都是公主;还有嫔三百;这些妃嫔诱惑他的心。"

四

　　如果说，引导人们对自由党朋友们计划中的行动加以思考，而不是直接助以一臂之力，其实是更有效地诊治了时代的精神疾患的话，那么在这场有关自由党切实行动的讨论结束之前，我们还要看看，对于他们著名的工业和经济方面的辛劳来说，思考是否同样有效。这方面的伟大业绩，当然要数自由贸易政策。我们已习惯于怀着感激之情庄重地谈起这个政策，说它使穷人吃到了不收税的面包，说它奇迹般地促进了贸易。布莱特先生及其朋友经常向我们邀功，其主要资本就是在这条政策上给我们带了头。他们要求大家将他们视为瞎子领路人、无知者的教师、恩主：是他们的费心尽力，才使保守党内和国内慢慢地"长了智力"。[32] 布莱特先生总喜欢用"长智力"这个词，众所周知，这也是所有文化的朋友要做的事情，我们宣扬的文化，就以此为伟大的目标。

　　好了，我们刚才已对自由贸易及其倡导者表示了敬意。现在就让我们来看看，自由党之友实施自由贸易的行动计划时是否也很机械刻板，是否根本不谈事物稳固的、可理解的规律，不顾人类生活的整体，不顾人的幸福。我们还要看看，如果不像他们那样以希伯来方式崇拜自由贸易、迷恋自由贸易，不去推波助澜、将自由贸易

---

[32] 1868年2月6日的《泰晤士报》第10版刊登了布莱特的讲话："这25年来我所参与的公开讨论中，我总要不断争辩说，人民的无知是我们国民特性中最可悲的一点。我据理力争说，如果食品能便宜些，贸易更加自由，工业更加规范，工资更高些，那结果就会提高人口的智力水平。我相信国民的智力水平已经有所提高，并正在提高……对于那些说我又慢又保守（笑声）的人，我请他们尽可能考虑到这些情况。我确信，无论什么提交给公众和议会讨论的议题，只要我认为可能对提高人口的智力和道德水平有些微的帮助，我就绝对不会不给它以真心实意的支持。"

本身当成目的来追求,而是引入思想的激流,检查他们对待自由贸易的态度,认清自由贸易与人生的可知规律以及它与国民的健康幸福之间的关系,是否对我们更加有利。简言之,我们曾用希腊精神对待处理无遗嘱不动产的议案,对待撤销爱尔兰教会国教地位的行动,以及支撑了这行动的不从国教者对国立宗教的仇视情绪;现在我们对自由贸易也要来一点希腊精神,看看究竟是用希腊的方式还是希伯来的方式,才能最有效地做好那件被谴责我们的人动听地叫作诊治时代精神疾患的事情。

不过先要搞清楚的是,自由党友人心目中的自由贸易政策究竟是怎么回事,他们又是怎样用它作为工具,切实地实现国民幸福与救赎的。我们说过,阻止少数派教会为了自己的利益占用爱尔兰教会的全部财产,这一做法显然是正当的,那么同样,让穷人吃到不收税的面包显然也是正确的。而且,一般来说,某些限制和规矩是为某个人或某群人据信的利益而设定的,它们造成了物价人为地此涨彼落,干扰了经营买卖的自然节律,那么,废除这类限制和规矩显然也是正确的。但是,就自由党朋友们的政策而言,自由贸易绝不只是取消限制;自由贸易之所以受到特别青睐,是因为它能刺激财富生产(这是他们的话),使国家买卖兴隆、人丁兴旺。大家已看到,我们怎样追求贸易、生意和人口之类的事情,将这些当作宝贵的目的本身一味地迷信崇拜。而布莱特先生呢,当他想让劳工阶级真正体会到何谓光荣与伟大的时候,就叫他们看着自己建造的城市,自己修筑的铁路,自己制造的产品。[33] 原来自由党的朋友们如此庄严而虔诚地赞叹自由贸易,为的就是如此这般的光荣与伟大,为的就是买卖兴隆、人丁兴旺。他们珍视的就是这些。故以这种国

---

[33] 参见第一章,第29页及注[34]。

民福祉的眼光来看，穷人的面包不收税与其说是为了让现有的穷人吃到更便宜、更多的面包，不如说是制造出更多的穷人来吃面包。所以，尽管我们无法精确地说，实行自由贸易之后穷人的数目减少了，但我们却能实话实说：现在那叫作工业中心[34]的地方多得多了，生意红火得多了，人丁兴旺得多了，产品丰富得多了。虽说我们有时也因为大批穷人的存在感到有些于心不安，但我们知道，生产和人口的增长本身就大有益处，而且自由贸易的政策激发了如此令人叹服的活力，就在我们想着那边的穷人时，这边却又制造出了新的工业中心和新的穷人，真让我们看得眼花缭乱、忘乎所以；于是人们要求工业化的步伐更快些，社会进步似乎喜形于色地成了一场俗称"让警察抓不着"的赛跑，真正做到了入不敷出。[35]

然而，倘若不去看建了多少城市，制造了多少产品，而是用别的标准衡量人类的福祉；倘若我们坚持认为没有那么多穷人的话，社会进步的状况会好得多；倘若我们致力于思考，设法调节穷人和生意之间的关系，而不是盲目地、习惯使然般地大量增加穷人和贸易的数量，那么，自由党的朋友们，那些被封为自由贸易权威的人，就对我们十分不客气了。《泰晤士报》说："生命有限，学海无

---

[34] 阿诺德说的"工业中心"后来亦称为"都市圈"（conurbation）。到20世纪初，英国已经围绕伦敦、曼彻斯特、伯明翰、利兹、利物浦、纽卡斯尔和格拉斯哥等7个中心城市发展出了人口高度集中的大工业集合城市：大伦敦，东南兰开夏，西米德兰兹，西约克，默西赛德，泰恩赛德，中克莱德赛德。那都是一大片由多个城市和市郊集合起来的工业和城市用地。虽然现在我们在有意识地发展大城市和周边的市郊及卫星城，但维多利亚时代和20世纪初，对"都市圈"的批评声音很多。参见哈维和马修：《19世纪英国：危机与变革》，韩敏中译，斑斓阅读·外研社英汉双语百科书系，外语教学与研究出版社，2007，259—260页。

[35] 英语谚语，原文（outrunning the constable，"比警察跑得快"）的直译，意思是"入不敷出""负债"（警察的一项责任是逮捕负债者）。

涯。[36]大多数情况下我们都是先解决问题，理解的事以后再说。理论还是越少越好，现在需要的不是苦思冥想的启示。假如什么问题都不能解决，对理论也不能充分理解，那么我们就处于悲哀的混乱之中了。听说劳资关系我们是搞不大懂的，但生意买卖总的来说还搞得不错。"[37]我引的是不久前的《泰晤士报》。但是如我一再指出的，这一类的想法是彻头彻尾的英国式想法，多年来我们已对此十分熟悉了。

假如要多了解一点这问题的理论，那么主张自由贸易的朋友们为我们提供了两条原理；他们以为，原理既然是尊敬的大师确立的，便应能完全满足我们的需要。一条原理是，在其他条件相同的情况下，人口越多，生产越会增长，以与人口增长相适应；这是因为人的数量和相互交往的增多会激发各种类型的活动，从而促进人力资源和自然资源的开发利用，而在人口稀少的时候根本不会有活动和发展。另一条原理是，虽然人口水平总是趋向同生存手段持平，但是随着文明的发展，生存条件的观念也扩展了，除了糊口之需以外还会增加一些内容，如此也就为人口增长设置了所需的障碍。然而，这些朋友也许错就错在将这些原理当成自动规律来运用了，好像只要我们愿意热情地坚定地追求自由贸易、生意和人口，那么不用费事，不用做计划，这些原理便会自行发挥作用。可千真万确的是，不管在别的情况下怎样，就我们现在的情形来看，生存之需的观念是扩展了，但却没能遏止刚刚达到或甚至达不到勉

---

[36]"医学之父"、古希腊医师希波克拉底（Hippocrates，公元前460？—前357）所言；英国中世纪作家乔叟（Geoffrey Chaucer, 1343？—1400）在《百鸟议会》中翻译引用了这句话（"The life so short, the craft so long to learn."意为"人生如此短促，学会技艺却需那么长的时间"）。

[37] 1868年7月7日《泰晤士报》第9版的重头文章。

强糊口水平的人群数量的增长。再者,随着人口的增长,生产可能会增长,但产业的种类、产业与人口的关系或说与人口的不相关,都可能致使人口状况并不因此而有所改善。

举例来说,伊丽莎白时代以来,随着人口的增长,丝袜的生产也大有增长,价格便宜得多,更多的人能买到大量的丝袜了;而且,随着人口和生产的进一步增长,丝袜也许还会越来越便宜,用巴斯蒂亚[38]喜欢的形象的语言来说,它最终会像光和空气一样,成为人类能免费索取的普通物品。但是,伊丽莎白时代以来人口增长了,面包和咸熏肉却没有随之而变得便宜得多,也没有多得多的人能大量得到面包和咸熏肉,并且根本别指望它们会变得如光与空气一样,成为人类可以免费索取的普通物品。如果说面包和咸熏肉并没有与人口保持相应的增长,现在缺少面包和咸熏肉的人比伊丽莎白时代多得多,那么,告诉我们说,丝袜产量与人口数量同步或更快速的增长,说我们将会从中得到许多舒适,又有什么用呢?

简而言之,同其他许多事情一样,我们过于刻板地追求自由贸易。我们先确定某个对象——这次选定的是生产财富,通过自由贸易增加产业、人口和生意——作为唯一不可少的事,或以它本身作为目的;然后就坚定地习惯成自然地追求这个目标。我们说,我们的责任是坚定地一成不变地追求这个目标,而不是琢磨它与事物的整个可知的规律以及与人类高度完美的关系,不是将它当作工具和手段,按它与事物可知规律的关系认识其价值;可事实上,其价值确实随着这种关系的变化而有所不同。

这种情况下,我们说的话对于《泰晤士报》,对于拥有自由贸

---

[38] 巴斯蒂亚(Frédéric Bastiat, 1801—1850),法国经济学家,主张自由贸易,其区分效用与价值的理论产生了很大影响。

易的护身符因而欢欣鼓舞的自由党朋友们,是不起作用的。对他们说,我们的人口中约有十九分之一是穷人;[39]对他们说,因为有那么多穷人存在,所以即使生意买卖做得不错,也不能就此证明懂不懂得劳资关系无关紧要,不仅如此,我们甚至很难说自己还没有陷入悲哀的混乱之中等,是没有用的。坚定地、机械地追求固定目标的信念这时起了作用;我们已提到,这信念还披着《泰晤士报》那堂皇唬人的必然论外衣。必然论认定贸易和人口的增长本身是件好事,是上好的好事;它告诉我们说,贸易生意的总趋势虽稳步向上,然商贸潮流有涨有落,幸福生活受到干扰在所难免,没什么可抱怨的。我因职务关系,常去伦敦东区;每当身在东区,面对扑面而来的酸楚景象,我就要拼命回想那坚定有力的哲学。说实话,为了让自己挺住,不被这满目疮痍压垮,我从《泰晤士报》上抄录了一段文字,其字里行间充满了最美妙的经济学原理。我一直将这段话带在身边:

"东区是都市里商业、工业活动最密集的地区,也是涨落起伏最厉害的地区。东区总是先遭殃,谁让它是繁华的产物呢,一旦不能'好风凭借力',便会重重落地。整个东区到处是巨大的码头、船坞、制造厂,还有无以计数的小房子;年景好的时候哪儿都生气勃勃、欣欣向荣,萧条了,便像我们读到过的东方的沙漠,草木枯萎、了无生机。现在,沙漠短暂的春天已经过去。谁都怪不着,那只是大自然最简单的法则作用的结果!"[40]大家一定都同意,话没

---

[39] 出自1868年7月1日《泰晤士报》第10版《贫穷》一文的注。统计数据是1868年1月1日的。

[40] 1867年12月11日,《泰晤士报》第8版的文章较通常情况更早、更严重地预测了伦敦东区的救济呼声。文章暗示,以慈善行动回应这些诉求事实上不是施予恩惠,而是罪孽,因为它鼓励人们滞留在不怎么需要劳动力的市场周围;"社会在为这些人恳求帮助,但他们中许多人只要多一点干劲,(转下页)

法说得比这更坚定了，对自由贸易的信念也不可能表现得更明确了，我是说自由党朋友们所理解和实施的自由贸易。

但是，如果我们仍然心存疑虑，不大相信大量增加制造业和小房子本身会是绝对的好事，不相信这样甚至能抵消穷人数量大批增加的影响，那么我们会了解到，就连穷人数量的成倍增长本身也是一件绝对的好事，是神圣的美妙的法则使然。这确实是非利士朋友们最喜欢的题目，我也提到过，《泰晤士报》用感恩的、严肃的言辞大谈人口大幅增长，而非利士朋友们读这些文章的时候如何充满了自豪感激之情。[41] 不过，下面我要引用的，是年轻聪慧的苏格兰作家罗伯特·布坎南先生的言论，因为他给那流行思想——认定人口增长本身就是福分甚至神圣的流行思想——注入了那么多的想象和诗意。"我们朝着众多行进，"罗伯特·布坎南先生说，"如果有一种品质像是上帝的，而且只属于上帝，那似乎就是对子女的神圣关爱，让充满激情的爱分布、扩散到活的躯体中去。每新增一个活物仿佛都能唤起造物主的又一次欣喜；每添一个新生命，他的爱就多了一分体现。上帝要让大地密密地充满生命。永远没有止境。生命，生命，生命——绽笑的脸，跃动的心，生命必须充满每个角落，不留一个缝隙。整个大地孕育生命，天主不胜自喜。"[42]

（接上页）多一点适应性，就可以在远离伦敦东区的地方受雇佣并挣到很好的薪水。"当时木船需求下降，铁甲船需求上升，而在英国北部和苏格兰的造船厂，铁甲船造价比木船便宜，这是造成工人困苦的基本原因。伦敦工会拒绝降低工资，工人无活可干。灾难终于降临，1868年1月出现了许多紧急委员会，给伦敦两个区（Poplar and Bethnal Green）的穷人发放救济物资，伦敦主教于1月29日召开会议，协调各方努力。《泰晤士报》再次痛惜造船工人不愿去外地挣高工资，认为大家都来关心失业工人的疾苦只能导致有害的重复施善、误用慷慨。不过，阿诺德引文的具体文字并没有出现在这些文章中。

[41] 如第一章，第15—16页及注[12]。

[42] 布坎南（Robert Buchanan, 1841—1901），英国诗人、小说家。他因攻击英国诗人斯温伯恩（A. C. Swinburne, 1837—1909）和拉斐尔前派诗人（转下页）

将爱子之心全部归于上帝稍稍有失公平，英国的非利士人，爱尔兰的穷苦阶级，都可以宣称自己分享了上帝的爱心。然而，布坎南先生唱的调子多么振奋人心！我去伦敦东区时，也一直将这些妙句带在身边，时时诵读。平时耳边老听说孩子啊大家庭啊的话，说孩子是一种赏赐，这里布坎南先生的话和流行语言如出一辙。就在我刚才引的诗意散文的后面，罗伯特·布坎南先生来了这么一行诗——

这是无花果树叶时代里的老故事[43]——

（接上页）罗塞蒂等为"肉欲诗派"而在史册留名。（布坎南：《肉欲诗派》，载《当代评论》，1871年10月，第18卷，第334—350页。）

阿诺德所引出自布坎南的诗歌评论集《大卫·格雷及其他》（伦敦，1868）中《学者及其使命》一文批判阿诺德的段落（第198—199页）。引文的宗教思想背景参看本章注[50]—[51]；原文的"众多"（multiplicity）和"密密地充满"（swarm）可能都是呼应《创世记》中上帝所说的"要生养众多，遍满地面"（Be fruitful and multiply, and fill the earth）。布坎南多次撰文批评阿诺德，他的评论又往往遭到别人的反批评，起因可能是1866年阿诺德读了布坎南的诗歌后写信给后者，做了一番规劝指点。虽然阿诺德一再说自己并未参与论争，也很不愿意看到结怨的情形，但这里对伦敦东区贫民问题的讨论仍是回应了《旁观者》第41卷（1868年2月8日，第170页）一篇反驳布坎南的评论文章中的一句话：（阿诺德）"对缺乏智力的人抱着智性的蔑视"。布坎南反驳此文对他的批评时抓住这句话，攻击阿诺德缺少慈善心。阿诺德对《旁观者》帮倒忙不无忧虑，2月22日在给母亲的信中说他根本不是那样的人，这样说会让人们对他产生反感，并再次声明自己厌恶激烈刻毒的言辞，会尽可能避免用那样的口气说话。

[43] 这行诗并不是出现在上述所引散文"之后"，而是在作为卷首语的谈诗歌抱负的段落中。"无花果树叶"指著名的《圣经·旧约·创世记》，第3章，第7节所描绘的情景：亚当和夏娃吃了禁果后眼睛明亮了，知道自己赤身裸体，懂得了羞耻，"便拿无花果树的叶子，为自己编作裙子"。无花果树叶从此有"遮羞布"的意思。诗行的意思以及上文中说的孩子是上帝的赐福等，参见本章注[50]—[51]。阿诺德当然是用了讽刺笔法，指人口无限增长，结果只能是衣不蔽体。

走在伦敦的东区,这行美妙的诗句自然而然地同上帝意欲让大地密密地充满生命的思想发生了联系。因为在伦敦东区,看到那么多人确实连一块遮体的破布都没有,大地密密地充满生命的景象真仿佛是重现了无花果树叶时代的老故事;而且越是让大地密密地充满生命,就越有希望重演老故事。待到老戏全盘复演,充满生命的过程全部竣工,大地每个缝隙生命爆满——待到那时,伦敦东区的人毫无疑问会绽开笑脸。罗伯特·布坎南先生说了,上帝的愿望是看到人们绽笑的脸,而现在大家一定都觉察到,人们非但没有绽开笑脸,反而是一脸苦相。

但是,我们不能让这样的道理、这样的诗歌左右了我们的头脑,搞得我们也像《泰晤士报》那样,像自由党奉行自由贸易的人以及一般的英国非利士人那样,相信房子和制造业多了,或人口增长了,其本身就是大好的事情,应当紧追不舍,应将其当偶像似的顶礼膜拜。为防止这样的情况发生,我们已坚定不移地确立了文化的观念。我很久前就谈到,[44]文化是对完美的追寻,文化引导我们认识到,在人类全体普遍达到完美之前,是不会有真正的完美的。同情维系了人类的紧密关系,恰如宗教所说,我们其实都是一个身子的肢体,一个肢体受苦,所有的肢体就一同受苦。[45]在普天下的人还没有同我们一道完美起来的时候,个人是不可能达到完美的。智者说:"众人皆智慧,世道乃安康。"[46]我们经常援引威尔逊主教,听从他出色的指点;威尔逊主教也说过类似的惊人之语:"爱邻人与其说是为邻人好,不如说是为自己好。"又说,"我们得救在一定

---

[44] 例如,第一章,第8、11、33—34页。
[45]《圣经·新约·哥林多前书》,第12章,第12、26节。
[46] 基督教圣经《外典·智慧书》,第6章,第26节。

程度上要靠别人先得救"。[47]《效法基督》的作者将同样的意思说得令人叹服:"走完美之道的人越少,完美之道就越难寻找。"[48]因此,如若我们真像嘴上说的那样,想做完美的人,那么朝着完美前行的时候,我们必须带上所有的同类,不论他们是伦敦东区的还是别的地方的人。完美本身是绝对的好事,但实业、人口之类的事情却不是,尽管我们常常将它们当作绝对的好事。我们一定不能让任何对实业、人口之类的盲目崇拜或工具迷信大行其道,制造出大批悲惨、沉沦、无知的人,乃至其人数之众完全超出我们的负载;我们朝完美前进的时候,根本不可能将他们全都带上,于是他们多半肯定只能被我们甩下,滞留在屈辱潦倒的境地。自由党的朋友们对自由贸易的出台自吹自擂,自以为从中发现了国家繁荣昌盛的秘诀。但是,显而易见的是,仅仅致力于无节制的财富增长,仅仅为这个目的就一味地多生产产品和人口,已形成了很大的威胁。倘若目前还未到不可收拾的地步,那么如此下去,很快就会出现数量巨大的、穷乏悲苦的、难以控制的劳苦大众;我们已认识到,尽管《泰晤士报》可以用其必然论哲学、罗伯特·布坎南先生可以用他的诗歌来说服我们,但我们绝对不能接受、认可出现这样的情形。

面对越来越庞大的穷人队伍,希伯来精神总的来说应付乏术,它几乎如主张自由贸易的自由党朋友们一样软弱无力,不能有效对付这个局面,更无力阻止这支队伍继续扩大。奉行希伯来精神的人的确为穷人建立了教堂,派传教士到他们中间去,[49]更重要的,希

──────────

[47]《格言集》,第13、94页。
[48]《效法基督》(参见第四章注[15]),第3卷之18。阿诺德先引拉丁文,再译成英文;此处略去拉丁原文。
[49] 传教士一般没有正式的牧师委任状。伦敦老城布道团(The London City Mission)是不分宗派的慈善团体,与伦敦贫困地区的国教教会和不从国教派都有联系;1865年有500名传教士,其中200名受雇于国教教会。(转下页)

伯来主义与《泰晤士报》的社会必然论唱起了反调，拒不承认穷人的堕落是不可避免的事情。但是，在穷人人数激增的问题上，它却似乎得出了和倡导自由贸易的自由党朋友们一模一样的结论，不同的只是它有自己的出发点。希伯来主义总是机械地误导性地搬用《圣经》的文字，这我们已经评论过。对希伯来主义影响至深的有这样一些经文："要生养众多。"[50]——钱伯斯先生会说这是上帝的敕令，或者他会用《诗篇》中据称是上帝说的话，宣布子女多多的人便是有福。[51]与这些常在一起提到的，往往还有另一段经文："地上的穷人永不断绝。"[52]于是可以说，奉希伯来精神的人受到引导，得出了与流行思想及罗伯特·布坎南先生差不多的看法，即儿女是神的赏赐，神明很乐意让伦敦东区充满穷人。只不过当穷人穷愁潦倒、不胜悲苦的时候，希伯来精神起作用了，它担起基督教的责任，去救济支援穷人，而不是像《泰晤士报》那样，说"沙漠短暂的春天已经过去。谁都怪不着，那只是大自然最简单的法则作用的结果"！然而，它却也同《泰晤士报》一样，根本不指望知识能有什么帮

（接上页）传教士访贫问苦，分发《圣经》和宗教小册子，感化醉鬼和妓女，送儿童上学，敦促星期日休市，在厅堂、教室、传教团用房和私人住宅的488间屋子里每周或更经常地主持公开的宗教礼拜活动。1865年时传教团的收入是四万镑，绝大部分来自国教中的福音派人士。参见1865年12月13日《不从国教者》，第25卷，第997页。

[50]《圣经·旧约·创世记》，第1章，第28节："要生养众多，遍满地面"；第8章，第17节，上帝关照挪亚可以走出方舟，并将"凡有血肉的活物"都带出来，"叫他在地上多多滋生，大大兴旺"；在第9章第1、7节等处，神也再三关照挪亚和他的儿子们："你们要生养众多，遍满了地"，"你们要生养众多，在地上昌盛繁茂"。

[51]《圣经·旧约·诗篇》，第127篇，第3—5节："儿女是耶和华所赐的产业；所怀的胎，是他所给的赏赐。少年时所生的儿女，好像勇士手中的箭。箭袋充满的人，便为有福。"

[52]《圣经·旧约·申命记》，第15章，第11节。上下文是上帝要人豁免、帮助穷人，这样才能得到神的赐福。

助,它也说"现在需要的不是苦思冥想的启示"。

记得不久前,在伦敦的一个最贫寒的地区,有个善心人[53]同我一起注视着面前聚集起来的一大群孩子。孩子们疾病缠身,个头小,身子弱,吃不饱,穿不暖,父母不管他们;他们没有好身体,没有家,没有希望。这好人对我说:"现在唯一真正不可少的事,就是教育这些孩子要互相帮衬,哪怕只给一杯凉水也好。可现在,全国上上下下不说别的,只听得大喊大叫的要知识,知识,知识!"不过,可以肯定的是,只要这些孩子扎堆成群的情况还在恶化,只要他们仍是体质孱弱、无家可归、没有希望,只要他们的队伍还在不断膨胀,那么,不管他们是否以一杯凉水互相帮衬,对于他们自己和对于我们来说,他们必定仍是生活在水深火热之中。因此,了解如何才能防止穷孩子队伍变得更庞大,给他们的道德生活和成长一点公平的机会,是十分必要的。

我们看到,这个善心人有真正的希伯来精神,愿意为处于底层的大群苦孩子鞠躬尽瘁;我们也看到那些主张自由贸易的自由党朋友们的表现,或可说他们奉行了虚假的希伯来精神,只知道一味地崇拜他们的偶像——增长财富,发展实业,增加人口;只要这些方面增长的势头不减,就不管周围的情况只顾往前冲。看到这些,我们难道不应该说,这两种希伯来精神都无济于事?难道不应该说,我们所需要的,仍然是希腊精神?是要让意识自由地、纯粹地检验眼前的事实,倾听它告诉我们与这些事实相关的事物可知的规律?自由的意识一定会告诉我们,人生养的孩子并非真的是赏赐,就像他墙上挂的画、马厩里的马匹不是赏赐的一样。将孩子生养到这个

---

[53] 有可能指汉伯里街公理会牧师泰勒(William Tyler, 1812—1890),阿诺德在1867年发表的十四行诗《东伦敦》中也提到过他。

世上，却没有能力让孩子和自己过上像样的日子，而是使其活得朝不保夕；或是超出自己的抚养能力去生养更多的孩子，这绝不是什么完成了神的意愿，或是体现了大自然最简单的法则。无论《泰晤士报》和罗伯特·布坎南先生会说什么，如此的生养行为绝对是错误的，有悖于天道和神的旨意，这同一个人买不起马匹、马车或买不起画却拥有这些物品，或者有了还要更多，完全超出自己的购买能力，是一样的道理，都是绝对错误的。生养子女和拥有物品这两件事情一样，凡是朝着违背理智的路走得越远，走的时间越长，则造成的混乱和最终的麻烦也就越大。可以肯定的是，赞扬自由贸易的言辞，伦敦东区的主教和教士的集会，或是阅读文件和报告，都不能告诉我们真实的社会状况，而了解真实的社会状况对我们才是最重要的。我们不仅应了解，还应习惯于随时得到这样的知识，并据此采取行动，就像我们懂得水能浸湿物体、火能燃烧而会有相应的行动一样。了解这个知识不仅与大城市底层的贫困人群，与占人口二十分之一的穷人有关；而且同中产阶级非利士人，同所有以完美为前进目标的人有关。

但是有人会说，我们早就知道了！不就是审慎吗，一条最简单的法则。然而，现在的情况是，一类不善思考的希伯来主义者不断重复赞美诗中的诗句，说子女多多的便为有福之人，将这当作上帝之绝对的永恒不变的命令；另一类不善动脑的希伯来主义者盲目地追随他们以为是绝无谬误的固有观念，不断将实业和人口的增长当作国家富强的绝对明证。只要这种情况还在继续，那么我们对审慎的认识想必是缺乏实际内容的，我们简直就不大可能奉行审慎的法则，贫困的在底层挣扎的劳苦大众简直不大可能懂得审慎的法则，我们也几乎无望改善目前的状况。其实，上面说的第一种希伯来主义者必须懂得，赞美诗是在巴比伦囚房时期之后、犹太人重归耶路撒冷的时代里创作成文的，[54]当时耶路撒冷的犹太人很少，如一个严重缺乏人员的要塞，故每一个孩子的降生都是赐福；上帝或曰神圣秩序之声，便宣布生养大批孩子为有福，因为那时确实如此！说到另一类希伯来主义者，当他们认识的人中有人拉扯着一大家子，却没有养家糊口的本钱或只有很不稳定的收入时，他们就会说这些人太不谨慎、太倒霉。但实业的发展使人口涌进城市，就好比实业生养了城市居民一样；如果实业一味地多多生养，让更多的人来到城市，却无法养活他们，或者实业本身已是风雨飘摇，虽曾一度养活偌大的城市人口，现在却难以为继；这种情况下，希伯来主义者就不应该仅仅因为实业发展了、城市人口增加了，就说国家治理得很好、很繁荣。这个道理，难道这些希伯来主义者不该懂得吗？

希腊精神才确实大有益处。希腊精神要培养的是关注事物可知规律的思想习惯，使我们能看清那唯一的绝对好事，那上帝之法或曰神圣的秩序为我们规定的唯一、绝对、永恒的目标，这就是不断向完美迈进——不仅是我们自己朝完美前进，而且人类都要朝完美进步。因此，就像拥有马匹和画以及增加马匹和画的数量，其本身无法论断是非一样，无论对于个人还是由个人所组成的社会而言，有孩子以及多多生养孩子是好事还是坏事，并不由其自身决定，而是要同完美这个目标，同向着这个目标的进展联系起来。如果一个人因拥有马匹和画而阻碍了自己和别人走向完美，使他们过着低三下四的不光彩的生活，那么他就没有理由拥有马匹和画。同理，如果生养众多孩子会使自己和别人过低三下四的不光彩的生活，那我

---

[54] 公元前6世纪，巴比伦灭犹太国，耶路撒冷沦陷，全国可用之人才均被掳到巴比伦为奴70年。但巴比伦的兴盛犹如昙花一现，公元前539年它又被新兴的波斯国灭亡。不久后波斯王准许犹太人还乡重建家园，约有5万人回国。原先由大卫和所罗门父子两代建成的圣殿遭历代昏君破坏，最后被巴比伦焚毁。以色列人重返耶路撒冷后花了20年左右的时间重又建造了圣殿。

们就不能为这种生养行为辩护。如此朴实清晰的道理当然是自发的意识活动的产物,当我们允许思想意识自由地、客观公正地检验社会的实际状况,检验与此有关的固有观念和既定习惯的时候,意识就告诉了我们这简单的道理。我们不得不认为,同自由党朋友们机械地追求自由贸易的做法相比,紧紧地把握这些说得简单明了的道理将更有可能切实地改善我们的社会状况。

五

所以,在这个问题以及其他问题上,自由党朋友们如此倚重的实际行动——他们诚邀我们参加进来,并希望我们对之表现出值得称许的兴趣(布莱特先生语)的实际行动,在我们看来,似乎并不像他们想的那样有真正切实的好处。看来,自由党朋友们倒是需要来一点希腊精神的,就是说,他们应探究何谓真正的善,倾听自己意识的诉说,而不是如此热切而自信地追逐现在的这些实际行动计划。他们说我们是在玩弄保守党精细的怀疑主义,[55]但是就我们已经详尽讨论过的几桩行动计划来看,这样的说法显然站不住脚。我们经常运用希腊精神衡量保守党的固有观念和习俗,比他们用希伯来方法更加行之有效地颠覆了这些观念和习俗。文化试图依靠意识自发性的自由运动,使得僵化陈腐的思想习惯和行为方式获得松动;然而,意识的这种自发性的自由活动从其本质上说是客观公正的,是不涉及具体的利害关系的。松动的结果有时让这个党高兴,有时让那个党高兴;有时不讨自由党人的喜欢,有时令保守党人不

---

[55] 参见本章注〔3〕。

乐意接受。但文化要做的事情,首要的是让固有的思想习惯和行为方式获得松动,不让它们再成为石化的僵硬碎片。假如我们或者朋友们碰巧不喜欢思想的发现,每逢此时就停顿下来,不再让意识自由地驰骋,那就是纯粹的希伯来做法,是要让自由党或保守党成为唯一不可少的事,而不是让人类完美成为唯一的需要。或许还有一件事我们看得比自由党或保守党本身还要重要——让人的道德一面占优势地位;我们已经审视过,让它成为唯一不可少的事带来了什么样的祸患。我们应该按自由活跃的意识所指引的方向走去,相信只有这样做才能在一切方面弥补不足,从而也就更靠近完全的人类完美。

总之,一切都使我们更坚定地相信这样一个原则,即当前的主要任务不是按我们脑海中已有的规划方案,去拼命地进行某些粗糙的改革,[56] 而是在文化的指引下,在我们一开始就赞扬、推荐的文化的帮助下,去创造一种思想氛围,只有在这种氛围中,真正有效的改革规划才会随着时间的推移而出现并成熟起来。信奉行动的人对此感到索然无味。无论如何,现在我们仍必须忍受朋友们的不耐烦,仍必须听他们指责有涵养而不行动的行为,并继续拒绝对他们的实际行动助以一臂之力;直到有一天,至少我们自己对什么是真正的善想得明白一点了,我们也就比较接近一种心态,一种能产生稳扎稳打、真正富有成效的行动的思想境界了。

在这一天到来之前,既然自由党的朋友们仍在扯着大嗓门、板上钉钉般地担保说他们目前的实际行动扎实而富有成效,那就让我们继续用刚才所说的简单方法,让意识之流自然地自由地流淌过去,一项一项地检验这些行动。如果它们经受住了检验,那就让我们好好关注它们;没有通过检验的,那就另当别论了。

---

[56] 第一章,第9页;第二章,第39—40页。

结　论

　　说了该说的话，我们的话题到这里也可告一段落了。我们赞扬了文化，证明文化在当前形势下，在四周的混乱环境中，能起何种特殊作用。出路看来就是文化，文化不仅能通向完美，甚至只有通过文化我们才会有太平。我们坚执地拒绝对自由党朋友们不完美的行动助以一臂之力，任由他们对我们失去耐心、讽刺挖苦、横加指责；我们坚定不移地专注于事物可知的规律，并从中找到比现在更坚实可靠、更稳妥合理的基础，以展开未来的行动。我们相信，对我们这代人和现在的社会来说，这样的钻研和发现有着比实际行动本身更为迫切而重要的意义。尽管如此，说到整治时局和我们实际生活于其中的社会架构，我们这些被人大大瞧不起的文化信徒或许也比忙忙碌碌的政治家们做得更好：我们能使之牢固稳健，经受得起大风大浪的考验。

　　这是因为我们已经看到，现在的混乱局势在多大程度上是由于迄今为止统治社会的阶级或集团——野蛮人或非利士人——缺乏对健全理智的信仰，不认为最优秀的自我才是至高无上的；是由于长期以来他们赖以统治社会的组织机制——他们在这些机制中只张扬和表达其普通自我——已无可避免地式微了，瓦解了；是由于这个社会——良知告诉他们，这是他们用普通自我而不是健全理智造就的，并仍然用普通自我统治着的社会——经历激烈的震荡时，统治者缺乏果敢，不能坚决制止颠覆者的活动。我们则相信健全理智，相信我们不但应该，而且可能提炼出最优秀的自我并提高其地位，相信人类会朝着完美前进。我们认为，社会的基础架构是上演人类走向完美之壮举的大舞台，因而是神圣的。不论谁在管理这个社会，不论我们多么想赶走他们，不让他们继续管理下去，但只要他们还在任期内，我们就要坚定地、一心不二地支持他们制止无政府状态的蔓延和混乱的局面。这是因为没有秩序就没有社会，没有社会也就谈不上人类的完美。

无政府状态不能容忍，无论自由党的朋友们怎样想、怎样说，我们都不能放弃这个意见。他们或许认为，有时候社会上有一点动乱，出现了他们称为民众示威的举动，反而对自己以及正在进行的宝贵行动有利；他们可以拼命鼓吹英国人应有为所欲为的权利，并认为政府的责任就是尽可能地纵容人们为所欲为，尽量避免对之采取严厉的压制行动。有时他们很巧妙地端出取缔奴隶买卖一类的、无疑是十分宝贵的行动，并发问道，假如由于执行这样的行动而闹了点事，但考虑到目的和意图之美好，克服对抗力量之困难，那出点乱子让愚顽不化的政府受点惊吓，难道不是有益的好事吗？即便如此，我们仍然要说不。在街头举行大游行，强行闯入公园，等等，诸如此类的行动即使打着支持美好的意图的名义，也应该毫不手软地严禁和镇压。允许如此行动，造成的损失会大大超过收获。如果人类想要使现有的任何宝贵的、持久的事物发展和成熟起来，或者说想为未来的发展奠定宝贵的耐久的基础，那就必须要有国家，国家的法律必须有至高无上的权威，必须有一套维持公共秩序之强有力的持常的程序。

因此，在我们看来，无论由谁治理国家，国家的基础架构本身及其外部的秩序都是神圣不可侵犯的。文化因教育我们对国家抱着希望、为国家规划未来的蓝图，而成为无政府状态的死敌。我们信仰健全理智，对人类走向完美抱有信念，并为此目标而不辞劳苦；我们这样做时，就会对健全理智的概念有进一步的了解，对完美的构件和附件有更清晰的概念；我们将会逐步地以这样的新认识充填国家的基本架构，塑造其内部成分及其所有的法规和体制，使之与新的思想一致起来，使国家越来越成为表达最优秀自我的形式——不是表达那多样、庸俗、不稳定、好争斗且变来变去的自我，而是表达高尚稳健、心平气和的自我，天下人心趋于大同归一时的自我；到了那时，当无政府状态会危及那么多如此宝贵的事物时，我们难道还不会极其厌恶无政府状态，难道还不会无比坚定地制止其蔓延吗？

就这样，为了当前时刻，可更是为了将来的缘故，热爱文化的人士坚持不懈地、问心无愧地反对无政府状态。野蛮人和非利士人的情况则不同，诚实的品质和幽默感使他们退避三舍，不太愿意拿国家当真，不愿意给国家以太大的权力。是啊，他们心目中的国家，他们自认为在统治的国家，只是表达普通自我的。他们中间那些刚愎自用、性子火暴的人，或许很乐意让国家全副武装，充分发挥权威作用，然而代表野蛮人和非利士人之有德的适中的人士却会因此而感到良心不安，这我们已谈到过。于是，野蛮人的国务大臣们就听任公园的围栏被砸烂，非利士人的市政长官兼国民军上校就任由伦敦暴徒对观看游行的路人大肆抢劫施暴。[1]我们则不然。我们不认为国家是普通自我的表现形式；然而，可以说，甚至就在现在，国家就已经是指定的、准备接纳最优秀自我的架构和容器，而

---

[1] 参见第一章注〔30〕，第二章，第43—46、60—61页及注〔42〕、〔43〕。另参看第二章，第54—63页中对于各阶级中"过度"和"适中"的分析。

将来，国家将传达优秀自我之强劲、仁慈而神圣的声音。因为有这样的认识，所以，即使现在野蛮人的国务大臣们的双手颤抖，非利士人的市政长官兼国民军上校的双腿发软，我们也愿意并决心站出来，为他们撑腰，支持他们同无政府状态作战。我们要告诉他们，要求他们站出来保护公园的围栏、镇压伦敦暴民的，并不是普通自我；他们这样做的时候，其实是代表了未来他们自己和我们大家的最优秀自我。

话又要说回来，虽说为了抵制无政府行为，热爱文化的人士可以赞扬火与力，运用火与力，但同时他们也必须时刻牢记，所谓国民大多数的认识在现时刻并不代表真理。大多数人告诉我们说，世界需要火与力更甚于需要美好与光明，还说在多数情况下，都是先解决问题，再理解意义。[2] 我们已经看到，我们中的大多数人的这一谬误观念造成了多大的混乱和困惑，更何况这局面很可能会延续下去。因此，文化之友现在真正应尽的职责，便是驱散谬说，播扬健康的思想，使人们树立对于健全理智和事物之稳固的可知规律的信念，并培养好的习惯，总是力争取得比较可靠的知识，在正确认识的基础上采取行动，而不是在一知半解的时候就坚定地行动起来。这是一切热爱文化、善待文化的人士必须做的事情，尽管信奉行动者听了会很不耐烦，尽管他们会坚持要我们对其实际行动助以一臂之力并表现出可称许的关切之心。

对于这样的要求，我们的确必须置若罔闻。然而另一方面，文化之友却也不应指望毕其功于一役，在信奉行动者中造成轰动效应，从而火速地崭露头角，声名显赫，一统天下。亚里士多德说，一般来说，对思想和追求事物可知规律有浓厚兴趣的，主要只是年

---

[2] 参见第五章，第119—121页及注[6]；第六章，第161页及注[37]。

轻人；他们气宇轩昂，对追求完美充满激情。他又说，可是人类的大多数几乎根本不思考真正的美好与光明，只追逐表面的善，而不是真善。亚里士多德哀叹道："谁能以别的更美好的格调去影响他们的生活呢？"[3]是的，受到美好与光明吸引的人，其主体部分可能永远只是年轻的、有朝气有热情的人，而且文化不能期望朝夕之间就能改变大众的面貌，但即使如此，为了现今时代，为了我们的人民，我们也不能因此就认可亚里士多德悲观沮丧的判断，并沉溺于其中，就此停下脚步。我们长期以来用希伯来精神律己，人类多少个世纪以来经受着自我克制的痛苦磨炼，我们的民族、我们的同胞劲头十足，以诚实为本，稳健地按其所知的最亮的光的指点朝前奋进——我们做了这一切，所应到达的顶峰，应获得的成就，尤其是应有的奖赏，难道不就是有朝一日得到智与美，懂得事物发展的真正规律的时候，我们的民族终于能在真正的光明的指引下朝前走，就像它以前在不完全的光亮的指引下行进时一样步伐坚定、满腔热情？到那时，人的两大自然动力——希伯来精神和希腊精神——将不再分离对立，而是合成一股力，使思想走正道、行动强有力，如此推动着人类走向完美。这是热爱文化的人敢于为我们这样的民族做出的预言。

因此，无论需要实现多大的变革，无论野蛮人、非利士人和群氓的阵营有多么浓密，我们都不会绝望，当然我们也不会叫嚷用暴力实现革命和变革。我们将心情愉快、满怀希望地期待出现威灵顿公爵所预言的革命，即"在法制的进程中实现的革命"。[4]当然，此法制并非我们常听到的法律法规，后者是局限在现有光照下的自由

---

[3] 参见亚里士多德：《尼各马可伦理学》，第10卷，第9章3—5。
[4] 参见第二章，第65页及注[50]。

党朋友们很喜欢塞给我们的东西。

然而，如若悲观失望和暴力都为信仰文化者所不容，那么从另一方面看，他也不应参与公共生活和直接的政治行动。我们已知文化工作者的职责是说服那些迷信行动、喜好议论政治和采取政治行动的人，让他们转个方向，面对自己的思想，多进行思考，多审视自己所固有的观念和习惯，少搞现在的这些议题和行动；只有学会更清晰地思考问题，行动起来才不会那么糊涂。我们要说服野蛮人，让他们别太看重封建的习俗；要让不从国教者懂得，花那么多时间去鼓动废除国立教会实在是不值得，用这时间来好好学习神之道和世界的秩序才有益得多，要说服他们，与其耗时费力地为自愿捐助教育的问题进行论战，不如学会注重公众的、国民的文化，并建立这样的文化；最后，对于那位缺乏判案的知识却端坐审判庭、不懂如何指挥士兵打仗却领着他们上街游行的市政长官兼国民军上校，[5] 我们要规劝他，让他认识到不应该对自己的行为感到心安理得。现在我要问了，假使市政长官兼上校看到我们是要从他手中夺过指挥杖、抢他的司法官位置，假使不从国教者看到我们想占领讲坛为自己所用，而野蛮人领悟到我们是看中了他的卓越地位和职能；假如情形是这样的，那我们还怎么劝说所有这些人，让他们懂得上面所说的种种道理呢？但是，如若他们看到我们对掌握事物可理解的规律感到心满意足，觉得乐在其中，看到我们并没有利用掌握事物真相来为自己谋取地位、职能，也不靠它使自己变得忙忙碌碌，那么，想必他们不会那么迟钝，而是会如我们所愿，认识到事物可知的规律中自有十分吸引人的宝贵之处，没有了它，一切地

---

[5] 参见第二章，第42、55—56、60—61页及注〔10〕、〔34〕、〔42〕；第六章第一、二节。

位、职能和忙碌只是空洞无用之物。

西奇威克先生说，发挥社会作用的要义，就是"湮没在一大堆令人不愉快的、艰涩的、机械琐细的事务之中"。[6] 所有信奉行动的人都喜欢说这样的话。但是，既然我们并不想湮没自己，而是要通过发现事物可知的规律发现自我，那当然也就不能盲目接受这种断言。我们首先要将它过过筛子，看它究竟是怎么回事。我们注意到，那些信奉行动者忘记了歌德的箴言"行动容易，思想难"[7]，将湮没在一大堆机械琐细的事务之中想象成了不起的善德，于是就有了理由不去思考，不去认识本来应是影响、制约着这些琐细事务的清晰概念。如果注意到了这样的情形，那我们首先就应关注并花大力气去寻找这些思想观念，将它们梳理清楚。我们深信，将思想观念弄清楚、弄扎实了，具体处理琐细的事务就比我们现在想象得简单、容易得多。

自由党的朋友们在政治舞台上还是按照老一套办法行事。许多热爱新思想的人士和我们一样，对此感到有点厌倦了，他们有意勇敢地冲上公众舞台去。但是，在这激动人心的关头，我们却认为目前这个舞台根本不适合热爱新思想的明智者施展身手。没有我们，台上也会挤满人：乡绅在寻找俱乐部，鼓动者在寻找讲坛，律师在谋寻要职，工业家在寻找绅士派头；总之，从东南西北来的各路人马都将坐上梯厄斯忒斯的人肉筵席，多年以来英国的公共生活就是这么一片闹哄哄的聒噪声。[8] 我们看到旧的社会组织已不足成

---

[6] 参见第五章注[6]西奇威克的《文化的先知》一文（第280页）。
[7] 引自歌德的小说《威廉·迈斯特的学习时代》（*Wilhelm Meister's Lehrjahre*，1796），第7卷，第9章。
[8] "人肉筵席"原文为"Thyestean Banquet"，取自希腊神话：梯厄斯忒斯和迈锡尼国王阿特柔斯是兄弟，梯欲勾引阿的第二任妻子（其实是阿本人的儿媳），又设计让阿杀了自己的亲生儿子；为了报复，阿杀了梯的两个儿子，（转下页）

事，它们表达的是野蛮人或非利士人的普通自我；但只要那些组织和声音还有势力，那么议会中就会有它们的影响。野蛮人派进议会的人不可能不去讨好野蛮人的普通自我及其天生的低下趣味。非利士人派进议会的人不可能不去讨好非利士人的普通自我及其天生的低下趣味。在很长的时间内，议会的保守主义必然是指野蛮人应保留老祖宗留给他们的席位。议会的自由主义必然是指野蛮人该下台了，他们行将就木，现在该由非利士人接过他们的衣钵了。这指望似乎是千真万确的，自由党的朋友们和布莱特先生深信自己就是后继者；这也是那位伟人不辞辛劳所要达到的目标。不久后，奥德格先生和布拉德洛先生[9]也该上来了，他们的使命是赶走野蛮人和非利士人，为群氓夺得衣钵。

  我们则有不同意见。衣钵既不应传给野蛮人和非利士人，也不应传给群氓，而是应按照完美的准则，让所有这些人洗心革面。全国上下现在正涌动着一种意识，厌倦旧的组织的情绪、人心思变的情绪正在滋长，尽管这种思变的意识目前还很暗晦，还不怎么清

  （接上页）用其四肢煮成菜肴，请梯赴宴；家族成员之间的乱伦和残酷杀戮还在一直进行下去。

  阿诺德在这里讽刺了当时英国的所谓民主政治和选举机制——各路人马巧舌如簧，用动听的空话博取掌声。19世纪时英国已形成一些很高档的俱乐部，成为某俱乐部成员往往是一个人身份和社会关系的象征。"寻找讲坛"（in search of a tub）英语用了"木桶"这个单词，从17世纪中叶起，tub可用作经坛的蔑称。斯威夫特（参看第一章注[17]）的讽刺文《一只木桶的故事》（*A Tale of a Tub*）中说，自古以来凡有心让自己的声音被熙熙攘攘的人群听到者必依靠登高的装置，接着列数了三种装置：讲坛（或经坛）、梯子及活动舞台。该书1710年版第一次刊登了一幅插图，展示了这三种装置，图中占主要位置的是一只放在高坛上的大木桶，牧师就站在木桶里布道（《斯威夫特作品选集》，诺顿评注版，1973，第292—294页，插图在第293页）。

[9] 参见第一章注[30]，第二章，第63页及注[47]。布拉德洛选上了议员，但奥德格落选了。

晰。[10] 下议院的旧组织机制肯定是最长命的，也无疑是最强大的，故转变这些机制的工作也必定要很久以后才能见效。我们可以据此准确地断言，当下时刻转变的重点不在下议院，而在国民思动谋变的心中。能处理这样的局面的人将会对未来二十年产生重大影响。

伯里克利算得上人类最完美的演说家了，因为他将思想和智慧与感情和雄辩最完美地结合起来。然而，柏拉图却让亚西比德出场，通过他的嘴说出另一番话。他说人们听了伯里克利的演讲，说那很美、很好，但过后就不再想它了；可人们听了苏格拉底的演讲，却像有什么东西粘在脑中一样，它挥之不去，令人神魂颠倒。[11] 苏格拉底喝下毒芹酒，死去了，但是每个人的心里不都装着一个苏格拉底吗？那就是自由地思想、客观公允地检查自己固有的观念和习惯的能力；那位充满智慧的可敬之人毕其一生，不就是为我们树立了自由思想的榜样吗？这不就是他产生无可比拟的影响之秘密所在吗？在当下时刻，有谁能够引导人们，唤起这种内心的力量并运用这一力量，而且他本人也能不断调动和运用这股力量，那么他就会像苏格拉底在那个时代一样地发挥作用；与任何下议院的演说家或政治行动的实施者相比，他更是随时世人心的大潮而动，他的作为会更有意义，也更能收到实效。

现在人人都在吹嘘自己如何教化了人心，如何决定了世事的走向。迪斯累里先生、布莱特先生、比尔斯先生都在讲教育。[12] 我们

---

[10] 参见第一章，第27—28、30—31页及注〔39〕。
[11] 取自柏拉图《会饮篇》中最后一部分，少年政治家亚西比德（参见第二章注〔2〕）醉酒后闯入苏格拉底等一群人的宴会，奉命做一篇歌颂爱神的礼赞，结果亚西比德做成了歌颂苏格拉底的礼赞。伯里克利（Pericles，卒于公元前429年），雅典文化极盛时期的大政治家，民主派首领。公元前399年，苏格拉底在被判处死刑后，于狱中"服毒自裁"，当时他的许多弟子都在身旁。
[12] 据1867年10月30日《泰晤士报》第5版报道，10月29日迪斯累里（转下页）

并不自称教育者,因为我们仍在努力教育自己,使自己的思想变得清晰。我们确信,通过文化寻绎事物之稳固的可理解的规律,摆脱固有的陈旧观念和习惯,让意识更自由地发挥作用,对美好与光明更加向往——总之,我们确信凡此种种我们所谓希腊化的倾向,乃是当今的国民生活甚至是人类生活的主要动力。或许眼下这个时刻还不能看得很清楚,但不久的将来事情肯定会明朗起来。我们确信,为此做出努力的就是卓有成效的教育者。

文化工作者顺应了世界最基本的潮流,他们是永恒之声的温顺的回响,是任由上帝的宏大意旨弹奏的驯良的风琴。这是他们的力量,他们的幸运,他们神赐的福分。信奉行动者对我们如此不耐烦,称我们有妇人气。如论才气和能量,他们确是大大在我们之上;他们如果有同样的好运气,定会大大超过我们,发挥重大的影响。但是,我们走的是人类所走的路,而他们却在依靠不从国教者仇视国立宗教建制的情绪,搞废除爱尔兰教会的国教地位的行动,却在设法让男人能娶到亡妻的姐妹。

(接上页)(参见第二章注〔16〕、〔34〕)在爱丁堡演讲时说:"在改革的问题上,我不得不让国民思想有所准备,不得不教育——如果用这样一个词不是太狂妄的话——不得不教育我党。"

序言（1869）

写这篇序言[1]主要意在给促进基督教知识学会一个忠告。在下面的文章中，读者会频频发现威尔逊主教的语录。[2]无论对于我还是对于促进基督教知识学会的会员来说，我们仍十分熟悉威尔逊主教的名字和著作，但是这个世界已经越来越快地将他这样的老派人物抛在了后面。最近我从一位卓尔不群的自然科学信徒[3]处了解到，他压根儿没听说过威尔逊主教的名字，还以为那是我创造的人物，这一发现着实让我错愕不已。那位才华横溢的相识和别的一些人在

---

[1] 1868年10月初，阿诺德对出版商史密斯表示，想将已写成的文章结集出书，但还要写一个序言。序言于1868年11月至1869年1月初写成，阿诺德开始写作的第二天，他的大儿子因久病不愈而去世。1869年1月25日《文化与无政府状态》以书的形式首次出版。

[2] 阿诺德在许多章节中都引用了威尔逊主教的著作，尤其是《格言集》。参见第一章，第8、11页；第二章，第56—57、63、65页；第四章，第99页；第六章，第150、157、167页。

[3] 指赫胥黎（参见第一章注[23]）。1869年2月19日，阿诺德应赫胥黎之邀出席地质学会的年度餐会，作为学会主席的赫胥黎在发言中提到《文化与无政府状态》，并说阿诺德在序言中嘲弄了他。1869年7月8日赫胥黎在阿诺德家做客后，有一便条向阿诺德讨回雨伞，上述餐会事件或许能解释为何他在便条中调侃地提到威尔逊："亲爱的阿诺德：查看一下威尔逊主教有关贪婪的说法，再检查一下你的伞架。你会发现一把漂亮的棕色的手柄光滑的伞，那不是你的财产。想想那位出色的主教会有怎样的忠告，下次来俱乐部的时候将它带上。看门人会替我保管的。——T. H. 赫胥黎敬上。"见伦纳德·赫胥黎（Leonard Huxley）编：《托马斯·亨利·赫胥黎的生平与书信》（纽约，1900），第1卷，第335页。

礼拜日提供了康乐创新教,现在民事法院刚刚为其解禁,[4]经坛上的滔滔雄辩不久将又重新回荡在圣马丁会堂和阿罕卜拉剧院。[5]就在这样的时刻,想到新星们不仅对古老宗教的传道者一概嗤之以鼻,更有甚者,他们竟然可以对老传道人的优异成绩一无所知而却一味地看不起他们——在这样的时刻,想到这情形,不禁让人忧心忡忡。当然,造成这样的状况,部分地要归咎于促进基督教知识学会的失职。过去他们总是印刷并向外分发威尔逊主教的《格言集》。我用的就是他们出版的一种,上面有他们的出版说明,书用大家熟悉的棕色小牛皮装订,是他们使我们在童年时代就十分熟悉这种装帧。但我的那一本书的出版日期是1812年。我不知道其他的版本,也认为该学会不再印刷、散发这部著作。[6]于是方才提到的

---

[4] 18世纪有法律明令禁止在主日举行公众娱乐、辩论活动。圣马丁会堂礼拜日晚上的集会主要用于演说,讲解社会和科学方面的题目,目的是教育听众,使科学服务于宗教;集会时由职业乐师演奏宗教音乐,但不进行敬神的礼拜活动。1868年11月19日,民事法院(Court of Common Pleas)在审理巴克斯特诉兰利一案后裁定,圣马丁会堂的"人民的礼拜日之夜"即自称"康乐创新教"(recreative religionists)的联谊会活动,并没有违反主日不准举行公众娱乐活动的法令(参见1868年11月20日的《泰晤士报》第11版)。英语中,"recreative"一词兼有提供娱乐、消遣和再创建的意思。

[5] 阿罕卜拉(Alhambra)是仿东方风格设计的一座中央有穹顶并有清真宣礼尖塔的巨大建筑物,1851—1853年间建成,坐落在莱斯特广场的东面,原名"科学艺术馆",与佩珀教授的工艺专科学校唱对台戏。1857年5月间出售,后命名为"阿罕卜拉剧院",从此主要用于马戏杂耍和音乐演出等。1868年下半年有广告称这是一座"世界上最大最富丽堂皇的剧院","一年四季夜夜开放",拥有演出人员400人,包括60人的管乐队、杂技、哑剧、芭蕾舞演员等。

[6] 阿诺德本人在此加脚注,说1869年后促进基督教知识学会重又出版了威尔逊主教的《格言集》。

　　大英博物馆存有促进基督教知识学会1832年的版本,还有1870年牛津的帕克出版的一个版本。1954年,德拉姆大学的格雷戈尔(Ian Gregor)编辑了《文化与无政府状态》,以作为博士研究项目(未正式出版);他向促进基督教知识学会询问《文化与无政府状态》首次发表后有无新印的《格言集》,却不得而知,但学会说该书直至1876年一直有售。1932年剑桥版《文化与无政府状态》的著名编者威尔逊教授(J. Dover Wilson)指出,1866年7月(转下页)

那位著名的自然学者才犯了错误，以为是我创造了威尔逊主教；虽然我个人感到不胜荣幸，但此谬误本身仍十分令人抱憾。

威尔逊主教的《格言集》实在是一部值得流传的宗教书籍，这不仅因为它比目前市面上流行的也称宗教书籍的一车车垃圾好得多，而且因为其中的格言本身都很有价值；甚至同威尔逊主教的其他著作相比，《格言集》也是值得广泛阅读的。就以那部名气大得多的《圣洁的隐修生涯》[7]来说吧，它是威尔逊主教为公众之用而写的，而《格言集》的好处就在于那是威尔逊主教为他自己所用而编写的。《格言集》根本不打算发表，正因为此，它就像马可·奥勒留的《沉思录》一样，[8]具有一种格外真诚的品格，给人以十分亲切的感受，当然，后者无疑感情深沉得多，力量深厚得多。《格言集》中有一部分最优秀的内容已吸收到《圣洁的隐修生涯》中，但是我们读到的《格言集》，乃是刚刚露头的感念。再者，《圣洁的隐修生涯》的作者往往以教牧人员的身份说话，而且所谈的也以教士为对象；而《格言集》的语者却几乎总是只作为人在发言。我丝毫没有贬低《圣洁的隐修生涯》之意，我对之怀有极高的敬意。只是《格言集》在我看来似乎更好，更有启发性。我们应该像于贝尔所建议

（接上页）《季度评论》上的一篇评基布尔所著的《威尔逊传》的文章引起阿诺德对威尔逊主教的兴趣。他在父亲的书房里发现了威尔逊的书，称之为"指南"，但很可能就是《格言集》。当年11月他告诉母亲他已再三通读了全书，爱不释手。1867—1868年间他在自己的袖珍日记本中共摘抄《圣洁的隐修生涯》和《格言集》的语录达74条。

[7] 《圣洁的隐修生涯》或《宗教隐修生涯》(*Sacra Privata*)，全名《神学博士、索多和曼岛的主教托马斯·威尔逊隐秘的沉思祈祷录》；1792年由促进基督教知识学会编成"适合一般使用"的版本在社会上散发。

[8] 马可·奥勒留（Marcus Aurelius, 121—181），罗马皇帝（161—180），被西方许多代人视为西罗马帝国黄金时代的象征。他的《沉思录》(*Meditations*)是有关斯多葛哲学的，极为有名。

的、用读尼科尔〔9〕的方法那样来读这些格言，即学以致用。由于时世变迁及因此必然引起的观念变化，其中有些内容已不再适用，读者可以将这些搁置一边。但是书中仍有不少内容可以作为优秀的典范，是我们的国家和民族在宗教著述方面的上乘之作。米歇雷说，尽管根本无法确定谁是《效法基督》的作者，可从来不会有人想到说这是英国人写的。〔10〕他的话有指责我们的意思。确实，《效法基督》不大可能是英国人写的，我们的天性中不大会有这部妙作中所包含的精致的宗教思想和深沉的禁欲主义。但是，诗歌同样要求有细腻的精神洞察力，在这方面诗歌并不亚于宗教；再说，《效法基督》尽管十分精美，然而正如我在其他地方已经提到的，在那一类的作品中，人性失去了完美的平衡，因此，作为精神产品的那类作品在内容上有些走极端，有些病态，形式上也不那么健康妥切。〔11〕可以说，假如我们的民族在诗歌方面没有产生伟大的作品，假如《效法基督》不属于那样一种有些失衡的、病态的作品，那么米歇雷的话将会是对我们更严厉的谴责。论层次高下，威尔逊主教的

---

〔9〕 于贝尔：《思想录》，第2卷，第351页，并参见第六章注〔12〕。皮埃尔·尼科尔（Pierre Nicole，1625—1695）系法国詹森教派（Jansenist）信徒，波尔罗亚尔的道学家和神学家；当时波尔罗亚尔女隐修院（Port Royal）是17世纪詹森主义和文学活动的中心。阿诺德的《于贝尔》一文见《马修·阿诺德散文全集》，第3卷，第183—211页，此处引文见第203页。

〔10〕 米歇雷的情况参见第二章注〔12〕；《效法基督》参见第四章注〔15〕。米歇雷从英国人对待15世纪法国民族英雄圣女贞德的态度说起，分析英国人的性格说："没有一个民族比他们更远离主恩。这是唯一不会被人认为写出了《效法基督》的民族。写出这本书的可能是法国人、德国人、意大利人，但绝不是英国人。"见《法国史》（巴黎，1893？），第5卷，第140页。

〔11〕 《马修·阿诺德散文全集》的编者指出，这里所谈的情况更符合阿诺德在《希腊多神教和中世纪的宗教情感》一文中对阿西西的圣方济各（St. Francis of Assisi，1181/1182—1226）的《圣歌》的评价，而不是他在《马可·奥勒留》一文中对《效法基督》的评价。见《马修·阿诺德散文全集》，第3卷，第226、133页。

《格言集》不及《效法基督》，它也不以打动我们诗意的精美的心弦取胜，但它却是一部实实在在的宗教书。我们的民族强有力地以极端的坦诚和朴素的良知对待神迹的问题，我们凭着诚实和良知将宗教大量引入到实际生活中来，为在人间推进神的国度恪尽职守。威尔逊主教在《格言集》中正是将我们民族的坦诚和良知同最诚挚的宗教热忱和宗教慰勉结合了起来。

大家知道，有热忱和慰勉的宗教仍不免会走火入魔；有坦诚和良知的宗教也仍可能失之平庸。诚实、良知与热忱、慰勉结合起来，通常只产生了人们狂热信奉的平庸宗教。威尔逊主教的过人之处就在于他在这四种品质间取得了充分的完美的平衡，因此也就不可能导致狂热和平庸的不良结果。他给人以理想的慰勉，而且使之同良知巧妙地结合在一起，于是这慰勉变得如此温馨，成了洋溢着热情的仁慈。他的良知无可挑剔，又同他的慰勉结合得天衣无缝，于是这良知成为有分寸感的节制，成了洞识。因此我们可以说，虽然《格言集》中展示的宗教是英国式的，但就其达到的高度而言，则远非威尔逊主教的国人通常所能企及；但是，也正因为它是英国式的，所以英国人应该能够达到这样的高度。我的结论就像一开始就说过的，这样的一部书，促进基督教知识学会是不应该让它断版、不再流传的。

好了，现在可以转到下面［指以上］各章详尽讨论的问题了。全文的意图是大力推荐文化，以帮助我们走出目前的困境。在与我们密切相关的所有问题上，世界上有过什么最优秀的思想和言论，文化都要了解，并通过学习最优秀知识的手段去追求全面的完美。我们现在不屈不挠地，却也是机械教条地遵循着陈旧的固有观念和习惯；我们虚幻地认为，不屈不挠地走下去就是德行，可以弥补过于机械刻板而造成的负面影响。但文化了解了世界上最优秀的思想和言论，就会调动起鲜活的思想之流，来冲击我们坚定而刻板地尊奉的固有观念和习惯。这就是下面［指以上］的文章所要达到的唯一目的。我们所推荐的文化，首先是一种内向的行动。

但是，当我们借文化之手段，批评某一不完美的做法时，往往就有人认定我们眼里望着某个众所周知的对立的行动计划，想事从之推荐之。例如，我们曾毫不讳言地指出，[12]英国缺乏法兰西学院式的掌管趣味的中心和权威，致使文学面临危险与困扰，就因为这番话，我们一直被认为企图在英国引进法兰西学院之类的机构。事实上我们曾直言相告，我们不要这样的学院；但是工具崇拜和迷信外部行动的倾向如何导致了这样的指责，倒是应该注意的。还应注意，文化的内向性质何以使我们既能抓住因缺乏"学院"而容易犯的毛病，使我们能警戒并治好这些毛病，又能防止我们为自救而盲目地投奔学院式的、外在的工具和手段，也就是说，能防止我们如清教所说的那样，去信赖一条肉臂。[13]在没有学院的情形下，文化和自由无羁的内心思想活动使我们看到科林斯风格或关于"唯一原初语言"的怪念头[14]如何产生并得以强化；那么，同样的文化和

---

[12] 下文指阿诺德的《学院对文学的影响》一文，《马修·阿诺德散文全集》，第3卷，第232—257页。

[13] 《圣经·旧约·历代志下》，第32章，第7—8节说，亚述王要侵犯耶路撒冷，犹大国王希西家堵塞泉源，修筑城墙，动员军民抵抗："你们当刚强壮胆，不要因亚述王和跟随他的大军恐惧、惊慌，因为与我们同在的，比与他们同在的更大；与他们同在的是肉臂，与我们同在的是耶和华我们的神，他必帮助我们，为我们争战；百姓就靠犹大王希西家的话，安然无惧了。"

[14] 阿诺德在《学院对文学的影响》一文中，借法国历史语言学家、史学家勒南（Joseph Ernest Renan，1823—1890）之口，批评了一些典型的无知荒唐、脱离正道、毫无节制的英国作品，如福斯特（Charles Forster）的两卷本《穆罕默德传》（1829）和三卷本《唯一原初语言》（1851—1854；他根据西奈的铭刻文字声称自己发现了最原始的语言）。参看《马修·阿诺德散文全集》，第3卷，第243—244页。科林斯位于希腊中部与伯罗奔尼撒之间，古希腊时期是工商业和奢侈享乐的中心，"科林斯"也因此有浮夸、放荡的含（转下页）

自由思想也使我们认识到，我们有可能建立的学院其实对纠正如此怪念并不会起什么作用。但凡了解我们国民生活特点的人，了解下文［指上文］将详尽讨论的国民习性和倾向的人，都会明白一个英格兰学院将是什么样的。我们会在脑海中清晰地看到这个快乐的家庭，就好像它已经成形。这里有斯坦诺普伯爵、圣保罗大教堂的教长、牛津主教、格莱斯顿先生、威斯敏斯特教堂的教长、弗劳德先生、亨利·里夫先生等等，[15]所有有影响、有成就、声名显赫的人都在了。然后，在某个美妙的早晨，公众对这个严格精选的、卓越的小圈子的不满情绪爆发了，来了一排科林斯式的夸饰的重头文章，乔·奥·萨拉先生[16]冒出来了。显然，这情景于事无补。我们的毛病是在智性方面不敏感，不相信健全理智，不喜欢权威。这些倾向阻碍了我们去成立学院，并对文学造成了坏的影响。即使我们成立了学院，这些倾向也会使学院无法行之有效地克服我们的毛

（接上页）义。亦参见第五章注〔3〕。

〔15〕 所有这些人都是在英国文化生活中有影响力的人物。第五任斯坦诺普伯爵菲力普（Philip, fifty Earl Stanhope, 1805—1875）是1842年"版权法"的倡议人，他还倡议建立国家肖像画廊（1856年建立），参与建立历史手稿抄本委员会（1869年成立），从1863年起到逝世担任皇家文学基金会主席。阿诺德的"序言"发表时，从1845年起担任圣保罗大教堂教长的米尔曼（Henry Hart Milman, 1791—1868）已经去世。1845—1869年间的牛津主教是威尔伯福斯（Samuel Wilberforce, 1805—1873），此后他担任温切斯特主教。斯坦利（Arthur Penrhyn Stanley, 1815—1881）自1864年直至逝世一直担任威斯敏斯特教堂教长，他是阿诺德家的密友，写过托马斯·阿诺德的传记。弗劳德（James Anthony Froude, 1818—1894）和阿诺德同是雅典俱乐部的成员，阿诺德有些早期文章在弗劳德任《弗雷泽杂志》主编时在该杂志上发表，弗劳德还写过一部很长的英国史。亨利·里夫（Henry Reeve, 1813—1895）在1840—1855年间指导了《泰晤士报》的对外政策，1855年至逝世任《爱丁堡评论》主编。

〔16〕 萨拉（George Augustus Sala, 1828—1896），英国作家，著有游记、讽刺文章、小说等。他曾为各种报纸刊物（包括狄更斯的《家常话》）写作，1857年成为《每日电讯报》的撰稿人，后被派往美国、法国、俄国、澳大利亚等地当驻外记者。一些评论家认为是他定下了该报花里胡哨、华而不实、虚张声势的笔调。

病。文化让我们很清楚地看到了这一点，正如它使我们认清了应该克服、纠正的毛病一样。

上面提到人们误会我们想成立学院，这种误解是很自然的。但我们的作用正在于能清除误解，说服那些因机械地遵从固有观念或行动计划而走上迷途的人，使他们认识到，文化的目的不是帮助对立的观念或行动去取胜，而只是要让整个的事情接受鲜活的思想之流的检验。当前，有一件事情比学院的问题更受关注，这里也产生了同样的误解；如果不消除误解，文化不可能很好地发挥作用。我说的是当下撤销爱尔兰圣公会国教地位的行动，[17]这行动靠的不是理智和公正意识，而是英格兰和苏格兰的不从国教派对国立教会组织的反感情绪。我们批评了这样的行动，就有人称我们为不从国教派的敌人，说我们盲目偏袒圣公会，说什么我们唯一的愿望就是给教士帮忙，损害持宗教异见者的利益。对此，我们不得不多说几句话，使大家认清这种指责是错误的。因为，假如他们的指责有道理，我们岂不是推翻了自己原本的意图，背叛了我们欲推荐的文化了吗？

我们当然不是不从国教派的敌人，正相反，我们的目的是要让他们达到完美。但是，正如下文［指上文］所示，文化是指研习完美的文化，它引导我们构想的真正的人类完美，应是人性所有方面都得到发展的和谐的完美，是社会各个部分都得到发展的普遍的完美。这是因为一个肢体受苦，所有的肢体就一同受苦，[18]走完美之道的人越少，完美之道就越难寻找。[19]不从国教派是清教徒的后继

---

[17] 1868年12月，自由党在选举中胜出，再次执政。自由党在爱尔兰圣公会非国教化的问题上占了上风，并提出了具体措施。
[18] 参见第六章，第166页及注〔45〕。
[19] 参见第六章，第167页及注〔48〕。

者和代表,他们像清教徒一样坚定不移地按所能得到的最亮的光的指点奋进;英国国内最强大、最严肃的中坚力量的主体就是不从国教人士,因此他们赢得了我们的尊敬,引起了我们的关注。但是,下文〔指上文〕会谈到希伯来精神和希腊精神的问题;总的来说,这讨论表明,无论过去的还是现时的清教徒都只管按照他们所得到的最亮的光勇往直前,却没有仔细地顾及那光是否真的是光明而不是黑暗;[20]他们发展了人性中的一个方面,对其他所有的方面却不管不顾,结果成了不完整的人、残缺不全的人。他们没有按和谐的完美的标准去做,也就不可能真正走上救赎之路。中坚力量尚如此,别人要找到救赎之路就更艰难了,全面完美的目标离我们就更遥远了;我们的社会在混乱和困惑中苦苦地挣扎,但不从国教派其实是增添了而不是减轻了社会的混乱和困惑。所以,从一方面说,我们尊重、赞赏他们按所见最亮的光一往无前的热情,并不希望他们的热情有丝毫的减退;但另一方面,我们寻求在他们的热情中添加美好与光明,使他们的人性全面地、更完美地得到发展。追求这样的目标当然不是同不从国教派作对。

但是,我们抱着这样的想法,现在却遇上了撤销爱尔兰圣公会国教地位的行动,这是凭着不从国教派对一切国立宗教和国家资助的仇视情绪而发动的行动。仇视情绪恰好为自由党的目的提供了方便,于是我们看到自由党的政治家对之竭尽全力恭维赞扬,说什么尽管他们并不想冒犯如英格兰的安立甘宗那样行之有效的、普及的国立宗教,但一般而论,宗教派别靠促进该宗派人士的自愿捐助,从而获得力量和独立性,这应是一件好事。对于爱尔兰天主教会拒绝接受国家资助,格莱斯顿先生真是不知说什么才能表达他的钦佩

---

[20] 参见第二章,第65页及注[49]。

之情；不过其实从来没人认真要求爱尔兰的罗马天主教会接受国家资助，如果它们真的要求国家资助，定是会让格莱斯顿先生十分尴尬的。我们看到，那些决心随大流的精通哲学的政治家，还有怀着同样决心的精通哲学的教士，[21]正想方设法地给不从国教派的仇恨情绪打上普遍性和严肃性的印记，给它披上代表未来人类进步规律的华服。眼下最痛快的事莫过于随大流了。我们如能这样做的话，也会愉快地用我们那不大讲究系统的方法，参与到这件既具哲理性又十分通俗的活动中去。然而我们的思想中已有明确的看法，我们认为不从国教人士最需要的，应是让人性得到更加充分的和谐的发展，而他们最大的缺陷就是狭隘、偏执、不全面。总之，他们有的是我们所说的"小家子气"，少的是我们所说的"完整性"。[22]

在"完整性"的问题上，不从国教人士比国教人士做得还要差。不仅在文学、艺术和科学等方面，而且就宗教本身而言，凡是展现出人类精神日臻全面、充分、和谐的完美的伟大作品，凡是能激发、带领世界朝普遍完美的方向前进的伟大作品，均非出自不从国教人士；其作者或是国教中人，或是受到了国教的训育的人。不从国教派的爱德华·怀特牧师[23]写过一本反对国立宗教的小册子，语气温和，颇讲道理。他说："在英国，未得到国家资助的、非国立的

---

[21] 关于"精通哲学的政治家"，参见第六章，第138页及注〔6〕；关于"精通哲学的教士"，阿诺德在第一次发表该文时曾点名坎特伯雷大教堂教长亨利·奥尔福德（Henry Alford, 1810—1871），后者的《未来的教会》一文就持阿诺德批评的观点（见《当代评论》，1868年10月，第9卷，第161—178页）。

[22] 英语中的"provinciality"有土气、褊狭、少见识、俗气、心胸狭窄、片面等意思。阿诺德在《学院对文学的影响》一文中对比法国等欧陆国家的文学与英国的文学，认为英国因为缺乏权威中心、没有树立高标准，故经常表现出低下的品位和趣味。"完整性"或"整体性"（totality）是德国哲学中常用的一个概念。

[23] 怀特是威斯敏斯特教堂教长斯坦利的朋友，位于霍利路上的圣保罗礼拜堂的牧师。他曾写信给阿诺德（1869年2月27日）谈《文化与无政府状态》。

宗教团体与既得到资助又是国立宗教的教会一样，也对政治家充分施加了道德的、使之高尚向上的影响。"但这要看人们在什么意义上谈论施加了道德的、使人高尚的影响。对于迷信工具和手段的人来说，促使政府取消教堂税或将娶亡妻之姐妹的行为合法化，就是对政府施加了道德的、使之高尚的影响。但是热爱完美的人视内在的成熟为行动的真正动力，于是他会认定莎士比亚比瓦茨博士[24]为政治家的思想成熟所做的更多，故在对政治家施加道德影响并使之提高境界这一方面，莎士比亚起了更大的作用；根据同样的道理，他会认定，与产生了不从国教派牧师的宗教团体相比，造就了胡克、巴罗、巴特勒[25]等人的国家宗教为提高英国政治家及其行为的道德水准和精神境界起了更大的作用。英国清教和不从国教中有成就者均是在国教内接受教育的，如弥尔顿、巴克斯特和卫斯理。[26]离开了国教一两代后，清教就产生不了有全国性影响的人物了。同样的教义，同样的教规，苏格兰产生了有全国性影响的人物，但那是在国教范围内。同样的教义，同样的教规，德意志、瑞士和法国产生

---

[24] 瓦茨（Isaac Watts, 1674—1748）是英国享有盛名的赞美诗作者，作品有《当我注视着美妙的十字架》《有阳光就有耶稣》《啊主，世代的救星》等。

[25] 胡克（Richard Hooker, 1554—1600），安立甘宗神学创始人，主张政教合一，认为《圣经》、教会、理性三大要素的紧密结合是安立甘宗的传统（亦见本篇注[43]）。巴罗（Isaac Barrow, 1630—1677），英国数学家、神学家，牛顿的老师；晚年曾任剑桥大学三一学院院长、剑桥大学名誉副校长等。巴特勒（Joseph Butler, 1692—1752）出身长老会家庭，后加入英国国教，曾任圣保罗大教堂教长、达勒姆主教等。以上三人都是英国圣公会（安立甘宗）历史上起了重要作用的教士和神学家。

[26] 巴克斯特（Richard Baxter, 1615—1691），受命担任圣公会牧师，后与清教派联合反对圣公会的主教制，持坚定的长老会信仰，曾使一个手工纺织业城市成为模范堂区；主张限制君权，实行一定程度的宗教宽容，并因此长期受到迫害。卫斯理（John Wesley, 1703—1791），英国圣公会内部卫理教（Methodism，即循道宗）的创始人，因强调在学习和灵修中循规蹈矩，被讥为循道派；多年在美国和英国巡回布道。

了有全国性影响甚至是全欧影响的人物,但那是在国立或正统宗教内。[27] 看来是有一种规律在起作用,致使在国家教会之外不可能培养出有至高精神影响的人物;只有两种宗教似乎不受或相应来说不受这种规律的影响,那就是罗马天主教和犹太教。两者都依靠已经确立的组织,虽说它们并非是国家性的而是世界性的宗教组织;在这两种宗教准则内,对于个人而言,上述产生有至高精神影响的人物的条件可能不会使他失去什么,但对于公民而言,个人未失去的,公民及其所在的国家却失去了。

那么,英国清教徒和新教中的不从国教派为什么会有这种无可否认的小家子气呢?就像在任何其他环境中一样,清教和不从国教派中也有气质和品格高贵的人。相对而言,他们身上不大会有大多数人的缺点和毛病,他们始终会激起我们的兴趣。但是,在清教和不从国教派当中,这样的人似乎面临特殊的困难,他们不易从束缚中挣脱出来,得到全面的整体的发展。这当然是因为不从国教者

---

[27] 苏格兰的国教是苏格兰长老会(参见第一章注〔20〕、第二章注〔36〕),但1833—1843年这十年中有关地方教会的牧师应由地主推选还是应将神职授予权力交还给会众的争论,导致苏格兰长老会的分裂和独立的"自由苏格兰长老会"成立。法国从16世纪末起一直奉行宗教自由,国教是天主教,国民亦可自由信奉新教,但新教势力很小;拿破仑之后更是完全实行政教分离,宗教势力也不得插手学校教育。德意志在1555年的"奥格斯堡和约"中明确规定天主教和路德宗可以并存,互不干涉,此后两个教会均为正统教会;地区的信仰主要依邦国君主的信仰而定(至今德国仍然是天主教和新教平分天下,一般来说,南部巴伐利亚等地区以天主教为主,北部则多为新教地区)。

下文中,阿诺德似乎认为,一个天主教徒或犹太教徒可以在自己的宗教体系内发挥很大的作用,但不会在国家的政治思想和精神的提升方面起作用(故有公民和所在的国家有损失一说),这里说的国家主要指英国。可以看出,阿诺德深受父亲的广教会思想影响:广教会将宗教定义为国家的合作者(参见本篇注〔42〕、〔41〕);后文中有关小家子气、完整性的说法,以及对伊丽莎白时期的描述均印证了这一点。关于"失去"的意思,参见第一章,第25页关于"祭奠品"和"牺牲品"的说法,下文第215页"使罗马天主教徒成为更好的公民……成为更完全的人"的说法。

与国教教徒不同,他们同国民生活的主流是脱节的。在宗教这样深刻紧要的事情上,与国民生活的主潮脱节有着特殊的重要性。下文[指上文]详尽讨论了我们中间所谓的"希伯来化"倾向,即只要宗教,而牺牲人性中其他一切方面的发展。这种倾向源于宗教神圣的美和崇高,它的存在本身也动人地证明了宗教之神圣美与崇高。但我们看到,这种倾向也有很大的危害,它使我们狭隘地、扭曲地发展了宗教的一面,却无法引导我们走向完美。甚至国教也存在希伯来化的倾向。但国教处于国民生活的大潮之中,周围有各种各样的事物时时提醒我们人生的多样性和丰富性,其教会如国家一样历史悠久,其制度秩序、仪式庆典、遗迹遗址也如国家的制度、仪式和丰碑一样,远远超出了我们的任何凭空想象和精心设计。还有诸如大学之类的机构:如果说希伯来化的危险正是忽略了文化和全面的发展,那么大学等机构的成立就是为了卫护、推进文化和人性多方面的发展。如果国教都有希伯来化倾向,那么在缺乏上述种种制约因素的情形下,我们的希伯来倾向不知还会有多厉害呢。可以说,做一名国教徒本身就是在接受宗教上节制、适度的教育,有助于达到有文化的和谐发展的完美。国教教徒不用苦苦挣扎,寻找自己私有的方式来表达无法表达的、定义无法界定的内涵;他只需要接过国家的宗教生活中给人印象至深的形式。教徒可以确信的是,他自己天性中宗教的一面能在这些形式中得到满足,另外,他仍有闲暇以及平和的心态去满足天性中的其他方面。

然而,做一名不从国教派的教徒或是自己打天下的宗教团体的成员,情形就大不一样了。宗派分子有 *eigene grosse Erfindungen*[28]——即歌德所说的"自己的重大发明",也就是说,教友自

---

[28] 埃克曼(J. P. Eckermann, 1792—1854)在《歌德谈话录》中提到,(转下页)

己和同伴们有了宝贵的发现，找到了属于自己的特殊形式来表达那不可表达的、界定那不可界定的内涵。既然这些形式是他自愿选择的，又是他本人对此负责，因而他必然满脑子全是这些东西。他热衷于战斗，以捍卫、肯定这些形式，因为肯定了这些也就是肯定了他自己，而肯定自我正是我们大家都喜欢做的事。就这样，人性的其他方面被忽略了。对每一个严肃认真的人来说，他心中宗教的分量本来就容易大大超过其他方面的精神活动；教友选择了自我肯定和挑战，就更是让宗教完全占据了他的心灵，使之变得专横，容不得其他。他误将宗教中非本质的东西当成了本质，而且因为是他自己做出的选择，所以犯这种错误的可能性大大增加了；他还以为宗教活动就是强硬地捍卫他的选择。这样，他也就没有多少空闲和心情去研习文化。再者，也没有与国家教会息息相关的大学这样一类并非他自己设造的伟大机构吸引他去研习文化。他所有的只可能是自己设造的机构，就像他发明了自己宗派的制度和教规那样，更何况我们已经看到，那是在受到狭隘、专断的宗教观念影响下所设造发明的东西。所以说，国立的宗教喜欢的是浑然的整体，而"犄角旮旯儿"式的宗教（按时兴的生动的说法）必然与小家子气投缘。

但是，如果不从国教派确实有一股小家子气的话——他们自己也难以全然否定这一点——那么他们以及不少自由党人倒是煞有介事地拿出了一个祛除小家子气的办法。"大家都站到一条船上来"，他们叫道。"大学向人人开放，宗教则统统不要国立！"开放大学当然可以，至于第二条建议，则需要过过筛子。乍一看，这建议真有点像那只掉了尾巴的狐狸说的话，既然它的尾巴掉了，那就让所

（接上页）1823年9月18日歌德对埃克曼谈诗歌创作时说道："我首先是特别警惕自己的重大发明。"

有的狐狸将尾巴统统割去，大伙儿不就半斤八两了吗。[29]我们知道，道德家认定正确的做法不是听从这貌似有理的提议，将四周狐狸的尾巴统统割去，而是让所有的狐狸保留自己的尾巴，并让那只丢了尾巴的狐狸去找一条尾巴。因此，我们竭力想说明这样一个道理：为了要治愈不从国教派的小家子气，就让周围的人统统染上小家子气，这很难说是正道。

不过，或许我们不会变得小家子气。怀特先生说了，很可能会出现这样的情形，就是"当所有的好人都处于宗教平等之中，当整个地清除了政府资助宗教这种令人费解的罪恶与不义之后，政治家的行动将会空前地受到道德的、高尚的力量的影响"。

我们已经有了殖民地中宗教平等的事例。《泰晤士报》说："在殖民地，我们看到宗教社团不受国家控制，国家摆脱了一种最麻烦、最令人烦恼的责任。"[30]但美国才是那些反对国立宗教建制的人眼中了不起的榜样。现在我们谈论的，是国立宗教对文化所产生的影响。布莱特先生——他最近很喜欢声称自己最为推崇理智和事物之朴素的、自然的真谛，称自己的路线是培育智力的成长，而众所周知，这些也正是文化的目的——我们说，布莱特先生在伯明翰谈到教育问题的时候，似乎正好针对着我们的话题："我相信这四十年来，美国人民已为世界提供了比全欧洲加起来更有价值的信息。"[31]那么说，没有国立宗教的美国好像走到我们大家的前头去

---

[29] 取自一则伊索寓言《掉尾巴的狐狸》。
[30] 载1868年8月12日的《泰晤士报》第6版。
[31] 指1868年2月5日布莱特在伯明翰早餐会上对赴巴黎博览会的工艺协会代表所做的演说，翌日《泰晤士报》报道了这一消息。阿诺德所引的"信息"（information）一词可能应是"发明"（inventions），见索罗尔德·罗杰斯编：《布莱特演说集》（伦敦，1879），第62页。下一段中布莱特的话也引自同一则消息。上面提到的布莱特的有关情况参见第六章，第147、（转下页）

了,甚至在精神活动的问题上都比我们强。

然而,另一位崇尚理智、崇尚事物朴素的自然真理的朋友勒南先生在最近发表的著作中也谈到了美国,但他的意见似乎和布莱特先生的意见存在着严重的分歧。布莱特先生断言美国人不但有东西教给欧洲,而且是在不具备高等的、科学的伟大教育机构的情况下做到了这一点;他们凭的是让所有阶级的人都"受到了足以使他们阅读、理解、思考的教育",他说,"我认为,这正是后来一切进步的基础"。这时勒南先生却说:"对人民进行合适的教育是某些阶级的高等文化的一种效应。美国等国家创造了相当规模的普及教育,却没有任何严肃的高等教育;这些国家在很长的时间内将会为这个缺陷付出代价,那就是智识平庸、举止粗俗、精神肤浅和缺乏一般智力。"[32]

这两位理性的朋友中,我们该相信谁呢?勒南先生的想法好像更符合我们所说的文化,因为布莱特先生眼中只有政治和宣传鼓动,那是他所谓"值得称许的兴趣"。日前他在伯明翰说:"当前——事实上,可以说在一个自由的国度历史上的每时每刻——没有什么事情比政治更值得讨论。"[33]他动用了慷慨陈词的所有本领,不断重复他的老一套:三十年来我们所有的改进都应归功于大城镇人民的创见和智慧,已经改善的有议会选举改革,自由贸易,取

(接上页)158页及注[15]、[32]。
[32] 勒南(见本篇注[14]):《当代问题》(第2版,巴黎,1868),序言,第vii页。
[33] 1868年11月9日布莱特的演讲,《泰晤士报》11月11日有报道(第12版)。1868年深秋阿诺德大量跟踪阅读有关布莱特演说的报道,下文中还影射了布莱特11月5日在爱丁堡的演说(11月6日《泰晤士报》第5版):"有一次我给反对一切间接征税的利物浦金融改革联合会出了个主意,我让他们树个旗帜,题上'免税早餐桌'的字样。既然面包不再征税了,那就应该努努力,让茶叶、咖啡和糖都不要征税。"关于"值得称许的兴趣",见第六章,第172页。

序言(1869)

消教堂税，等等；正准备着手做的有驱逐少数派分子，搞免税早餐桌，凭借不从国教派对国立宗教的仇视情绪撤销爱尔兰的国教，还有许多诸如此类的事情。尽管贫穷、愚昧等一大堆社会问题似乎不容他不加以关注，可他仍是径自赞扬伟大的城镇，赞扬自由党，赞扬他们三十年来的伟大行动。他好像从来没有想到过，现在社会生活的动荡不安与他和自由党朋友们三十年来盲目崇拜那些灵丹妙药有什么关系，或者说，动荡的社会状况似乎从来不会引起他们对这种盲目自信的疑虑。他却认为差错全因托利党太愚蠢，而纠正偏差要靠伟大的城镇的创见和智慧，靠自由党一如既往地实行辉煌的行动计划，或者认为差错会自行得到修补。于是我们看清了布莱特先生所说的创见和智慧的真正含义，懂得了依他所见，我们的思想和智慧将以什么方式成长。毫无疑问，在美国，所有阶级的人都读报纸，都对政治怀着值得称许的兴趣；在这些方面，他们比此地或欧洲其他任何地方都做得好。

但是，在下文［指上文］中，我们通过论理对英国人机械地追求的整套政治行动投以怀疑的目光，我们发现这里恰存在着勒南先生所说的"缺乏一般智力"的情形，或我们所说的，缺乏对事理的关注，这是我们虔诚地崇拜工具和手段的结果。于是我们的结论是，勒南先生所说的理性和智力与我们的意思差不多，而布莱特先生所说的则不然。勒南先生说美国——那报业和政治的精美家园——缺乏一般智力，我们觉得实际情况很像这么回事；从心智活动、文化和整体性等方面看，美国做得很不够，而不是超过了我们大家。

我们现在谈的，仍然是国立宗教组织对文化和人类高度发展的影响。我们看到，那么有活力、天赋条件那么好的美国，却没有显现出高度发展的人性，或说没有让人看到这方面的潜质；这里的原因，我们当然明白。下文［指上文］将会谈到我们的社会分成了三大部分：野蛮人、非利士人和群氓。美国几乎没有野蛮人，也不大有群氓，除此以外便和我们一样。也就是说，国家的大多数都是非利士人；但那里的非利士人比我们这里的更加活跃，他们没有野蛮人的压力和虚假典范，更可以放开手脚，为所欲为了。我们发现，英国非利士人中最强壮、最活跃的部分是奉行清教和希伯来精神的中产阶级，正是这种希伯来化的倾向使他们离开了文化和全面的发展。同样，人人都知道美国人来自于英国中产阶级，他们将后者的偏颇也搬到美国去了，只会十分狭隘地看待人的精神领域和那唯一不可少的事。[34] 从缅因到佛罗里达，再从佛罗里达到缅因，全美国无处不盛行希伯来风气。尽管我们不宜只凭书上读到的东西就来品评他国的人民，[35] 但这里所说，倒是不必担心会引起什么异议。我指的是，当美国人的精神振奋起来、被付诸行动时，他们唤起的一般只是宗教那一面，而且还是狭隘意义上的宗教。社会改革者到摩西或圣保罗那里找教义，他们根本不知道还能从其他地方得到指引。学校和大学里认真的年轻人也根本不懂拯救的道理，其实得到救赎是指人性臻至和谐的完美，而这种境界只有通过完全、充分地培育人性的许多方面才能达到。他们只以旧时清教的方式认识救赎的问题，以老的、错误的方式，热忱地投入救赎的事业。我们对这一套十分熟悉，何况不久前，在斯柏靳先生的大都会礼拜堂，美国的宗教复兴主义者哈蒙德先生又让我们重温了这一切。[36]

---

［34］ 关于"唯一不可少的事"的出处，参见第五章注［1］。
［35］ 阿诺德直到1883年才第一次访问美国，1886年第二次访美。
［36］ 哈蒙德（Edward Payson Hammond, 1831—1910），美国长老会的福音主义者。1868年11月，哈蒙德在斯柏靳的大都会礼拜堂为儿童举办了宗教复兴的系列大会，因品位低下引起许多反对的声音。

如果说美国的希伯来化倾向比英国和德意志更严重，难道能否认这与他们缺乏国立的宗教有很大的关系吗？我们已看到，国教会使我们获得关于人类精神的一种意识，认识到其超越我们的幻想和感情的、历史的进程；我们看到，国教会启发我们内心新的侧面和新的情感认同，使我们有意识地去培育这些方面；而且，在国教内也使我们免去了发明自己的宗教形式并为之苦战的辛劳，从而给了我们闲暇以及平和的心态，可以使我们对最宏大的、最有气势的事物——宗教本身——形成稳定的见解，扩展我们最初有关"那唯一不可少的事"的粗糙观念。但是，在严肃认真的民族中，人人都必须选择自己的宗教制度和教规并为之争斗，于是关于这些非本质事情的争论就占据了他的思想。最初有关唯一不可少的事的不成熟观念也没有得到清理，相反还占有了他全部的精神生命，造成一片荒芜却还称之为天国般的宁静。[37]

记得英国中部城镇的一位厂主、不从国教派的教友告诉我说，几年前他刚到那里的时候，当地并没有非国教教徒。他在城里开办了一所独立派礼拜堂，现在国教教会与不信奉国教的人数几乎对等，相互之间争夺十分激烈。我说真遗憾。"遗憾？"他叫道，"不，才不呢！只要想一想，冲突激起了多大的热情和活力！""啊，不过，亲爱的朋友，"我答道，"想一想你们如此坚定地维护着一堆毫无价值的东西！假如这些年来不是因为要与对立面唱对台戏，你们本来根本不会相信这些无聊的东西的。"越是认真的民族，宗教这一面就越突出，其危险性也就越大。如果由自己选择宗教形式并必须为其生存而战，那宗教这一面就会膨胀、扩大，

---

[37] 此处借用罗马传记家塔西佗（55？—118？）的《阿古利可拉传》第30卷中不列颠酋长指控罗马侵略者的名言："他们造成一片荒芜，而称之为和平。"塔西佗的其他主要著作有《历史》《编年史》等。

它便会吞噬精神生活的所有其他方面，阻隔并吸收本应属于其他方面的养分，乃至希伯来精神四处蔓延，而希腊精神则完全被扑灭。

到那时，文化，人性整体和谐、全面发展的完美，就会变成次要问题。甚至本来应以培育有文化的、和谐全面发展的人为己任的教育机构，也和自由宗派团体一样，对人性及其所需采取了狭隘的片面的观点。比彻先生和诺伊斯教友[38]的自由教会充斥着小家子气，缺乏中心，在宗教上奉行的完全是希伯来那一套东西，而不是造就完美的人；同样，埃兹拉·康奈尔先生[39]的大学——那象征着他高尚慷慨之心的纪念碑，也似乎建立在对文化的错误观念之上，它要培养的是采矿师、工程师或建筑师，但对美好与光明却并不在意。

现在，认为英国非国立宗教对政治家有很大影响的怀特先生对美国也提出了同样的问题，他想知道，在没有国立宗教的美国，宗教对更高层次的国民生活的影响难道就不如英国？我们的回答如前，他们的宗教的确作用不大。因为鼓动人民读《圣经》和报纸，

---

[38] 比彻（Henry Ward Beecher，1813—1887）担任纽约布鲁克林的普利茅斯公理会牧师达40年之久，赞成废奴和妇女参政，其演说在全美产生广泛影响；他的姐姐斯托夫人（Harriet Beecher Stowe，1811—1896）即《汤姆叔叔的小屋》的作者。阿诺德对比彻的看法详见《法国的伊顿公学》，《马修·阿诺德散文全集》，第2卷，第319页。诺伊斯（John Humphrey Noyes，1811—1886）是昂尼达公社（Oneida Community）的缔造者，其成员能自由进行社会实验。诺伊斯自信已达到无罪孽的完美境界，组织《圣经》公社，企图回到基督教早期的公社形式。早年主张自由性爱、混杂婚，是狄克森的《精神之妻》（第206页）中的英雄人物。参见第六章注[24]、[25]。

[39] 康奈尔大学由立法通过成立，1865年4月27日纽约州长签字批准，1868年10月正式开学。学校的"主要目的……是教授包括军事战术在内的、与农业和机械技艺相关的科目，以提高从事这些职业和专业的工业阶级的人文和实践教育水平。但理事会认为有用和妥适的其他科学和知识门类也可列入大学的教学和研究计划"。见毕晓普（Morris Bishop）：《康奈尔史话》（伊萨卡，1962），第68页。

让他们去获取与自己从事的业务相关的实际知识，这样的做法对国民更高层次的精神生活的影响当然不及真正意义上的文化。如勒南先生的话所表明的，美国缺少的恰是正确的文化观念。

许多人认为精神境界、美好与光明等等都不过是一席清谈；[40]对这些人来说，以上所谈的问题没什么了不起。但我们则认为此事有关宏旨，因为我们注重精神，认为美好与光明很有价值，并且我们面临的许多问题追根溯源来说，都是精神匮乏所致。于是，我们不但要说，不从国教派缺的是国教，而多了小家子气，丢了全面发展；我们还要说，他们拿来证明不设国教有理的例子恰好证明他们无理：当他们得意扬扬地为我们描述没有国教的美国时，我们看到的却是这样一个伟大的、大有希望的国家，居然上上下下都透着一股小家子气——就是我们要根除的英国不从国教派的那种小家子气。

文化教导我们要公正客观、不带偏见，现在我们就以这样的精神来谈清教的问题。我们已看到清教的狭隘性，那是由其"犄角旮旯儿"式的组织形式所决定的；我们提出了诊治狭隘性的办法，即让清教更多地接触国民生活的主流。在这个问题上，我们同威斯敏斯特教堂教长[41]的看法完全一致；事实上，他和我们都受到了同样的教育，所以大家都注意到清教的狭隘性，都想治好清教的这个

---

[40] 参见第二章，第37页及注〔1〕。
[41] 指斯坦利（参见本篇注〔15〕）。他曾就读于拉格比公学，是阿诺德父亲的学生，1864年1月起就任威斯敏斯特教堂教长。《英国人名词典》的有关条目称斯坦利"为之倾注心血的目标是在巨大的包容性方面得到认可，他认为教会与政体的结合使这一点有了保障；他要在法制的范围内扩大教会的疆界，使之更名副其实地完成它作为国家教堂的使命……为实现这一理想，他准备做出牺牲，因而引起他手下一些持高、低教会观点的优秀教会人士的反感。任何一点做法，只要是想松开教会与政体的紧密关系，抵制或回避现存法律，或缩小对教会礼仪最宽泛的阐释中所能容忍的自由，都遭到他的反对"。

毛病。但是,他和其他一些人似乎只是简单地将现在的国立安立甘宗说成奉行最有包容性的"宗教自由主义"的宗派。为此目的,他们抓住了安立甘宗的礼仪中确实存在的多样化倾向和教义,对清教徒说:"你们大家都来参加最宽容的国立安立甘宗吧。"但是,也许这样的说法并没有充分考虑历史的进程或人们在宗教事务上的强烈感情,或对只是十分执着于宗教行政制度和教规的严肃态度估计不足。当怀特先生说"整个地清除了政府资助宗教这种令人费解的罪恶和不义"的时候,这种语言其实只是他的立场使然,并没有什么实质性的内容。但是,当他谈到宗教社团"三百年来为争取会众管理自己事务的权力而奋斗"的时候,他便在讲历史了。依我所见,这番话背后的历史事实揭示了广教会[42]人士"宗教自由主义"的虚幻性。

无疑的是,文化绝不会让我们把究竟应有胡克所说的"代表会众的长老权威"还是应实行主教管辖这类教规问题当作宗教的实质。胡克本人自然并没有将此当成实质。在《论教会体制的法则》的献词中,胡克谈到促使他写这部巨作的教规问题时说:"事实上,这些大多是愚蠢无聊的东西,因为太肤浅了,简直很难用严肃的态度来争辩这些问题。"[43]胡克的伟大著作驳斥了对英国教会制度和

---

[42] "广教会"或"宽和教会"(Broad Church)是19世纪中期英国国教内的一个派别(与"高教会"和"低教会"并列),受到自由主义思潮的影响,主张神学上的自由主义和宽容,并将教会设想为国家的合作者;与上文及下文所说的"宗教自由主义"(Latitudinarianism)有历史渊源关系,后者指17世纪中期至18世纪时宗教见解开阔、不拘泥甚至不在乎教义和形式的态度,后来受到福音运动和牛津运动的抵制。托马斯·阿诺德曾是广教会的精神领袖,斯坦利所奉行的也是广教会的信条。

上文提到的怀特牧师亦参见本书第193、198页及序言注[23]。

[43] 参见基布尔(John Keble, 1792—1866,牛津运动发起人)编:《胡克作品集,附艾萨克·沃尔顿所著的胡克生平》(牛津,第3版,1845),第2卷,第3页。胡克的情况亦见本部分注[25];他从1591年起写《论教会体制的法则》(转下页)

教规的指责,但是,(该书的许多读者却几乎看不到)他写这部书并不是因为主教制是宗教之必需,而是因为指责者认为长老制是必需,主教制是大逆不道。无论主教制还是长老制都不是必需,也不是罪孽,对两者都可以列数出不少长处。然而,有个重要问题必须提及,那就是在宗教改革时期,英国教会中主教制和长老制双制并存,而长老制只是逐渐被排除出去的。我们谈到了胡克,他的生平中有一件事,再好不过地说明了我们刚才谈的看法。大家都读到过这件事,因为艾萨克·沃尔顿的《胡克传》中讲到过,[44]但是,可能还没有什么读者充分认识到它的意义。

1585年,胡克通过大主教惠特吉夫特的影响被任命为圣殿[45]律师学院院长。但此前也有人拼命活动,为一个名叫沃尔特·特拉弗斯的人争这个位置,后者在当时名气很响,可现在只是因为胡克的缘故还会提到他。那时,这位特拉弗斯是圣殿学院午后的诵经

(接上页)(*Ecclesiastical Polity*),原计划写8卷,生前只完成5卷,作品捍卫了英国的圣公会传统,驳斥了天主教会和清教。沃尔顿(Isaac Walton, 1593—1683),英国传记家,曾为邓恩、胡克等多位宗教界领袖和诗人作传,但他的传世之作为《高明的垂钓者,又名沉思者的娱乐》(1651)。

[44] 下文所叙述的事件也见基布尔编的胡克作品集第1卷,第51—52、27—29页,但两段引文中的后一段并非艾萨克·沃尔顿所写,而是斯特赖普(John Strype)于1705年所增添的内容。

[45] 圣殿(The Temple)位于伦敦舰队街和泰晤士河之间,原先有四个圆形教堂,因属于中世纪的宗教、军事团体"圣殿骑士团"(the Templars)而得名,现在只剩下圣殿教堂(the Temple Church)。1346年后,圣殿被学习法律和从事律师业的人员占用,1609年起,形成两个互相独立的、具有授律师资格权的律师学院,即"内殿律师学院"和"中殿律师学院"(the Inner Temple, the Middle Temple),分别用帕枷索斯(带双翼的飞马)和羊羔作为标志。

伦敦的另外两个也是由从业人员自愿发起的法学组织是"林肯律师学院"(Lincoln's Inn,名字可能来自原业主、14世纪后期皇家法庭高级律师托马斯·德·林肯)和"格雷律师学院"(Gray's Inn,格雷家族的先人在13世纪时是高级司法人员,14世纪起这处当时闲置的房产被格雷法学会占用)。上述四大学院完全控制了授律师资格权,各自由律师学会主管委员会(Benchers)负责治理。

员和讲师，院长的位置因老院长阿尔维的逝世而空缺，但阿尔维在临终前推荐特拉弗斯接替他。学会也属意特拉弗斯，他还得到财政大臣伯利[46]的支持。尽管胡克被任命为院长，特拉弗斯仍照常在下午开讲，大反特反胡克在上午宣讲的原理。特拉弗斯曾是剑桥大学三一学院的院士，后来到圣殿学院当午后诵经员和讲师，得到了据说与他观点相同的前院长的举荐，是圣殿律师学会的红人，也有首席大臣撑腰——可是这位特拉弗斯根本不是主教按立的牧师。他本人是长老宗的，拥护当时称作日内瓦教规的一派；[47]沃尔顿说，他

---

[46] 指第一任伯利男爵威廉·塞西尔（William Cecil, 1st Baron Burghley, 1520—1598）。塞西尔家族是英格兰声势显赫的世家，伯利勋爵的祖父和父亲都与英国宫廷有密切关系；他本人是伊丽莎白女王时期著名的政治家、外交家，曾在处决苏格兰女王玛丽以及英国击败西班牙无敌舰队一举中起重要作用；他于1571年受封男爵，1572年起至逝世一直担任财政大臣；他的后裔形成英国的两大望族：长子一系为埃克塞特（Exeter）伯爵和侯爵，次子一系为索尔兹伯里（Salisbury）伯爵和侯爵。

另需说明，此处的"财政大臣"在英语中用了Lord Treasurer，而不是后来才出现的财政大臣官职Chancellor of the Exchequer；下文中的"首席大臣"亦应指颇受伊丽莎白女王信任和重用的伯利勋爵，阿诺德使用了the Prime Minister一词，在此并非指历史上后来出现的、在提到宾尼的段落中使用的"内阁首相"。

[47] 即他是加尔文信徒。16世纪时英国的宗教斗争异常激烈，亨利八世虽然运用权力使英国教会脱离了罗马天主教廷，但在宗教体制、礼仪等方面并没有太大的改变。另一方面，法国基督教改革领袖，也是第二代宗教改革运动最重要的领袖人物加尔文（John Calvin, 1509—1564）对基督教的阐释，他的《基督教原理》（1536），以及他为日内瓦制定的体制和新教会模式，却深刻地影响着欧洲和北美的新教。在英格兰、苏格兰等地区，加尔文学说影响很大，根据加尔文学说制定的教义、教规等也为长老会等教派所采纳。16世纪中期，各地政府不容异端，宗教难民涌入日内瓦，受到加尔文的欢迎，被培养成牧师，再送回本国传播福音，并与加尔文保持联系，于是日内瓦便成为国际宗教运动的中心和各地区教会的榜样。

长老宗（Presbyterian churches）是兴起于16世纪宗教改革运动的新教古典派别之一，大体源于加尔文派各教会，在欧洲大陆则一般称作"归正宗"（Reformed churches）。"长老"一词来源于长老制，即由牧师和称为长老的平信徒首脑管理教会。根据加尔文的教会行政理论，教会的唯一首脑是基督，基督之下教友一律平等；教牧工作是全教会的工作，由教友推举的代表分担。

是"由安特卫普的长老按立为牧师"的。沃尔顿在另一处更详细地谈到特拉弗斯就任牧师的问题:"他不承认英国国教和主教制的权威,去了日内瓦,后来又到了安特卫普,在那里被维勒斯、卡特赖特[48]等会众的首领按立为牧师,所以他回到英国时更坚信日内瓦教规了。"维勒斯和卡特赖特等同样为英国国教内部长老宗的代表,当时长老制很普遍。但是,恐怕特拉弗斯的生平最能活生生地让人感到长老宗的存在,这情形就好比假定今天的宾尼先生[49]正在林肯律师学院或圣殿律师学院做着午后读经师及高级讲师一样;假定宾尼很是被律师学会的主管们以及内阁首相看好,大家都赞成由他出任院长,可他却因为一个偶然因素没能得到这个职位:坎特伯雷大主教运用对女王的影响,使宾尼的竞争对手获胜。

长老宗坚持会众应有权力管理自己的事务,但它被排挤出了英国教会,于是像特拉弗斯那样的人再也不可能出现在国教的讲坛上。如果像伊丽莎白治下的政府——在世俗界有塞西尔家族一类的政治家,在宗教界有惠特吉夫特那样的政治家——如果这样的政府寿命再长一点,如果长老宗明智地做出某些让步,却又在一些方面坚持自己的原则,那么它本来有可能融入国教。在这类事情上博林

---

[48] 卡特赖特(Thomas Cartwright,1535?—1603),英国清教教士,曾任剑桥大学神学教授(1569—1570),后被副校长惠特吉夫特解聘,到处讲演反对英国教会体制,在安特卫普等地的英国侨民中当教士,因不从国教罪被监禁。(苏泊尔并未有注释说明这两位教士的情况,仅在第5卷索引550页中给出卡特赖特的本名Thomas,并在索引第556页Villers条后用括号注明"加尔文教牧师"。)

    早期英国一般由神职人员在大学和政府职能部门任职,即学问与宗教、专业职务与神职是合一的。

[49] 在阿诺德写"序言"的日子里(1869),不从国教派的宾尼(Thomas Binney,1798—1874)已成为广泛受到敬仰的公理宗(Congregational Church)牧师,在美国和殖民地都赫赫有名。宾尼曾两度担任英国和威尔士公理联合会会长。

布鲁克勋爵[50]是清醒的判断和不偏不倚态度的见证;他在那篇不大有人读过的《评英国历史》中说:"伊丽莎白女王时代所采取的措施和保持的心态通常是缓慢地、温和地却也因此是十分有效地削弱宗教上的对立。当时甚至认为,在坚持不同宗教见解者的最初激情爆发过后,可以期望他们中间那些不是狂热到不能自拔的人以合理的条件接受同国家教会的联合。这些人尽管质疑秩序,却也是秩序的同盟。倘若那时信奉加尔文教规者被吸纳到国教中来,那么剩余的分裂宗派无论就数量还是声望而言便产生不了什么影响了。用以赢得这批同盟的办法同样可以极为有效地阻止其力量的扩张,同时也可遏制其他宗派势力。"然而,斯图亚特王朝君主们的心态和拙劣的判断却断送了所有此类的计策。不过,即使说到斯图亚特王朝统治的早期,克拉伦登[51]曾说,班克罗夫特之后若由安德鲁斯主教

---

[50] 亨利·圣约翰(Henry St. John, Lord Bolingbroke, 1678—1751),第一任博林布鲁克子爵;英国托利党政治家、演说家;密切参与安妮女王时期的政治,参与策划1715年斯图亚特王朝的"老僭君"(詹姆斯二世之子)复辟(未遂),乔治一世上台后两度流亡法国,是英国辉格党领袖沃波尔的政敌。他与英法文化界的人士有密切关系,如伏尔泰、蒲柏、斯威夫特等,著作有《关于爱国君主的设想》(1749)、《历史研究书信》(1752)等。引文参见博林布鲁克:《作品集》(费城,1841),第1卷,第400页,书信第18,《评英国历史》。

[51] 指第一任克拉伦登伯爵爱德华·海德(Edward Hyde, 1st Earl of Clarendon, 1609—1674),斯图亚特王朝的政治家、史学家,复辟后全面控制政府各个部门,宗教政策上主张容纳但不宽容,曾秘密将女儿安妮嫁给后来成为詹姆斯二世的约克公爵(1660),此举使他日后成为玛丽王后和安妮女王的外祖父。引文参见他的著作《英国叛乱和内战史》,第1卷,第125页(牛津,1849);他并没有说安德鲁斯可以调和各分裂的宗派,而是说"可以轻易地将[日内瓦]的影响抵挡在[教会]外,而后来再要驱逐这股势力谈何容易"。

  班克罗夫特(Richard Bancroft, 1544—1610),1604年出任坎特伯雷大主教,订立教士不准奉清教的法规,任钦定本《圣经》翻译工作的总管。

  安德鲁斯(Lancelot Andrewes, 1555—1626),英国教士,对早期基督教教父的著述有极深厚的造诣;在伊丽莎白、詹姆斯一世和查理一世的宫廷都受到器重,曾任契奇斯特、伊利、温奇斯特等教区的主教。

接任坎特伯雷大主教,各个分裂宗派的不满情绪本来有可能调停和平复。但后来事实并非如此,曾一度势力强盛、实行强者法则的长老宗,到了查理二世时代便也备尝强者法则的厉害,最终被英国国教扔出教门。

我们谈到了教规问题。如刚才所说,长老制和主教制之间在教规方面的冲突并非本质冲突。本来曾有可能解决这矛盾,而且在某种意义上说是以对主教制有利的方式来解决。胡克认为,尽管教规体制的具体规则并非实质性问题,但他生活的时代出现了一些情况,致使必须以对主教制有利的方式来解决矛盾。但是事实恰恰是这种方式没有奏效,宗派分裂在继续,在扩大,不从国教派别非但没有被平和地并入国教,相反还被粗暴地抛了出去,因此,现在的情形完全变了。艾萨克·沃尔顿本人是坚定的国教派,他哀叹道:"不从国教者调子越唱越高,宣泄越来越大胆,终于迫使国教教会和国家除了伤其皮肉、令其丢性命外,还采取了别的严厉措施;若非为了防止混乱局面及其带来的危险后果,本来根本不可能找到任何理由实行这样的严厉措施的。"[52] 然而,就是这些严厉的措施本身排除了在主教制的基础上实现联合的可能性。再者,实行以代表信众的长者为权威、认定会众有权管理自己事务的长老制,却在基督教《圣经》和早期基督教会的做法中均有依据;长老制与铸就宗教改革并在英国十分强劲的新教精神如此吻合,在其他归正宗[53]教会的实践活动中占有如此显著的地位,在英国原初的归正宗教会中表现如此强烈,乃至人们不得不怀疑对之采取压制的办法是否真的一劳

---

〔52〕 基布尔(参见本篇注〔43〕)编:《胡克作品集》,第1卷,第36页。
〔53〕 归正宗(Reformed Churches,参见本篇注〔47〕)起源于欧洲大陆的加尔文派教会,也是基督教新教的古典派别之一,原意为经过改革的教会,或称福音派,以与未经改革的天主教会相区别。归正宗在教会行政上采用长老制。

永逸地解决了问题，难道它就没有一再地冒出来，引起分争？

再来看文化。如果说文化不带任何偏见与私利地追求人的完美，那么它就会引导我们，使我们产生救治不从国教者的小家子气的愿望。但是，救人的办法不是让国教徒同他们一样染上小家子气，而是使他们那拥有广大信众基础的，从前存在于国教内部、现在也仍存在于国内相当一部分人的感情和习俗中的教规体制，重新出现在国教中；如此，我们就会使不从国教派的教徒重又融入国民生活的主潮，就像他们的伟大的先人一样同主流生活保持联系。情形难道不应是这样的吗？长老制教会由会众参与管理教会事务，这虽算不上是一种必需，却也是值得重视的重要的原则；就像在法国和德意志归正宗与信义宗[54]并行，均为官方宗教一样，长老会难道就不应该和实行主教制的圣公会一起得到国家的正式承认？其会众首领难道不应得到与圣公会的首领同样的地位？在修订圣职授予和教士晋升制度后，难道不应使其教牧人员同样享受薪俸？这样的一个长老宗将会使目前脱离国教的、新教中的主要教派团结起来，分裂、独立也就不会成为各宗派存在的法则。只要分裂和独立仍是不从国教派别存在的首要法则，那么，在无关紧要的问题上产生分歧便分出"犄角旮旯儿"式的宗派的做法就必然盛行；相反，对一个确实值得重视的分歧做出让步，那么这种没完没了地分出"犄角旮旯儿"式的宗派的倾向就能得到遏制。这样做了，文化也就在拥护长

---

[54] 路德教会（Lutheranism, Lutheran Churches），亦即信义宗（取"因信称义"的意思），奉行马丁·路德的宗教理论，往往自称福音派；既反对天主教，也反对加尔文派、安立甘宗和其他的宗教改革时期的宗派，是非天主教和非东正教的基督教各派中年代最长久、人数最多的一支。早年主要集中于北欧、西欧和德国人与斯堪的纳维亚人所居住的国家，后由移民带到美国。一般认为界定信义宗的最重要的教理依据为《奥格斯堡信纲》和路德的《小教理问答》。

老权威的英国信众中找到了自己的位置，正如它长期以来在服从主教管辖的信众中有自己的位置一样。而要在长老会的信众中赢得我们的位置，我们只需承认曾经存在于宗教改革时期国家归正宗教会中的，现在就其规模和在全国的影响而言仍应在国家教会中占有正当位置的一支宗派，使之规范化并恢复其原有的地位。

可见文化虽不准许我们崇拜不从国教者所迷恋的那一套，却远非对之不公正。相反，在文化的引导下，我们提议要为他们做的事，就连他们自己都不敢要求。文化还引导我们尊重他们的信念中稳固的、值得尊重的内容。这并不等于说，人类精神试图借以表达那不可表达之内核的形式，或者说人们进行崇拜活动的具体形式，对于追求完美者具有或可能具有不可或缺的、永恒的意义。即使《新约》和早期基督教徒在肯定会众管理的教会行政模式问题上所使用的语言比他们实际上说的清楚明了上千倍，即使自从君士坦丁[55]以来的教会极大地偏离了原初基督教的体制（尽管这点无法证

---

[55] 指君士坦丁一世，又称君士坦丁大帝（Constantine I, or Constantine the Great, 280—337），是第一位宣称信奉基督教的罗马皇帝。他在东罗马帝国皇帝戴克里先（Diocletian）的宫廷长大，参加过远征埃及的战争等一系列战争。306年被军队拥立为皇，于310年、312年先后击败政敌马克西米安及其子马克森提，成为西罗马帝国皇帝，又于324年击败原先的同盟李锡尼，成为东西罗马帝国唯一的皇帝。

阿诺德用早期基督教内部分争的历史来反观当时英国宗教界的分裂。君士坦丁本人将成功归因于他对基督教的皈依，他的信仰和他的成就使基督教的特权地位获得最大的巩固，奠定了罗马帝国信奉基督教的基础，促使基督教与《圣经》文化成长，并使之与上层阶级的传统的古典文化并列。君士坦丁在313年颁布的《米兰敕令》（*Edict of Milan*）给予基督教士信仰自由，并归还在宗教迫害时期所没收的私人和教会财产。当时基督教会由于教义之争面临分裂，如亚历山大教会的司铎阿里乌（Arius）创导的神学教义否认耶稣（圣子）与上帝（圣父）同体，认为基督是受造的，上帝绝对、独一、至善，对《新约》进行词义上的纯理性思考，并提倡苦行修身，吸引了大批追随者。深信教会分裂是由魔鬼煽动的君士坦丁于325年在小亚细亚西北的尼西亚城召集第一次世界性的基督教主教会议（the Council of Nicaea），（转下页）

实),那也并不证明一味拘泥于字面意思的人所想的就是对的:即使上述情况确有其事,那也根本不意味着会众管理的教会行政模式是唯一的、神圣的、具有约束力的安排,或者君士坦丁所做的事是莫大的遗憾。

对人类来说,唯一的、永远具有神圣性和约束力的事就是走向全面的完美;至于臻至完美的手段或方法,其价值则由它在多大程度上帮助人实现完美而定。培植了基督教信仰的人扎根在人类生活和成就之深厚丰富的土壤之中,既有犹太的根基,也有希腊的根基,因而他们在行动和变迁中获得强烈的神启也就有了比较广泛、坚实的基础。他们凭着强烈的神启带领人们离开了犹太或希腊生活与文化的原有基础,几代人下来失去了原有的根基,也就不再接触丰富、强大的人类生活的潮流。如果不是因为4世纪发生的变化,那么,在基督教的奠基人辞世后,基督教可能早就迷失在一大批"犄角旮旯儿"式的教会之中,就像英国不从国教派的大批宗派那样,成了没有伟人的教派,不为推进人类更高层次的生活而努力的教派。可就在这样的关头,出现了君士坦丁,他使基督教——或更确切地说,他使完整性已处于危急之中的人类精神重新接触了人类生活的主潮。他的决策产生了像奥古斯丁和但丁这样的人,事实上

(接上页)通过《尼西亚信经》(*Nicene Creed*),宣称圣子与圣父同体,基督具有完全的神性,坚持"三位一体"的基督教正统,阿里乌因拒绝妥协被宣判为异端分子,处以绝罚。但尼西亚会议并没有解决争端,反而是长期争论的开始。事实上,君士坦丁死后40多年,阿里乌教义一直是东罗马帝国的正统,虽然381年君士坦丁堡会议承认《尼西亚信经》、取缔阿里乌主义,但它在日耳曼民族中延续到7世纪末,并仍反映在一些现代教派中,如一位论(Unitarianism)。基督教有三大信经,除《尼西亚信经》外,还有《亚大纳西信经》(*Athanasian Creed*)和《使徒信经》(*Apostles' Creed*)。亚大纳西(St. Athanasius,约293—373)参加过尼西亚会议,328年任亚历山大主教,卫护基督教正统教义,反对阿里乌教派。

自他以后的基督教，不论在天主教内还是在新教内，都产生了许多伟大的人物，所有这些都证明了他所做的是正确的。

还有一层意思。阿尔伯特·雷维尔先生[56]说（他的宗教著作总是写得很有意思），现在犹太学人、哲人对基督教及其创始人所抱有的观念，很可能注定将成为基督教徒自己的观念。同样，索齐尼[57]派信徒也总喜欢说索齐尼的基督教观念会成为基督教徒的观念。然而，即便真的发生这样的情况，我们还是要说，在过去的一千八百年中，当一名基督教徒、成为一个伟大的基督教派的成员，比当一名犹太教徒或索齐尼信徒要好得多，这是因为对于完整全面的精神成长来说，对于人活在世上应尽的职责——将他的天赋培育到完美境界——而言，同人类生活的主潮保持接触比持有或自以为持有推测性的见解更为重要。我们称路德为天才的非利士人；[58]他那非利士人的一面使他显得粗鄙、缺乏灵敏精美的精神，因而害了他的门徒，但因为他是天才，他又有光彩四射的精神洞识。路德在评论《但以理书》时说得好："神只是怀着信任、信仰、希望和爱的人心所依靠的对象。靠得对，神就是正确的；靠得不对，神也就成了虚幻。"换言之，人心目中的神和宗教对象之价值取决于人自身，视他达到完美、完全之人的程度而定。

以完美为目标的文化不计利害地、客观公允地寻求认识事物的真相。文化使我们看到，尽管宗教生活不是人的全部，它却是多

---

[56] 雷维尔（Albert Réville, 1826—1906），法国新教教士，著有《宗教史》(1889)。
[57] 索齐尼叔侄（Laelius Socinus, 1525—1562, Faustus Socinus, 1539—1604, 意大利文作Sozzini），意大利神学家，前者写了反对三位一体的神学著作，由后者发展成系统的论说。莱利奥·索齐尼受宗教裁判所的审判，流亡到苏黎世，最后定居波兰。
[58] 阿诺德在《论凯尔特文学》中提出了这一看法，见《马修·阿诺德散文全集》，第3卷，第364页。

么值得尊重、多么神圣的一面。但是，文化在承认宗教意识之崇高的同时，仍使我们避免简单化地看待人的全部精神生活。因此，文化欣喜地、发自内心地赞誉人那高尚宏伟的宗教意识，却不能将宗教意识当作精神生活的全部。如果能证明投入国民生活的主流毫无价值，则另当别论（我们已经证明与主流接触有极其重要的意义），否则，我们即使想尽量讨好不从国教派，却也无法放心地认可他们分离国家和宗教的行为，以及分裂的教旨。

客观公允的态度也使文化能认清爱尔兰问题，并公开说出自己的立场。在爱尔兰，实现人类完美目标的最佳方式就是让罗马天主教会和长老宗同安立甘宗一样，成为国立宗教，也就是说，将天主教和长老宗引入国民生活的主潮。文化能认识并公开地说，确立天主教和长老宗的做法是真正使天道和神的意旨通行天下的做法，因为如此我们便能使罗马天主教徒成为更好的公民，使新教徒和罗马天主教徒思想开阔起来，成为更完全的人。这样的计划无疑困难重重，而且也不大可能被采用。国教徒必须超越普通自我才会赞成此计划，而不从国教派的信徒呢，他们搞分裂、崇拜分裂已日久年长，很可能情愿分裂在外，就像以法莲那样，"如同独行的野驴"。[59] 这样的计划更适合有创见的政治家的时代，如伊丽莎白时代，而不是现在这样只有工具型政治家的时代。在目前的权力结构中，当政治家必须行动时，他们受到的一切诱惑都是让他们一路追随其基本依靠力量的普通自我，以这种普通自我的欲望为自己的欲

---

[59]《圣经·旧约·何西阿书》，第8章，第8—9节："以色列被吞吃，现今在列国中，好像人不喜悦的器皿。他们投奔亚述，如同独行的野驴；以法莲贿买朋党。"第4章，第17节："以法莲亲近偶像，任凭他罢。"何西阿（Hosea）是亚述兴盛时期北国的先知，有"北国耶利米"之称；该小先知书第8章宣告以色列所受的审判是公义的，审判他们的是圣洁的神。以法莲（Ephraim）是以色列的一支，此处即指以色列。

望,忠心耿耿地甚至可能是热忱地为之效劳;事实上他们也正是这样做的。这对他们比较容易;把任何一个大的社会阶层的普通自我之所欲叫作国民意见的敕令和人类进步的规律,将这些欲望说成是普遍的,哲理性的,了不起的——这样的思想家不是大有人在吗?而且以后也一定是大有人在。[60]因此,我们刚才提出的计划似乎不大可能像撤销爱尔兰圣公会国教地位的方案那样受欢迎,后者依靠的是不从国教派的信徒仇视国教的力量。

文化不让我们迷恋任何工具和手段,哪怕是我们自己的工具,因此我们很乐意承认不必非要用我们的手段来达到完美,这无论对于自由教会还是国家教会,对于有创见的政治家还是工具型的政治家都一样。但是,尽管如此,不认清事情原本的真实的面貌是不可能达到完美的;因此,我们坚守的正是这一点,而不是世上任何的工具和手段。我们坚持认为不应将天生的低级趣味当作对崇高的赞赏,事实上人们常常将两者混为一谈。如果政治家告诉人们,他们天生的低级趣味就是对崇高的事物的热爱,那么,无论他说这话是言不由衷还是出于恭维的冲动,我们就更有必要将相反的道理告诉大家。[61]

将天生的低级趣味当作热爱崇高是极其危险的错觉,文化要做的就是揭穿这个迷梦。自由党的友人不追求更庄严的社会目标,却大搞自由贸易、扩大选举权、取消教堂税等等,可这还不算太要紧;真正会毁了他们的是听信谄媚者的话,自以为在现在的社会条件下,在苦心经营自由党的社会改革这一灵丹妙药三十年后,他们已成就了了不起的英勇业绩,以为从今往后只有继续全力经营下去

---

[60] 参见第六章,第138—139页及注[6];序言,第195页。
[61] 参见第三章,第80—81、86页及注[18]、[33]。

才是正道。美国缺乏国教并不要紧，缺乏强有力的高层次文化中心也不要紧，可是对他们来说最要命的是听信谄媚者，相信自己是世界上最有智慧的人民，然而就智慧一词真正的丰富的含义而言，我们已看到他们竟是很缺乏智力的。不从国教派待在分裂的宗派内还不要紧，但对他们来说糟糕的是听信谄媚者，以为唯有像他们那样做才是真正在崇拜上帝，以为这样并不会带来小家子气，不会使他们失去完整性，或干脆认为小家子气和不完整不是什么坏事。对英国来说，凭借不从国教派对国教的厌恶来撤销爱尔兰圣公会的国教地位还不要紧，对它会造成真正危害的是听信谄媚者，认为这一行动是公义和理智起作用的结果，而事实上那只是依靠了上面所说的一股力量，或者说危险在于居然期望不靠理智和公义的精神便能坐享理智和公义的成果。

  文化正因为敏锐地意识到真正的利害关系，才越发不去理会非要害的问题。现行政治唯一关心的就是工具和手段，但我们最想要的是内在的动力，而不是工具，所以我们不断地规劝年轻热情的自由党朋友们少想想工具问题，离当前政治舞台远一点，同我们一道，努力推动内在的行动。他们听不进去，冲上政治舞台，可在那里他们的优点似乎得不到什么赏识，于是他们就责怪说，那是改革了选区的缘故，[62]说新选出的议会是非利士人的议会。这话听上去好像有着我们那样的营养条件和生长环境的国家，倒是不会选出一个非利士人的议会似的！再说，难道野蛮人的议会或者群氓的议会就有多好吗？至于我们，看到老朋友们——大兴希伯来风气的非利

---

[62] 1867年议会通过了第二个选举法修正案，进一步扩大选举权；1868年秋季第一次依据这个法案进行议会选举，主要的争端在于废止爱尔兰教会国教地位的问题。格莱斯顿的新自由党以多数获胜（见第二章注[16]）。关于对想从政的年轻人的劝告，参见结论，第180、181—183页。

士人——在最后的皈依之前全都集合在约沙法谷,我们很是感到欢欣鼓舞。[63]最后的皈依肯定会实现。但是,要让他们取得这最后的皈依或转变,我们不可企图将他们从现有的职位上撵走,同他们去争夺工具,而是必须做内心转变的工作,救治他们的精神。[64]他们不会被撵走,但他们会转变。他们不应被撵走,也不会被撵走。

这是因为"以色列的日子没有穷尽"。[65]文化批评了希伯来化的倾向,赞扬了希腊化倾向,但文化也不能没有灵活性,不能不承认自己的判断也具有过渡性、暂时性的特点。我们已经看到,文化谈论自己所喜好的以及批评工具和手段的时候,都受到这样一种认识的制约。对我们来说,现在应是崇尚希腊精神、好好讲讲思想认识的时候了,这是因为我们崇尚希伯来精神已太久,一向过分在意行动。但是我们的民族从希伯来精神中学到的习惯和自制仍将是我们永久的财富;人是多面体,是随着环境而变化的,今天我们将希伯来的习惯和约束力放在第二位的时候,却不能不准备好他日还会还之以第一的位置。在结束时这点必须说清楚。

得到最亮的光就一往无前,对自己严格、真诚,不做那种只

---

[63] 见《圣经·旧约·约珥书》第3章开始所述。《约珥书》也是小先知书,约珥在恶后亚他利雅称霸的时代传道,当时蝗灾极其严重,损毁力空前;约珥以此自然灾害与将来神向犹大所施审判相比,书中的语调极为严厉。第3章开篇记灾难时期开始,神必使选民归回,也必聚集外邦万国到"约沙法谷"(the Valley of Jehoshaphat)亦即"审判谷"受审判,因为他们对"神的产业"以色列国施加迫害。第4节说:"推罗,西顿,和非利士四境的人哪,你们与我何干;你们要报复我么;若报复我,我必使报应速速归到你们的头上。"在列数各国的罪行后,神说:"万民都当兴起,上到约沙法谷;因为我必坐在那里,审判四围的列国。开镰吧;因为庄稼熟了;践踏吧;因为酒醉满了;酒池盈溢;他们的罪恶甚大。许多许多的人在断定谷;因为耶和华的日子临近断定谷。"(第12—14节)
[64] 参见结论,第180—183页。
[65] 《次经·便西拉智训》(*Ecclesiasticus*,又称《西拉赫之子耶稣的智慧》),第37章,第25节。天主教承认该书为正经,但犹太教和新教不承认。

说而不行动的人，认真——凡此种种都是很好的训练，只有通过这样的训练，人生才能摆脱一时一事及感官的奴役，变得高尚和永恒。唯有希伯来精神才能最有效地训育出这样的规矩和戒律。无论在《旧约》还是《新约》中，希伯来人都怀着强烈的信心，以热切的劲头投身于公义的理想，这种干劲使他们得到灵感，对伟大的基督教美德即信仰做出了无可比拟的定义："信就是所望之事的实底，是未见之事的确据。"〔66〕如此忠实理想的能量只属于希伯来精神。希伯来精神过于森严，对完美的限定过于狭隘，但是，当我们对完美的思想变得宽阔，超越了希伯来的狭隘性时，我们仍将回到希伯来精神，从中汲取那份信奉理想时所怀有的虔敬的能量，唯此，人方能在由知而行中得到幸福快乐。"你们既知道这事，若是去行就有福了。"〔67〕对意志薄弱、信仰不坚定的人类要说的，最后总是这个道理。这个道理不断重复，有时显得庄严，有时动人，但它总是那么令人叹服。只要世界存在一天，我们的民族就会因为这个道理而回到希伯来精神；而宣讲这一道理的《圣经》亦如歌德所说，不仅是一部国书，而且是万国之书。一次又一次，在看似破裂和离散

---

〔66〕《圣经·新约·希伯来书》，第11章，第1—3节："信就是所望之事的实底，是未见之事的确据；古人在这信上得了美好的证据。我们因着信，就知道诸世界是藉神话造成的。这样，所看见的，并不是从显然之物造出来的。"《希伯来书》可能是罗马迫害基督教时期的著作，当时基督教被宣布为非法宗教，一些犹太信徒处于回到犹太教（合法宗教）的危机之中，作者可能有鉴于此，写书警诫、劝慰他们，坚固他们的信仰。该书中有大量关于"完全"（即"完美"，perfection）的提法。

〔67〕《圣经·新约·约翰福音》第13章写耶稣已知道犹大将出卖他，便同门徒一起吃饭，为他们洗脚，并指出他们并不都是干净的；他说："我是你们的主，你们的夫子，尚且洗你们的脚，你们也当彼此洗脚。我给你们作了榜样，叫你们照着我向你们所作的去作。我实实在在的告诉你们，仆人不能大于主人，差人也不能大于差他的人。你们既知道这事，若是去行就有福了。"（第14—17节）

之后，那预言中对耶路撒冷的应许依旧真确："看哪，你撒播出去的子民回来了；他们循着那位神圣者所言之道，从西到东集合起来了，因重新记起神而欢欣喜悦。"[68]

---

[68]《外典·巴录启示录》(*Apocalypse of Baruch*)，第4章，第37节。该书仅存于6世纪通俗古叙利亚文《圣经》中，主要讨论上帝与人的关系的公义性，认为好人受苦是因为上帝要磨炼选民，使之成圣。新耶路撒冷喻指神的国度的最终实现。

修订译本后记

我很感谢三联书店，先是允许我借重印之际补上重要疏漏并拔掉多年来一直令我不安的那几根芒刺，接着又同意我的要求，将各章尾注更改为脚注，并将脚注字体改为更加 reader-friendly 的宋体。然而初步工程于去年4月完成后，我还未罢休，仍坚持要找到后几章中的几处译文进行核查，这一拖就是一年。至今年3月底，我决心扔下别的一切不顾，先将修订完成，结果是交出一份长长的修订清单，致使三联书店不得不将重印的工作几乎变成了新书编辑。

这几年遇到的一些学界同仁和尚在攻读博士学位的学子，对我的工作说了不少鼓励的话。现在虽不可能将修订部分一一列出，但是为了对使用原译本的读者负责，有必要做如下说明。

大量的修改属于技术性的，如个别字词的增删更改，使句子更符合中文习惯，语气更为通顺；又如人名、书名尽量采用了国内的通译（Gladstone—格莱斯顿，Disraeli—迪斯累里等约10个人名和四五种书名），近50处"国会"改为"议会"；希腊文字采用好的希腊字库（刘锋老师提供）；更多的是对标点符号的重新处理（去掉了不少顿号，增加或删除书名号、引号等）。此外，对正文和注释中用到的《圣经》经文全部对照《圣经》中文译本进行了核对，按译本"凡一气而意思不全的，就用圆点"的说法，将原先处理为句号的圆点调整为分号；简体字和通假字采用当下习惯的字。

另一类是对一些重要用语的修改，如散见于第五、六章，结论以及序言中不下20处的"（那）不可少的一件事"更改为"唯一不可少的事"，因为英语中 the one thing 具有唯一性。又如第一或第二国会改革案，改为议会选举法修正案；还有20多处原来译为"国教/国立宗教"或"确立宗教"的地方，现在做了更为灵活的处理。

最重要的修订有两种，一是正文中涉及两行以上的文字段的修订，二是增加了不少注释。说明如下：

对正文的文字段修订共计30多处，大量发生在第四章开篇的文字中，内容多涉及宗教和国家基本构架问题。原译文有些地方或表达不够明了，或表达不够确切，或将原文的长句拆分过散，甚或还有理解不准确造成误译的；有疑问处基本上都按英文原文校订后进行了部分重译或全部重译。新译的标准仍是尽量确切传达原文的意思和语气，并且在不伤害中文表达的情况下，尽可能遵照阿诺德原文的语序译出（虽说要应对原文中大量一个陈述句或一个问句要用10行以上的情况，我往往感到力不从心）。在此特别指出原译本中以下一些地方（所列均为上一版的页码）——正文第6页1段，"严肃的人对文化的定位……这样的一个动因"；第113页2段，"只是，但围绕人生的旧的律法……有目共睹的"；第135页2段，"首先，我们依附一种标准……终极真理的准则"；第136页8行起，"圣保罗以具有深邃力量……绝对的、终极的解释"；第163页2段，"因为，除非这样的观念……不能抓住我们的意识"；第170页2段，"当他那定型的……就不怎么合适了"；第182页末，"那么我们实际上……少而又少"；第194页2段起，"我们已经看到造成混乱……坚决制止颠覆者的活动"；第195页2段，"无政府状态不能容忍……对无政府状态不能宽容"；第196页整个第2段；第197页1段，"我们则不然……优秀自我的最强音"；第218页2段，"我们发现这里恰存在着勒侬先生所说的……而不是超过了我们大家"——这些文字段中有比较重要的修改。

注释部分，为保留原注释中的互见指引，也为原译文读者的使用方便起见，在这一版采用脚注的同时仍保留各章的连续注号。对注释的修订主要是增加了一些新注释，以及在原注释中增加了内容。最令我欣慰的是利用修订的机会补上了当年未译的苏泊尔注释中海涅的一段话，它对理解阿诺德提出的希腊精神和希伯来精神至关重要。现在第四章注〔2〕的海涅译文由谷裕老师提供。

新增加的注释如下（使用修订版的注号）：第二章注〔9〕，*注〔25〕；第三章注〔7〕；第四章*注〔2〕（替换了原注），*注〔23〕，注〔32〕（即经过修订的原注〔2〕）；第五章注〔25〕；第六章注〔27〕，注〔34〕；序言*注〔27〕。

增加了较为重要的新内容的注释如下（使用修订版的注号）：第一章*注〔20〕；第二章注〔7〕，*注〔36〕；第三章注〔5〕，注〔14〕；第四章注〔8〕；第五章注〔3〕，注〔15〕，*注〔20〕；第六章*注〔6〕，注〔28〕；序言注〔42〕，注〔46〕等。

以上有*标记的表明含有补充的解释性注释，希望能对理解原文中涉及英国宗教等问题的、比较难用中文传达的意思有所帮助，如non-conformists，free church，religious establishments，estabishment/disestabishment，epoch of concentration，established fact（s），宗教账簿，以及苏格兰、德意志和法国的宗教信仰问题等。至于增加一般内容、互见指引以及一般的文字修订，就不再一一指出。

译本序已为读者熟悉，除少量技术性更动外（如在"国家"后加the State），正文基本未做大的修改，只在第16页上删除了"甚至在个别处作了大胆的猜测（如"序言"注〔47〕）"这几个字，并对原版序言注〔48〕做了相应的增删。译本序的注释则有大量的格式改动，将中英文出处尽量分开表示，以便使英文更符合格式规范。

关键词部分也基本上只有技术性修改。

虽然在修订上花了功夫，但翻译总会留下一大堆遗憾。有很多关键用语总是难以找到恰切的中文对应，如"美好与光明"失之抽象，但我无法找到能与sweetness完全对应并且不会引起中文读者反感的词，只好还是靠关键词和注释去"说明"这个用语，而剥夺了读者本应首先享受到的那种甘美、甜蜜的口感。不过，借此机会我愿再次强调，阿诺德首先是个诗人，是文学家，我们运用文学性思维去体会他的作品可能强于纯粹的政治性阅读。另一个例子是结论部分的末尾，阿诺德将文化所起的作用比喻为"永恒之声的温顺的回响，是任由上帝的宏大意旨弹奏的驯良的风琴"。此处的琴在英语中用了organs一词，整个意境让我们想到浪漫主义的著名意象：风奏琴（Aeolian harp）。借用我的同事、专治浪漫主义诗歌的丁宏为老师的解释，风奏琴放在城堡的窗台上，抚琴的不是人的手指，而是大自然的风，风拂琴弦，琴声悠扬；疾风狂吹，则和声轰鸣，气势恢宏；琴弦的颤动竟能把我们原本听不到，却又实实在在存在的精神活脱脱地演绎出来。风奏琴最终凸现的，是神在抚琴的形象，琴声即神的宏大意旨，神的造物过程，神的大爱：造物就是让一切都"动"起来（motion, e-motion），将"天道和神的意旨"传递给受造物，传递给人；而文化人就是领受了这种至高精神，能"顺应世界最基本的潮流"（the essential movement of the world）而动的人。毫无疑问，这样的诗性思维方式与我们司空见惯的"量化"嗜好格格不入。换言之，"文化"是要我们换一副脑筋想问题。

最后，我想借修订本出版之际，对罗芃老师、韩加明老师、袁伟老师等许多帮助过我的同行、同事深表感谢。尤其感谢谷裕，非但为我译了苏泊尔注释中引用的海涅的话（见第四章注〔2〕），了